紐西蘭史

白雲仙境 ‧ 世外桃源

李龍華——著

三民書局

三版說明

　　李龍華教授為享譽盛名的歷史學者,在明清史、紐澳史與海外華人史的研究領域中收穫頗豐。此大作《紐西蘭史——白雲仙境·世外桃源》為教授的心血結晶,是不可不讀的「國別史叢書」系列之一。

　　此次再版,為符合現代出版潮流,本書除了調整內文間距及字體編排外,也重新設計版式,讓讀者能夠輕鬆、舒適的閱讀本書。全新的封面設計,並增補 2015 年後紐西蘭國內外現況與大事年表,期望讀者能更瞭解當代紐西蘭下的歷史脈動,並擁有國際觀,以理解、應用於今日世界。

編輯部謹識

序　言

　　自 2003 年 7 月出版了《澳大利亞史——古大陸‧新國度》後，即承三民書局再度邀請本人為《國別史叢書》添寫另一部《紐西蘭史——白雲仙境‧世外桃源》。本人自 1999 年至 2002 年間獲得中華民國行政院國家科學委員會的補助曾三度訪問紐西蘭，為多年期研究計畫〈紐西蘭之土地轉讓與地權索償問題——原住民與外來政權的歷史恩怨〉進行蒐集資料的工作，期間除了拜訪專家學者之外，還與原住民毛利人、太平洋島民、亞裔人士以及歐毛混合等多元民族接觸交談，獲益良多。研究計畫乃是一種縱深的主題探索，為了更進一步明瞭與主題有關的其他層面，不得不在圖書館與書肆之間尋找更為廣泛的資訊，因此有關紐西蘭上下古今的書籍刊物皆須涉獵與選購（或影印）。當時沒想到會寫書，尤其是寫通史式的紐西蘭史，現在正好派上用場。

　　今依三民書局《國別史叢書》的稿例，分篇列章，以章繫節，總共有三篇、十章、三十六節。第 I 篇〈導言〉，從紐西蘭的地理形成與民族來源引入主題，這是紐西蘭的「上古史」。第 II 篇〈早期紐西蘭的發展 (1790–1946)〉，談及毛利人獨立建國的功敗垂成，因英毛雙方簽約而致紐西蘭淪為英國的殖民地，以至紐西蘭由殖民地升格為自治領，橫跨十八世紀末葉至二十世紀中期，為時約

一百五十年。這是紐西蘭的「中古史」。第 III 篇〈半世紀來的紐西蘭 (1947–)〉，由縱貫的歷史陳述改為橫剖的世局議論，從紐西蘭政壇的遞嬗、社會經濟情勢的進展、各種文化風貌的呈現、千絲萬縷的對外關係，以及進行中的族群和解與尚未定讞的國家認同等等，皆為世人所關注的議題。

　　本人定居澳洲三十載，而走訪紐西蘭前後三次總共還不足三個月。資料查詢與求證不若澳洲方便，因此疏漏在所難免。如蒙方家糾謬，不勝感幸，並於再版時修正。

李龍華

2005 年元月 10 日序於嘉義

紐西蘭史
白雲仙境‧世外桃源　目　次│*Contents*

三版說明

序　言

New Zealand

第 1 篇

導 言

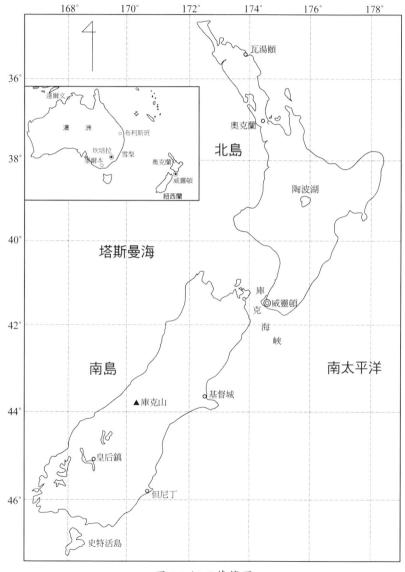

圖 1：紐西蘭簡圖

白雲仙境霧中尋
——紐西蘭在哪裡?

　　假如有人問:「紐西蘭在哪裡?」答案大概是「南半球」。如再追問「靠近何處?」答案會是大家熟悉的「澳洲」。至於紐澳距離有多遠?經緯線是幾度?其他宏觀或微觀的歷史事典有哪些?大概不甚了了。本書作者將會帶領讀者從迷濛中走進紐西蘭,尋覓它的歷史、地理和民族的根源,瞭解它的政治、社會、經濟與文化的背景與變遷,並從現況中思考它的未來。

　　讀者如果曾經觀看過紐西蘭人彼得‧傑克遜 (Peter Jackson) 導演的《魔戒》(*The Lord of the Rings*) 電影系列,從影片中就可以領略到紐西蘭俏麗奇特的旖旎風光,例如蜿蜒起伏的丘陵,高尖挺拔的峻嶺,參天蔽日的森林,綠草如茵的平原,加上黎明前的薄霧,景物若隱若現,晨曦後的旭陽,野花被照得嬌豔欲滴。那些南下太平洋逐島而棲的屬於玻里尼西亞人種 (Polynesian) 的毛利人 (Maori) 在海上尋找他們的樂園時,首先映入眼簾的,就是那一片片裊繞著青山翠巒、或倘佯在蔚藍天空中如捲起千堆雪一般的長形皚白的雲朵。他們蒞臨斯土,驀然目睹此情景,忍不

住發出「歐提羅噢」(Aotearoa) 的驚嘆！「歐提羅噢」就是「長白雲朵之鄉」(The Land of the Long White Cloud) 的意思。❶此地既無人類居住，也不見野獸出沒，僅聞鳥語花香，偶遇平湖飛瀑；熱氣從溫泉冉冉上升，雲合霧集，霧去雲來，如此景觀，世間罕見，只有神仙幻境堪可比擬。誰能變造如斯勝地？如何堆砌這般佳景？且由下節分解！

第一節　如何仙境矗南溟──紐西蘭島嶼的形成

世間本無紐西蘭！早在遠古渾沌未開的年代，約二億三千萬年以前，地球南方有一塊名叫「岡瓦那」(Gondwanaland) 的超級古大陸，包含了現今的南美洲、非洲、印度次大陸、澳洲以及南極洲等地。瘦小的紐西蘭瑟縮地依偎著岡瓦那的南岸，沉睡了一段漫長的歲月。大約在一億五千萬年前，岡瓦那由於地殼運動，

---

❶ 紐西蘭著名的政客、詩人與史家李維時 (William Pember Reeves) 在 1898 年首度以 The Long White Cloud (Ao Tea Roa) 作為書名來撰寫紐西蘭史 (Oliver, 1960: 283; 292; Sinclair, 1991: 199)，後人即以毛利語 Aotearoa 作為 "Land of Long White Cloud" 的含意。但近有另一說法，認為應是 "Land of Long Daylight"（長白晝之地），因為毛利人來自低緯度的地區，從未遇過高緯度地區（南半球愈向南方，緯度愈高）夏天漫長的白晝 (Basset, 1985: 13; Sinclair, 1996: 7)。本書作者認為：長白雲是「睹物」，長白晝是「感時」。「睹物」會引起瞬間的視覺反應，因而有雲時發出的驚嘆！「感時」則需經歷一兩天，方有兩地白晝為時久暫的比較。因此，Aotearoa 一詞以長白雲之義較可採信。

分裂成上述各洲。八千萬年前，紐西蘭黏附著一塊名為「塔斯曼堤斯」(Tasmantis) 的陸塊，跟隨為時頗長的大規模的陸塊漂移運動 (continental drift) 朝向太平洋飄去。在此同時，陸塊也開始下沉。到了三千萬年前，紐西蘭幾乎沉到沒有多少陸地露出海面了。但在關鍵的時刻，約一千五百萬年前，地殼擠壓作用開始啟動，把紐西蘭整塊抬出海面。擠壓作用持續施展，迫使山勢高低起伏；加上火山的爆發和冰河侵蝕下，塑造了今日紐西蘭的地形。

地球上有十五塊巨大板塊構成地殼，面積不大的紐西蘭竟然腳踏其中兩塊：北島 (North Island) 和南島 (South Island) 小部分位於澳大利亞板塊，而南島大部分卻位於太平洋板塊。由於這些板塊持續移動，互相碰撞，互相推擠，這股巨大的能量不停地壓迫紐西蘭向上隆起，並且產生許多地質活動。境內地殼升降、褶皺

圖2：超級古大陸岡瓦那分裂後，紐西蘭開始向南太平洋飄流。

和斷裂作用劇烈，引致火山活動和地震頻繁。使紐西蘭成為地殼
脆弱區，與日本、智利等地程度相近。平均規模七的地震每十年
發生一次，規模六每年一次，規模五每年五次，低於四的就不可
勝數了。

　　在離北島不遠的海底就有一條深達 9,427 公尺的克馬德克海
溝 (Kermadec Trench) 是劇烈的地沉區，而南島最高的庫克山
(Mt. Cook) 卻高出海拔 3,753.5 公尺❷。因此，島上的山脈和深海
溝的差距超過一萬多公尺。在一望無際的南太平洋海面上，紐西
蘭纖瘦高䠷的身型矗然聳立，似出水芙蓉，在芸芸眾島之中，好
比鶴立雞群。

　　今日的紐西蘭主要由北島（114,669 平方公里），南島
（149,883 平方公里），史特活島（Stewart Is.，1,746 平方公里）和
其他六組島嶼 (Auckland, Campbell, Antipodes, Bounty, Chatham,
Kermadec) 組成，面積共約 270,543 平方公里。略小於日本，略大
於英國；如英、日般都屬長形的島國。紐西蘭東西寬約 450 公
里，而南北長三倍多，約 1,592 公里。大體在南緯 29 度至 53 度，
東經 162 度到西經 173 度的範圍內，與澳洲遙遙相距約 1,600 公
里。此外還有四個託管地或屬地，其中三個在太平洋 (Tokelou,
Niue and Cook Islands)，一個在南極洲 (Ross Dependency)。

---

❷　庫克山原高 3,764 公尺，在 1991 年因雪崩而矮了 10.5 公尺。而澳洲最
　　高峰僅 2,230 公尺，只有庫克山高度的三分之二。

第二節　自然景觀渾天成——紐西蘭地貌簡介

　　只有鬼斧神工（地殼變動和板塊擠壓）才能雕琢出來的紐西蘭的自然景觀，不但獨特，而且是多樣化。舉凡地球上現存的冰川、峽灣、火山、地熱、高山、平原、噴泉、飛瀑、海岬、湖泊、丘陵、沼澤、涵洞、臺階、奇岩、曲岸等等應有盡有，可以稱得上為大自然的活地理教室。

　　南北二島相距僅 32 公里（20 英里），但從地形結構和地貌特徵來看，大體上是南厚北薄，南高北低。北島以熔岩臺地為主體，多火山和溫泉，而丘陵地帶較大，占全島面積 71%，山地占18%，平原和臺地各占 5.5%。山脈斷斷續續而不連貫，東南部有兩條平行的山脈，中間是著名的懷臘臘帕山谷 (Wairarapa Valley)；西北部也有兩條較為矮小的平行山地，構成奧克蘭 (Auckland) 和科羅曼德爾 (Coromandel) 兩個半島，造就很多優良的港灣。西部是火山地形，中央的火山高原面積有 25,000 平方公里，是世界上最大而又最年輕的火山高原。驚豔的是，在這高原中竟然冒出一個廣闊瑰麗的陶波湖 (Taupo)，面積達 606 平方公里，是紐西蘭最大的湖泊，也是世界最大的火山湖之一。在陶波湖的北岸毗鄰著大片森林和臺階地；南部聳立著三座活火山，座落在國家公園唐嘉瑞洛 (Tongarino) 內。北島火山活躍，地震頻繁，湖泊瀑布到處可見。尤其是種類繁多的泉水，如冷泉、溫泉、熱泉、泥漿泉、硫化泉、間歇泉等，因地而異。令人身在北島，有火辣辣和水汪

汪的感覺。

　　南島山多地高，山地占全島面積 70%，丘陵 21%，平原 9%。島的西側因褶皺作用而形成的南阿爾卑斯 (South Alps) 山脈綿延 480 公里（300 英里），峰巒重疊，山高谷深，有十九座山峰海拔 3,000 公尺以上，中部的庫克山是紐西蘭的最高峰。由於海拔高、雨雪多，不少峰頂終年白雪皚皚，遠看好像一位冷若冰霜的美人，巍然獨立，傲視群儕。此外，群山之間冰川滿佈（約有三百六十條），終年不化。其中最大的塔斯曼冰川 (Tasman Glacier) 長約 29 公里（18 英里），寬約 0.8 公里（0.5 英里）。還有角鋒 (tine)、冰斗 (cirquo) 和冰蝕湖 (glacial erosion lake) 等冰川地貌到處可見 。有些地方距離冰川不遠之處，由於雨量充足，卻長滿一片熱帶雨林，這樣奇特的自然景觀，在地球上絕無僅有。南阿爾卑斯山脈西部有的直抵海邊，形成陡峭的海岸；每當驚濤拍岸時，甚為壯觀。山脈向南伸延，形成溝谷割切的崎嶇山區，景色俏麗。山區底下有冰川溶解而形成的峽灣 (fiord)。峽灣風光秀美，景色迷人，不僅兩岸山勢奇陡，而且處處都是流泉飛瀑，美不勝收。其中最享盛名的迷福峽灣 (Milford Sound)，兩旁是高聳入雲的懸崖峭壁，有些超過 1,000 公尺，而水底最深處則有 290 公尺，居高臨下，令人怵目驚心。山脈的東坡較為平緩，有山麓也有丘陵。南部有中奧塔哥 (Central Otago) 高原，由於紐澳之間的塔斯曼海的水氣被山脈阻隔，高原呈乾燥的大陸性氣候。東部至海邊是全紐最大的坎特伯里平原 (Canterbury Plains)，面積廣達 12,400 平方公里。東邊突出海外的班克斯半島 (Banks Peninsula) ，卻有古老的火山

地貌。

　　紐西蘭含山帶水。境內擁有八百多條河流，但大多是灘險流急，匯水面積小、流程短、缺乏長大河流。最長的河流是北島的韋嘉渡 (Waikato) 河，長 432 公里（270 英里），水流最急的是南島的克盧薩 (Clutha) 河。十大河流的流域面積占全紐國土面積 35%，而湖泊僅占 1%，但對蓄留與調節水量功不可沒。陡峻的地勢和湍急的河流，提供了水力發電的重要基礎和農業灌溉的有利條件。水力發電占總電量 73%（1986 年），是世界上水力發電比重相當高的國家。

　　地熱資源 (geothermal resources) 在紐西蘭也得天獨厚，四大地熱區有三個在北島，一個在南島。總共有六十八塊地熱田 (geothermal field) 和一千多個地熱泉 (geothermal spring)，總面積達 207 平方公里，熱儲的總體積有 414 立方公里。北島中部的羅托魯阿－陶波 (Rotorua-Taupo) 地熱區長 240 公里，寬 48 公里，是世界上三個最大的地熱區之一。這裡有水溫高達攝氏 120 度的溫泉，有蒸氣噴出地面 15 至 30 公尺高的蒸汽田 (geothermal vapour field)，還有具醫療價值的地熱礦泉 (geothermal mineral spring)。在陶波湖附近的偉拉凱 (Wairakei) 發電站 (geothermal electricity station) 是全世界第二個大型地熱發電站，占紐西蘭發電總量 4%（1986 年）。

　　總而言之，紐西蘭多樣化的地貌形成了十分特殊的自然景觀，令人驚訝的是，這些差異甚大的天然地景的生態與環境，例如高峻的山巒和深邃的峽灣，寒冷的冰川和火熱的溫泉，乾燥的高原

和濕潤的雨林、活躍的火山和寧靜的湖泊，皚白的雪嶺和翠綠的森林等等，都相距不遠，甚至毗鄰並列，人們毋須跨國旅行或越洋探險，來到紐西蘭就可一覽無遺了。

第二章 | *Chapter 2*

世外桃源誰入主
——族群的構成

　　紐西蘭是地球上除南極洲之外由人類移入定居的最後一塊人間淨土。早期不但沒有人類居住過,甚至連四足陸生動物也沒有,尤其是沒有哺乳類動物(蝙蝠是唯一的例外)。由於沒有天敵,紐西蘭很自然也成為鳥類的天堂,牠們常會跑到陸地覓食,有些甚至懶得飛回樹上,久而久之,漸漸就失去了飛行的能力,例如體型龐大的恐鳥 (Moa) 和嬌小長啄的鷸鴕(Kiwi,俗稱奇異鳥)。這個既沒有惡人也沒有猛獸,而且氣候宜人、風景秀麗,又有豐富生活資源的世外桃源,誰先幸運入主其中呢?其後又有誰來分一杯羹,甚至反客為主呢?今日又有哪些族群蜂湧而至,爭先恐後加入這個南方樂園呢?

第一節　毛利人捷足先登——最早的主人

　　毛利人是第一批移居紐西蘭的人類,這是無可質疑的事實。如以歷史學者喜歡追根究底的習性也許會提問:毛利人是什麼人

種？來自何方？何時抵達？對讀者來說也是饒有興味的問題。可是，這些問題的答案從來就眾說紛紜，莫衷一是。

一、認祖歸宗

關於人種方面，十八世紀的歐洲觀察家（包含人類學者、歷史學家、航海家等）傾向把毛利人歸類為東南亞人種。十九世紀的觀點就較為廣泛，例如是亞洲人抑或是美洲印第安人？是古代以色列失聯的部落抑或是源自歐洲的雅利安人 (Aryans)？到了二十世紀，也有人質疑毛利人是否與南美洲的玻里維亞、英屬哥倫比亞以及歐洲的西班牙、葡萄牙和巴斯克人 (Basque) 攀上關係？最近的學者卻又接受十八世紀的說法，認為毛利人源自玻里尼西亞人 (Proto-Polynesian)，無論人種和語源都可能來自臺灣與新幾內亞 (New Guinea) 之間的島嶼。可是，這個地區以西是美蘭尼西亞人 (Melanesian)，以東是玻里尼西亞人，他們會不會是毛利人的共同祖先？近年臺灣學者有驚人的推測，根據語源學的理論，認為臺灣可能是南島語族的原鄉，並引用澳洲包爾伍德 (Peter Bellwood) 教授的南島民族擴散七階段說：六千年前從亞洲東南部遷到臺灣，五千年前開始從臺灣擴散出去，先到菲律賓北部，然後逐步散佈到婆羅洲、蘇門答臘、新幾內亞、麥克羅尼西亞、玻里尼西亞、夏威夷，最後到馬達加斯加和紐西蘭。綜覽曾涉獵過的史料，還是以毛利人屬於玻里尼西亞人種的說法比較普遍，從語源、血緣、器物、服飾、風俗、信仰、生活習慣等仍有跡可尋。

二、原鄉何處？

毛利人既然是第一批移居紐西蘭的人類，那麼究竟他們從哪裡遷徙過來的呢？根據毛利人自己的傳說，最早抵達紐西蘭的祖先古丕 (Kupe) 是來自一個名叫夏威基 (Hawaiki) 的地方。夏威基和夏威夷 (Hawaii) 諧音，但沒有資料能證明毛利人來自北緯 20 度至北迴歸線（23.5 度）那麼遠的夏威夷。因為毛利人所使用的交通工具是雙船殼的長型木舟 (double-hulled canoe) 或長型戰船 (war canoe)，連帆船都沒有，不宜遠航。位於庫克群島南端的拉羅東加島 (Rarotonga Is.) 被認為極有可能是毛利人的家鄉。拉帕 (Rapa Is.)、曼加瑞瓦 (Margareva Is.) 和碧坎 (Pitcairn Is.) 諸島都是曾被懷疑過的原居地。社會群島 (Society Island)、東加 (Tonga) 和薩摩亞 (Samoa) 被認為更有直接的關聯。靠近新幾內亞的卑斯麥群島 (Bismarck Archipelago) 也有可能。根據戴薇蓀 (Janet M. Davidson) 女士所繪的〈玻里尼西亞人的遷徙路線圖〉，在西元前 1500 年來自新幾內亞的玻里尼西亞人分三路遷移，其中一支直奔斐濟 (Fiji)、東加和薩摩亞三地構成的群島圈。在西元時又徙至由馬奎薩斯 (Marquesas)、社會和庫克三組群島形成的大三角地區。在西元以後就兵分三路，一支北上夏威夷，一支東抵復活節島 (Easter Is.)，最後一支就前往西南方的紐西蘭，也就是毛利人的「白雲新鄉」。其中位於社會群島南端的大溪地 (Tahiti) 也曾被認為是紐西蘭毛利人的原居地。因為 1769 年英國船長庫克 (James Cook) 帶著大溪地一名酋長杜拜伊亞 (Tupaia) 初抵紐西蘭時，因

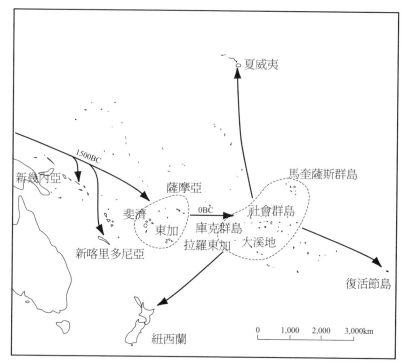

圖 3：〈坡里尼西亞人的遷徙路線圖〉

語源相近而得與毛利人溝通。難道大溪人 (Tahitian) 和毛利人數百
年前是一家？

三、移紐年代

　　上述的〈遷徙路線圖〉被認為大致可靠，確實的原鄉迄今還
沒有定論。那麼，毛利人在什麼時候定居紐西蘭的呢？也有很多
推測。因為毛利人只有口語相傳，沒有文字記載，但往往語焉不
詳。若干毛利部落追溯他們的祖先來紐，迄 1959 年已有二十四

代。如以二十五年為一代往前推算的話，他們抵紐時間約是西元
1350 年。有些部落的族人說迄 1900 年他們已是第三十九代，如
往前推算，抵紐的第一代應是西元 925 年。有學者採用例證法
(paradigmatic shift) 推論首批毛利人早在西元 250 年就已到達。有
人根據考古發掘和放射性碳元素 (radio-carbon) 的測定，南北島在
十一、十二世紀已有人類居住的痕跡，因此最早來紐的應在八世
紀左右。有學者利用人口增長速度回溯推算，第一批毛利人來紐
定居的時間最早在 1066 年或最晚在 1369 年。此外也有折衷的說
法是 1100 年或 1150 年。不管將來考證的結果如何？毛利人是紐
西蘭最早的主人是確定而不可動搖的事實。

四、民生問題

　　既然要定居下來，首先就得解決民生問題。上文提到紐西蘭
沒有陸生哺乳類動物，不若
美洲有野鹿、澳洲有袋鼠、
或歐、亞二洲有牛、羊等可
供食用的肉類。但早期缺乏
飛翔能力的恐鳥，森林中的
各種鳥類和鳥蛋；江、河、
湖、海中取之不盡的水產，
小如魚、蝦、蟹和貝類，大
如海龜、海豚、海獅、海豹、
野鵝和野鴨等，都是含有豐

圖 4：體型龐大的恐鳥

富的動物蛋白質的肉類。此外，還有陸上天然的塊根植物以及毛
利人自外地移入的甘薯（Kumara，自南美洲傳入）、花椰菜（ti
pore，自熱帶傳入）、葫蘆瓜（gourd，大的曬乾後可當容器）、芋
頭 (taro) 和薯蕷 (yam) 等，在陽光燦爛、雨水豐沛的環境下很容
易生長。這些含有豐富植物蛋白質和澱粉質、又可長期儲藏以備
饑饉之用的食物，毛利人只要利用天然的地熱蒸煮，就是每天的
佳餚；膳後找個溫泉洗個熱水浴，其樂無窮。什麼天賜的迦南
(Canaan)、上帝的國度 (God's Own Country)，都比不上這個生活
資源豐盛易得的世外桃源。

五、社會結構

毛利人乘坐「華卡」（Waka，即 canoe，獨木舟）來紐時，大
概每舟可載三十人，假如相傳的八艘 「華卡」 (astea, arawa,
horouta, hurahaupo, mataatua, tainui, takitimu, tokomaru) 船隊同時
駛過來，當時的人口大概是二百至三百人。「華卡」 分別各覓山
頭、各占地盤而居，漸漸形成的社會基層稱「華努」（Whanau，
即 extended family，大家庭），進而聚成經濟基層「哈布」（hapu，
即 sub-tribe，子部落）；再擴充而成類似政治實體的 「伊維」
（iwi，即 tribe，大部落）。但大部落在疆界受侵略時才形成所謂
政治實體的概念；平時仍以子部落的經濟生活共同體為主。通常
在子部落裡兩個不同的大家庭互通婚姻。部落越大，權力越高，
因此有時也會通過婚配而致兩個部落結盟。離婚不難，只要賠償
即可。寡嫂兄終弟及，肥水不落外人田。酋長階級可以一夫多妻，

無傷大雅。酋長權力來自祖先承襲或基於戰功或業績。為了維持
社會的安寧和維繫社群的凝聚，酋長兼備至高的神聖 (tapu) 和強
大的威權 (Mana)。族人不可也不敢褻瀆神聖和挑戰威權。在大家
庭中子女順從大家長，在子部落內族人服從酋長，過著安樂又安
全的集體生活。

第二節　英國人反客為主——晚來的主人

自十六世紀歐洲海上列強刻意尋訪「未知的南方大陸」
(Terra Australis Incognita) 以前，沒有人會留意到紐西蘭的南北二
島。島上陽光普照、雨水充足、氣候溫和、生氣盎然，是個世外
桃源。毛利人移居此地，經歷數百年，過著與世無爭的優游日子，
直至十七世紀中葉，這個世外桃源才開始有了外來干擾。荷蘭於
1596 年占領巴達維亞（Batavia，今印尼的雅加達），1602 年成立
荷屬東印度公司，掌控印尼殖民地。1642 年，總督范第門 (Van
Diemen) 派遣塔斯曼 (Abel Janszoon Tasman) 出航南下，尋找南方
新大陸。他發現澳洲南端的塔斯曼尼亞 (Tasmania)，並命為范第
門之地 (Van Diemen's Land)，然後向東航行七天，在同年 12 月
13 日偶然發現紐西蘭南島，因風浪太大不能登陸，遂向北航行。
19 日企圖登陸北島，卻被毛利戰士手刃四人，嚇得塔斯曼落荒而
逃，並稱該灣為「殺人灣」（Murderers' Bay，即現名「金灣」
(Golden Bay)）。他誤以為這是南美洲的一部分，故採取前人雷馬
瑞 (Jacob Le Maire) 的命名，稱紐西蘭為「史惕坦之地」(Staten

Landt)。後來的荷籍航海家糾正過來，以荷蘭沿海的「遮蘭省」(Zeelandia) 重新命名為 Nieuw Zeeland （拉丁文是 Zeelandia Nova），意思是「新的海島」(New Sea-Land)。

　　荷人塔斯曼的輕叩紐門，僅是桃源的過客。英人庫克 (James Cook) 的蒞臨斯土卻揭開了白人占據紐西蘭史的一頁。

　　毛利人擊退荷人後，繼續在紐西蘭渡過一百二十七年優游的生活。天文學家哈雷 (Edmund Halley) 預測在 1769 年 6 月 3 日將有金星 (Venus) 凌日的現象（即金星會運行到地球和太陽之間），在南半球會看得比較清楚。於是英國皇家學會聘請庫克船長執行任務。庫克會同天文學家葛瑞恩 (Charles Green)、植物學家班克斯 (Joseph Banks)、自然學家蘇蘭達 (Daniel Solander) 三人以及九

圖 5：圖中遠處有兩艘荷蘭船（Zeehaen 號和 Heemskerck 號）遭毛利獨木舟包圍。近處毛利雙殼戰船 (double-hulled war canoe) 由戰士指揮作戰。結果三名荷人被殺，一人受傷後不治身亡。

十位船員開著一艘 368 噸的三桅帆船 「努力號」 (Endeavour) 於
1768 年 8 月 26 日自英國啟航。第二年（1769 年）的 4 月抵達南
太平洋的大溪地，在島上作業三個月，完成了觀察天文現象之後，
於 7 月 13 日踏上另一航程。

　　庫克有另一任務，就是歐洲航海家所熱中尋找的南方新大陸。
在 10 月 6 日船上一位名叫尼可拉斯・楊 (Nicholas Young) 的年
輕水手在桅杆上發現了陸地，這就是現今紐西蘭北島東岸的「小
尼克頭」 (Young Nick's Head)。庫克派人在 「貧窮灣」 (Poverty
Bay) 登陸，卻引起了衝突。毛利人和一百多年前沒有什麼兩樣，
警惕性高，自衛性強，對外來人都看成侵略者。況且：桃源我先
據，豈容後人來？於是群起而攻之。船員持有先進武器毛瑟槍
(musket) 擊斃其中一位毛利人。聰明的庫克，在離開大溪地時，
帶著一位酋長杜拜伊亞和小伙子塔伊阿塔 (Taiata) 隨行。南太平
洋的島民都屬於玻里尼西亞人種，語源相近，語意互通。第二天
早上庫克把他們帶上岸，但毛利人仍嚴陣以待，庫克再殺一人，
仍未能鎮壓，混亂中塔伊阿塔被毛利人劫持，杜拜伊亞跳水逃生。
庫克因此稱此地為「擄人角」(Cape Kidnappers)。登岸不逞，掉
頭南下， 入 「水星灣」 (Mercury Bay)， 登 「轉捩角」 (Cape
Turnagain)，和另一批毛利人展開友善的接觸。庫克誘之以利斧、
鐵釘、串珠飾物和大溪地布料，換取鳥肉、漁獲、甜薯和蕨根等
食物，並且補給淡水。膚色、樣貌、人種和語言都大致相近的杜
拜伊亞似乎已起了溝通良好的作用。毛利戰士和小孩（其中一人
即後來的酋長但尼華 (Te Horeta Taniwha)） 應邀上船參觀，建立

了互相信賴的關係。

　　庫克沿岸航行並進行測繪工作。通過一條狹窄的，後來以他名字命名的「庫克海峽」(Cook Strait)，方才明白這裡有兩個海島。於是南下測量南島，全程約半年之久。完成了測繪工作，製成了一個比較完整的紐西蘭地圖 (Map of New Zealand discovered in the Years 1769 and 1770 By J. Cook, Commander of His Majesty's Bark ENDEAVOUR)。(雖然仍有錯誤，如把南島東部的班克斯半島 (Banks Peninsula) 繪成一個海島，又把南端的史特活

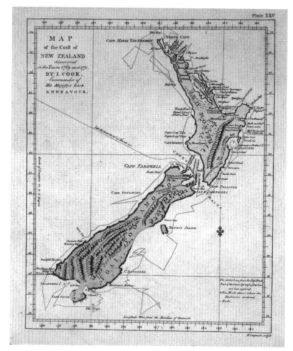

圖 6：英國庫克船長所繪〈紐西蘭地圖〉

島 (Stewart Island) 繪成與南島相連的半島。）算一算面積，和祖國英倫三島差不多，還不是航海家們夢寐以求的南方新大陸。無論如何，既然「發現」了，雖然比毛利祖先古丕的最先發現晚了好幾個世紀，也自許為「白種古丕」(Pakeha Kupe) 吧！於是以英王喬治三世 (King George III) 之名，宣布歸英國皇家所有。從此之後，率土之濱──紐西蘭這塊世外桃源──就成為外來英國客人的「王土」了。

1770 年 4 月 1 日庫克離開 「夏后灣」（Queen Charlotte Sound，以英王喬治三世的王后夏綠蒂命名）向西北回航英國。途中想順道前往塔斯曼所發現的范第門，但被南來的強風吹離了航道。正是陰差陽錯，在 4 月 11 日發現了澳洲的東岸，26 日駛進雪梨的植物灣。考察一番後，沿途北上，在 8 月 22 日抵達澳洲北端的約克角半島 (Cape York Peninsula)，又以英王喬治三世的名義宣布占有澳洲東部， 並命名為 「新南威爾斯」 (New South Wales)。他還不曉得已腳踏南方大陸，翌年（1771 年）回國後仍稱找不到。兩年後 （1773 年） 英國海軍部又給他兩艘船 「果斷號」(Resolution) 和「探險號」(Adventure) 再度尋找。他往南極的方向去碰運氣，結果所見到的陸地都是冰天雪地。期間他兩度重訪紐西蘭， 第一次於 1773 年 3 月底至 4 月底， 在 「薄暮灣」(Dusky Sound) 停留以便休息和補給，並和毛利人以物易物，獲得鳥肉、魚肉、蔬果和茶葉（用當地的 rimu 和 manuka 茶樹製成）。一名酋長以綠玉斧和庫克交換紅呢布外套，全家受邀上船參觀。另一毛利部落族人也聞風而至，獲贈鐵斧、眼鏡與項珠等。由薄

暮灣轉至「船灣」(Ship Cove)，庫克的果斷號和另一艘探險號會
合，前往太平洋的「社會群島」考察。當年 10 月又折回紐西蘭，
在「霍克斯灣」(Hawke's Bay) 停留一段日子，離別時把豬隻、家
禽和蔬果種子贈予當地的毛利人。 在庫克第三次探險時 (1776–
1779)，於 1777 年 2 月也曾到訪紐西蘭，在船灣停留兩週後，向
北美出發 ， 結果不幸地在夏威夷被土人殺死 （1779 年 2 月 14
日）。

　　在庫克之後，其他國家的航海家也曾涉足紐西蘭。法國的杜
索威 (De Souville) 與費斯尼 (Marion du Fresne) 分別在 1770 和
1772 年來紐，皆有殺戮行為，尤其是後者有屠殺二百五十個毛利
人的不良紀錄。 溫高華 (George Vancouver)、 湯德卡斯托 (D'
Entrescastaux) 和率領西班牙船隊的義大利人馬拉士品納
(Malaspina) 先後來過紐西蘭，都無意久留。

　　自從 1788 年英國正式以雪梨為中心、建立新南威爾斯殖民地
之後，商人接踵而來。他們發覺澳洲土著愚昧落後，不事生產，
沒有什麼生意可做。而鄰近的紐西蘭毛利人比較文明，又從事糧
食的生產。 而當時最重要的商機卻是紐西蘭海域的海豹 (seal) 和
鯨魚 (whale)。因此，來自英、法、美等地的搜獵海豹和追捕鯨魚
的船隊魚貫而至，休息與補給都會上岸和毛利人交易。毛利人稱
這些白種人為「泊寄客」(Pakeha)。這種稱謂的來源有兩種說法。
一種是船上的水手互相暱稱 "bugger you"（笨人或蠢傢伙）的諧
音，毛利人誤以為他們就是這種 Bug-ger-'ou （快讀成 Pakeha）
人。 另一種是毛利人稱來紐西蘭的白種人為 「白皮仙」 (pale-

skinned fairies) 的意譯，毛利語是 "Pakepakeha"，後縮短為
"Pakeha"。這種稱謂自 1814 年以後廣泛流行。其實它的含義很
廣，涵蓋「陌生人」(strange people)、「白人」(white people) 和
「船民」(ship people) 等；範圍也很廣，包括了英、法、美、澳等
歐裔人士。早期來紐的外來客全是乘船而來，舶船登岸，互相交
易，補給食物和淡水，事畢即揚帆而去，不作久留。本書作者譯
成「泊寄客」，音義都在其中了。

　　後來這些泊寄客發現紐西蘭除了海域有海豹和鯨魚外，陸上
也有極具經濟價值的亞麻和木材。亞麻遍地皆是，纖維既粗且韌，
可以捻成繩索。森林樹木高大粗壯，材質堅實，是宜於造船的材
料。要聘請毛利婦女手搓亞麻繩，毛利壯漢幫忙伐木，都要建廠
房，蓋工地。生意做大了就要考慮到購買土地，蓋房子定居。後
來發覺土地便宜，也吸引了大量移民或地產商來紐爭相搶購，造
成購地狂潮。自 1815 至 1831 年亞麻和木材的生意最興旺，登陸
購地的泊寄客越來越多。1835 年毛利人宣布獨立建國，希望遏止
購地狂潮，可惜功敗垂成（見本書第三章）。1840 年峰迴路轉，
毛利人與英國簽約，讓出主權（見本書第四章），從此英國人就正
式成為紐西蘭這塊土地的合法主人了。

第三節　歐亞太族群融和──今日主客一家親

　　根據紐西蘭國家統計局 2013 年的人口調查資料顯示：全國人
口 4,242,048 人中最大的族群是歐裔人士，占 74%；其次是原住

民毛利人 598,602 人，占 14.9%；亞裔人士，占 11.8%；太平洋島民，占 7.4%；中東、非洲和美洲合計約占 1.2%❶。這些來自世界 217 個國家或地區的族群同聚在紐西蘭這塊福地，就像一個民族大熔爐一般，已經濃得化不開了。以下分述歐裔、亞裔和太裔三大類移民的融入過程。

一、歐裔移民

英倫三島的移民在歐裔移民中最早來到紐西蘭。英格蘭人 (English) 除了早期的傳教士和生意人外，還有在英國普利茅斯港 (Plymouth) 成立的「紐西蘭公司」(New Zealand Co.) 所組織的移民團體，他們坐上名叫「保王號」(Tory) 的移民船在 1840 年初抵達，多數定居威靈頓 (Wellington)，也有移往汪嘉雷 (Wanganui)。後來在汪嘉雷設立子公司，又從英格蘭的德文 (Devon) 和康和 (Cornwall) 兩郡招攬移民，一同在北島建立新普利茅斯 (New Plymouth)。兩年後又有三千名移民來到南島，並且定居納爾遜 (Nelson)。蘇格蘭人 (Scot) 在自由教會 (Free Church of Scotland) 提供有組織的協助下於 1848 年在南島建立了但尼丁 (Dunedin) 和開發了奧塔哥 (Otago) 地區。英格蘭人有組織地在 1850 年代建立了基督城 (Christchurch)，蓋了一座「聖公會教堂」 (Anglican Church)，並且開發坎特伯里 (Canterbury) 大平原，引進美麗奴 (Merino) 優種綿羊，發展牧羊業。愛爾蘭人 (Irish) 在 1860

---

❶　人口調查時，人們能認同一個以上的族群，故比例總和超過 100%。

年代的淘金熱潮才大批湧進紐西蘭，約占南島的西海岸 (West Coast) 人口的四分之一。愛爾蘭後裔已融入紐西蘭歐裔圈子的主流，且在政壇表現非凡。例如在 1893 至 1906 年間擔任總理的薩當 (Richard John Seddon)，1935 至 1940 年擔任總理的沙維區 (Michael Sawage)，1975 至 1984 年間擔任總理的牟爾敦 (Robert David Muldoon) 和 1990 至 1997 年間擔任總理的薄爾格 (James Brendan Bolger) 等都是愛爾蘭人或具有愛爾蘭血統。

猶太人 (Jew) 在世界各地都出人頭地。紐西蘭最令人注目的猶太成功人士是沃格爾爵士 (Sir Julius Vogel)，他首先當上財政部長，後來在 1873 至 1876 年間擔任總理，曾向倫敦的銀行界舉債來興建紐西蘭的大型建設，先後從歐洲引進約十萬移民來紐以建築公路和鐵路系統。其中北歐有五千人是丹麥 (Denmark) 和挪威 (Norway) 移民，他們篳路藍縷，以啟山林，在北島分別開闢了丹士維 (Dannesvirke) 和挪士活 (Norsewood) 兩個新市鎮（意即丹麥人士和挪威人士所建）。此外，一名瑞士 (Switzerland) 探險家洪格爾 (Felix Hunger) 號召一千多名瑞士人來北島定居，保留了瑞士的獨特文化。

德國 (Germany) 移民先後陸續來紐，尤其是在第二次大戰結束（1945 年）之後，奧地利 (Austria) 和德國移民大批遷入，遍佈各地，外形簡潔的路德會教堂 (Lutheran Church) 到處林立，可見德國移民分佈之廣。十九世紀末約有三千名義大利人 (Italian) 移民來紐，多數下海捕魚或種植番茄，威靈頓郊區的島灣地區至今仍有「小義大利」之稱。另有五千名左右的南歐大馬遜人

(Dalmatian) 同樣在十九世紀末逃離奧匈帝國，加入英國人在紐北的樹膠採集隊工作。樹膠採集殆盡，他們轉向園藝和釀酒業。另一個著名的釀酒家族柯斑絲 (Corbans) 卻來自中東的黎巴嫩 (Lebanon)。

除了義大利人之外，來自南歐的族群中以希臘人 (Greek) 和前南斯拉夫人 (Yugoslavian) 居多。他們都住在大城市，威靈頓矗立著多座希臘人和羅馬尼亞人 (Romanian) 雄偉的東正教堂 (Orthordox Church)。前南的塞爾維亞 (Serbia) 和克羅西亞 (Croatia) 移民也先後建立天主教堂。奧克蘭的南斯拉夫移民閒時喜歡聚集在南斯拉夫俱樂部，以敘鄉情。

1944 年傅利澤總理夫人珍納 (Janet Fraser) 為 733 名因戰爭而流離失所的波蘭 (Poland) 孤兒和 105 名成人建立了收容所，跟著約有五千名波蘭移民接踵而至。還有其他的中歐人，例如 1956 年因蘇聯入侵匈牙利 (Hungary)，也收容了一千多名匈牙利人；1968 年「布拉格之春」(The Prague Spring) 被鎮壓而遷來了幾百名捷克 (Czechoslovakia) 政治難民。諷刺的是，一些俄國人 (Russian) 也以政治難民身份移民來紐西蘭。不過，他們當中也有不少是猶太人後裔。

西歐方面以法國人 (French) 最早登陸南島，獵海豹和捕鯨魚的船員在 1830 年代和 1840 年代盤據南島東部的班克斯半島，上岸和毛利人女子結婚，建立一些「法毛社區」(Franco-Maori Communities)，並且安居下來。但從數量來說，卻以荷蘭 (Netherlands) 移民最多。荷蘭航海家塔斯曼沒有在十七世紀中葉

及時占領紐西蘭，他的國人後裔卻在二十世紀中葉大量移居其地。1950 年代紐西蘭和荷蘭兩國政府達成協議，讓三萬荷蘭人 (Dutch) 移民來工作。荷裔在今日歐裔居住人口和出生地人口統計中，都是僅次於英裔的第二大族群。

　　以上的歐裔移民種族繁多，令人看得眼花撩亂。他們來紐的歷史悠久，自十八世紀末葉迄今，已經超過二百年，加上政府的資助和白紐傾向，有形與無形中鼓勵歐人如潮水般湧進紐西蘭。經歷兩個世紀來的生育繁衍，歐裔移民已經成為滿口帶紐西蘭腔英語的主流居民了。

二、亞裔移民

　　亞洲人最早來到紐西蘭的是華人。他們不是主動移民而是受紐西蘭南島但尼丁 (Dunedin) 商務局邀請過來參加開採奧塔哥 (Otago) 山區的金礦。因為華人早於 1850 年代的舊金山（美國加州三藩市）和 1860 年代的新金山（澳洲墨爾本）已有採金礦的經驗。1865 年但尼丁商務局鑑於歐裔礦工紛紛轉往西岸新礦區，老礦區人手不足（從最高 19,000 人降至 6,000 人）。而華人工資低廉卻刻苦耐勞，於是從澳洲請來了第一批為數 12 人的華人來奧塔哥幫忙。稍後中國華南地區的廣東人（主要是中山人）聞風而至，到了 1866 年底已有 1,219 位華人抵達紐西蘭了；七年後 （1873 年）增加了三倍（4,816 人）。紐西蘭雖然沒有類似澳洲「白澳政策」 (White Australia Policy) 那樣的 「白紐政策」 (White New Zealand Policy) 字眼，但也有白紐行為，例如 1881 年向入境華人

徵收「人頭稅」(poll tax)，每人十英鎊；船每百噸僅可載一名華人。到了 1896 年人頭稅增加十倍至一百英鎊；船每二百噸載華人一名（即每船載華人數減半）。不僅新華人不來，舊華人也離紐而去，剩下僅 3,700 人，其中僅有 14 名婦女。居紐華人於 1906 年更減至 2,570 人。1934 年取消人頭稅；1936 年華人可享有退休金；1938 年享有醫療及失業救濟等社會福利；1952 年華人可以申請歸化紐西蘭籍；1964 年入境條例廢除種族條文等政策寬鬆後，1966 年華人人口增至 11,040 人 （其中四分之一是土生華人）。1980 年代起，華人移紐日漸增多，1986 年在紐華人共 26,547 人；1991 年為 44,793 人；2001 年共 100,203 人，2013 年已超過十八萬人，占全紐人口 4.3%。而這些華人又來自五湖四海，包括中國大陸、臺灣、港、澳、菲、泰、星、馬、越南等地，好像趕廟會似的，摩肩接踵地擠進這個蓬萊仙島上來了。

　　早期華人在紐西蘭多從事傳統的行業，例如最早的採金業，稍後的蔬果業，洗衣業和餐飲業，1889 年占華人行業 99.6%。約一個世紀之後，1981 年的人口普查顯示，傳統行業降至 46%；有 17.9% 的曾受高等教育的華人投入建築、工程、醫療（一般）、牙科、獸醫、會計等專業工作；另有 13% 從事房地產、進出口業、證券業等商業經營。由於投資移民增加，華人在紐西蘭的游資最低估計有十億紐元以上。華人身份角色的轉換與提升，令人刮目相看，已非昔日吳下阿蒙可比。

　　亞洲移民第二大族群是印度人，從第二次大戰後 (1945–1966) 增加五倍至 7,257 人；1991 年有 29,820 人；2001 年有

59,823 人；2013 年為 155,178 人，占全紐人口 3.9%。第三族群本來是日本人，從 1991 年的 2,970 人激增至 2001 年的 10,002 人，2013 年有 14,118 人。但韓國人（南韓）後來居上，從 1991 年的 930 人飛躍至 2001 年的 19,026 人，超過了日本人而成為第三大亞裔，2013 年已有 30,171 人。

自從 1975 年越戰結束之後，中南半島的越（越南）、棉（高棉，即柬埔寨）、寮（寮國，即老撾）的難民蜂湧而來。1984 年以後的中英和中葡談判決定把香港（1997 年）和澳門（1999 年）回歸中國後，又引起港、澳的移民熱潮；臺灣人也因投資移民的開放而搭了順風車。此外，南亞的印度（部分轉自斐濟）、斯里蘭卡（舊稱錫蘭）、巴基斯坦（即舊的西巴基斯坦）和孟加拉（即舊的東巴基斯坦）；東北亞的中、日、韓（南韓）；東南亞的菲律賓、泰國、馬來西亞、新加坡等在 1990 年代也先後來到紐西蘭，亞裔人口由 1986 年的 53,832 人躍升至 1991 年的 99,756 人、再飆高至 2001 年的 237,459 人，占全紐人數 6.6%，首度超過了太平洋島民的 6.5%，2013 年則有 471,711 人，占 11.8%。

華人雖來自四面八方，大都可講華語（即國語或普通話）以敘鄉情。但來自南亞的印、巴、錫人，東北亞的日、韓人，以及東南亞的菲、馬、泰、印、越、棉、寮人，卻人言人殊，雞同鴨講，要親近就得用英語來溝通了。

昔日亞裔受教育程度低，做的都是下層的勞力工作。今日無論土生亞裔或新移民的高級教育程度的比例高於紐西蘭人，亞裔具有大學以上學歷者，以及從事法律、行政和經理等專業人才人

數頗多。而且亞裔人口都喜聚居在奧克蘭，2013 年有 307,233
人，約占亞裔的三分之二。因此最大商業城市街頭，舉目都是亞
裔人，而且衣履光鮮、名車代步、與昔日蓬頭垢面、胼手胝足的
面目不可同日而語。

三、太裔移民

如以玻里尼西亞人種來說，太裔應是歐裔以外的第二大族群，
因為原住民毛利人也是同種，占 14.9% 加上太平洋島民 7.4%
（2013 年），總共占全紐人口 22.3%。太平洋島民大多數在 1960
年代之後移民來紐。從 1961 年的 14,000 人增加至 1991 年的
167,070 人；十年後（2001 年）又躍升至 231,798 人，至 2013 年
已有 295,944 人。

由於語言相通，地緣接近，加上勞工的需求，太平洋島民自
庫克群島、托克勞、紐威、斐濟、薩摩亞和東加等地的村落，從
四方八面，紛至沓來。薩摩亞人幾乎占了太平洋島民在紐西蘭的
一半人口（在 2013 年有 144,138 人）。庫克群島的居民原本就有
紐西蘭國籍，不用申請，划船就可以划過來了（占全紐島民五分
之一）；托克勞和紐威人也是一樣，既然是紐西蘭的託管地，居民
也都自願去紐西蘭那裡被託管。他們住在紐西蘭的人數比住在自
己家鄉的人數還要多哩！庫克人在 2013 年調查中有 61,839 人，
是庫克群島人口的三倍；紐威人有 23,883 人，是紐威人口的十四
倍；托克勞人有 7,176 人，是托克勞三島人口的近五倍。全部太
平洋島民約有三分之二住在奧克蘭的郊區。郊區生活水準低廉，

　　既可互相照顧，又可互通聲氣；靠近百萬人口的大城市，打工的機會較多。由於膚色較接近，外人很難分別出他們從哪裡來的？甚至他們和毛利人有什麼不同的地方也說不上來。

　　百餘年前毛利人曾受土地戰爭的鎮壓，華人也備嚐入境法令的限制，這都已成為歷史陳跡。近二十年來，毛利人的土地損失得到賠償（見本書第十章第一節），亞洲人因移民政策的改變，大多因身懷絕技（技術移民）或腰纏萬貫（投資移民），而能昂首闊步，邁進桃源。政府也因國策的改弦更張，脫歐歸亞（見本書第九章第三節），使紐境最大的歐裔族群對原住民大幅讓步，對亞洲移民不再排斥。今日喜見來自五湖四海二百一十七個國家或地區的歐、亞、太族群聚居桃源勝地，共同使用統一的工作語言，遵守力行同一的法律規範，互相禮尚往來，甚或互通婚姻，共結連理，共冶一爐，生活在同一屋簷下，無分軒輊了。

New Zealand

第 II 篇

早期紐西蘭的發展
(1790–1946)

　　「白雲之鄉」本是毛利一族獨居的樂園，可是到了十八世紀末葉卻有外族的介入，從此之後紐西蘭邁進一個新的紀元。早期的發展大約長達一個半世紀，自 1790 年代至 1946 年，期間可分三階段來陳述。

　　第一階段 (1790–1839) 大約經歷五十年，是主（毛利人）客（泊寄客）共處時期，二者曾經從互惠到失衡，由合作到反目。

　　第二階段 (1840–1906) 經歷六十六年，「白雲之鄉」成了大英帝國的殖民地，原住民變為被統治者，主客易位，因此發生抗爭與鎮壓的歷史規律，勝者為王，敗者為民。

　　第三階段 (1907–1946) 經歷近四十年，是紐西蘭由殖民地升為自治領時期，也正好遇上兩次世界大戰和二戰之間的世界經濟大蕭條，國難當頭，政府如何應付？

　　本篇將以三章十節分別討論。

《紐西蘭獨立宣言》的前因後果 (1790–1839)

很少人會注意到毛利人曾經宣布獨立建國,並且發表《獨立宣言》。可能因為建國功敗垂成,過程不夠精彩,或者新主刻意淡化,以致史文不彰,或略而不詳。本書特闢一章,將前因後果,剝繭抽絲,條分縷析,公諸於世。

第一節 內亂外患 —— 紐西蘭社會狀況與內外形勢 (1790–1835)

當英國決定在 1788 年建立澳洲新南威爾斯殖民地時,尚未有暇想到在 1769 年庫克船長曾宣布為英王所有的紐西蘭,但偶然的商機卻觸發了英國船隻前往紐西蘭的破冰之旅。原來紐西蘭海域有捕之不盡的海豹和鯨魚。豹皮可以做帽子、手袋和皮鞋,供英國上流社會的淑女紳士使用,鯨魚油可以潤滑機器,也可點亮街燈,照耀了倫敦的道路。一年消耗鯨油價值曾高達三十萬英鎊。1791 年英國捕鯨船「威廉與安恩」(William and Ann) 號捷足先泊「無疑灣」;翌年(1792 年)一艘獵海豹船「不列顛」(Britannia)

號也來到「薄暮灣」。從此船隻穿梭不息,來紐濫捕無辜的海上生物。商人洛德 (Simeon Lord) 個人在四年間 (1806–1810) 共獵獲二十萬張豹皮運往倫敦,賺取暴利。美國獵豹船自 1797 年開始加入獵捕海豹的行列, 光是 1806 年運往雪梨其中一船就有六萬張豹皮。1816 年以前有數百艘獵豹船去過南島,1816 至 1826 年間約有一百艘經常出入福斯海峽 (Foveaux Strait)。英、美的捕鯨船自 1800 年經常停泊北島,1806 至 1810 年間約有五十艘停泊「諸島灣」 (Bay of Islands);1815 至 1822 年間增至九十二艘;1833 至 1839 年間有美船二百七十一艘和英船一百二十六艘也曾停泊於此。法國也不甘後人,在 1830 年代有為數六十艘船的捕鯨隊經常來紐作業,他們的活動地點在南島的班克斯半島,有些風流倜儻的船員甚至上岸和毛利女子同居共處,並在班克斯半島和豐盛灣 (Bay of Plenty) 逐漸發展成法毛社區 (Franco-Maori Communities)。

捕鯨業分兩類,一類是深海捕鯨 (deep-sea whaling),另一種是沿岸捕鯨 (shore-whaling)。 原來每年 5 月至 10 月期間是生產期,母鯨靠岸產子,而捕鯨人熟曉這個習性之後,藉機對幼鯨先加殺害(因體積小容易成功),母鯨愛子深切,沿岸徘徊尋覓,不忍遠離,捕鯨隊遂圍而捕殺,然後以地利之便,在岸上處理鯨油和鯨骨。在班克斯半島和霍克斯灣都建立了多處捕鯨站,數百船民分別居住約八十間屋宇。季節性的捕鯨與製油拆骨作業之外,船員與毛利人做些生意交易,事畢即揚帆而去。

後來有兩種新興行業能吸引到這些泊寄客棄舟登陸的,就是紐西蘭特產的亞麻和木材。亞麻是野生草本植物,麻叢比人還高,

纖維粗長堅韌，是製繩或船用索具的天然材料。商人雇用毛利婦女用淡菜貝殼 (mussel shell) 割採，用手搓捻成繩。商人用極低的價錢或用一兩枝毛瑟槍 (musket) 就可以換取成噸的亞麻繩，獲取鉅利。

　　紐西蘭的原始森林覆蓋面雖很廣袤，但從未開發。高可參天的古木，材質堅硬，是造船的好材料。商人帶來鋸木技工 (sawyer)，並雇用毛利人砍伐林木，化整為零，鋸成木塊或製作桅杆，運銷海外。尤其是英國海軍，聞風而至，在 1820 年代和 1830 年代也來紐採購，擴建軍艦。有些商人索性就地取材，就地建造，在賀雷基 (Horeke) 建立船塢。四十噸的雙桅縱帆船 (Schooner)「企業號」(Enterprise)，一百四十噸的雙桅橫帆船 (Brigantine)「紐西蘭號」(New Zealand)，以及四百噸的「梅利爵士號」(Sir George Murray) 都在此建造。另外，賀港嘉 (Hokianga)、諸島灣 (Bay of Islands)、水星灣 (Mercury Bay) 和科羅曼德爾 (Coromandel)，都是重要的木材集散地，同時也是鋸木工廠的所在地。1833 年木材出口至澳洲的價值已超過亞麻；1840 年總值已達 12,197 英鎊。

　　自 1814 年牧師馬士登 (Samuel Marsden) 將牛、羊和馬匹引進後，紐西蘭開始有了畜牧業。1820 年代農具和種子（大麥、小麥、燕麥、玉米、豆子，甚至煙草）被引進後，加上毛利人原有塊根的種類（毛利人自己引進的地瓜、芋頭和薯蕷等，後來歐人引進的馬鈴薯）和庫克贈送的豬隻等，農牧產品也成為重要的出口。1836 年 5 月 12 日《雪梨地方報》(The Sydney Gazette) 曾報

導過：「紐西蘭已成為新南威爾斯的糧倉」。

上述亞麻、木材和農產品由紐西蘭出口至雪梨，1826 年的總值是 30,000 英鎊；1829 年暴增至 135,000 英鎊。這還沒有把海豹和鯨魚的產品算在內，二者產值在 1830 年合計有 58,000 英鎊；1840 年劇增至 224,000 英鎊。

無論獵豹或捕鯨、採麻或伐木，還是農糧貿易，互通有無，本來是正面的，但這些外來「泊寄客」的闖入，對寧靜平和的毛利社會卻引起了衝擊。這些「泊寄客」品流複雜，良莠不齊。除了傳教士、教師和官員外，下三濫的冒險家、流氓、水手、逃犯等，在岸上胡作非為、打架酗酒、尋歡作樂，將性病傳給毛利女子，再輾轉傳染毛利族人，引致不育或不孕，或得了性病。此外，還有其他傳染病如痲疹、哮喘、傷寒和流行性感冒等傳入，令免疫力較弱或醫療技術不足的毛利人大量病亡。

另一個引起毛利社會動盪不安的，就是當時具有先進火力的武器毛瑟槍的輸入。毛利人經過數百年的生育繁衍，人口曾高達二十五萬；保守一點的估計也有十五至二十萬。由於不懂得種大面積的米、麥，僅靠雜糧（塊根植物）和採集（鳥類與水產），漸感不敷糊口。因此，部落之間也開始有爭奪地盤以廣增民食的械鬥。幸好毛利人連鑄鐵技術也不會，沒有鐵製武器，也因而少了刀光劍影，所以械鬥傷亡不高。可是，毛瑟槍的威力就不同了。穿腸入肚、血流成河、毀家滅族，在所難免。而歐人重商主義，利之所在，就不計道德與否。史稱「毛瑟槍戰爭」(Musket Wars) 由 1818 年開始，毛瑟槍的買賣就沒有停頓過，最高紀錄的交易在

1830 至 1831 年間，從雪梨運往紐西蘭出售的毛瑟槍共有八千支，平均售價是二十七先令，相當於 10,800 英鎊。

　　泊寄客輸入了細菌和槍械，致使毛利人因疾病傳染和部落戰爭而大量死亡，有人估計死亡的數字是三萬至四萬人，也有人估計八萬人，也有人說是二萬至八萬人之間。

　　從上面陳述的史實來看，1790 年代迄 1830 年代的紐西蘭好像發展成兩個社會；一個是毛利人社會，內陸部落之間戰爭頻仍，族人又驚懼於疾病纏身，兩者都要面對死亡的威脅。毛利社會自古以來從來沒有這樣的動盪不安。另一個是泊寄客社會，雖然泊寄在沿岸或港灣，但捕鯨獵豹，伐木採麻、物糧交換，種種生產與貿易都做得熱火朝天，滿載而歸，大牟其利。紙醉金迷之際，就會飽暖思淫縱慾，上岸飲酒作樂，與毛利女子尋歡交好。這些亂象，在毛利族人眼中，雖然滿腔怨恨，卻又沒有一個政府能行使其公權力，以懲治刁民，維持社會秩序。

第二節　功虧一簣——《紐西蘭獨立宣言》的催生與結局 (1835–1839)

　　土地與人民是國家組成的重要部分，毛利人口的遞減已如前述；毛利人的土地日漸流失，又引起他們的惶恐。而土地的流失並非天災，乃是人禍。外來的泊寄客豈止「泊寄」而已，且有愈來愈多人定居的趨勢。定居者和土地投機者蠶食鯨吞地利用低廉的價格向毛利人猛購土地。雖已開化但尚未文明的毛利人根本不懂地價高低，不識金錢多寡，缺乏數字或價值的觀念。白種人施

展連哄帶騙的技倆，即可輕而易舉地成為大地主。甚至早期的傳
教士以五十英鎊即可購得大農莊。1822 年，傳教士坎度 (Thomas
Kendall) 為法國男爵狄飛瑞 (Baron de Thierry) 在紐西蘭的賀港嘉
購得四萬英畝土地，僅收取七百英鎊，而坎度繳付毛利人的不是
現金，而是六十六把利斧。因毛利人不懂製鐵器，所有鐵製工具
如鐵釘、魚鉤、斧鑿等皆可換取物產或土地。此外，用武器也可
購買土地，彼得‧威廉斯 (Peter Williams) 於南島用六十支毛瑟槍
換得土地一百萬英畝。若以毛瑟槍時價每支二十七先令計算，即
每先令可購土地 617.3 英畝，或每英鎊可購土地 12,345.68 英畝。

　　人口的遞減主要是基於積極的和消極的兩種因素，前者是戰
爭的殺戮，唯有採取自我克制的止戰手段方可免除；後者則是疾
病與不育，基於醫療常識的落後，毛利人頗感無奈。另一方面，
土地的流失乃由於無政府狀態和沒有法律規範的社會所造成。詭
異的是，紐西蘭原住民並不基於這些國家重要的組成部分而尋求
獨立去解決，反而是乞憐於大英帝國的保護。而後來促成發表《獨
立宣言》的不是原住民，而是來自民間的傳教士和英國官方派遣
前往紐西蘭的駐箚官 (Resident)。

　　在 1830 年以前，英國政府不想直接統治紐西蘭，如有事要調
停，也經由一些非官方的管道，採取的是一種不干預政策。但由
於毛利人和泊寄客的交往中，總會出現一些不可避免的磨擦。尤
其是毛利人受僱於泊寄客，常有被勞役和被虐待的事情發生。早
在 1805 年，澳洲新南威爾斯總督菲力‧金 (Philip King) 曾經發出
命令抑制雪梨海外的船上虐待毛利人事件。1810 年，另一位總督

馬誇瑞 (Lachlan Macquarie) 發出更多的有關招工、薪酬和防止虐待船員的規條。1814 年，當傳教士坎度被委任為「和平法官」(Justice of the Peace，簡稱 J.P.，或譯為「太平紳士」) 時，這些舊規再被重申，並且授權紐西蘭諸島灣三名酋長實際執行。可是，這些法令或規條的合法性很受質疑，因為紐西蘭畢竟還是英國治外之區。英國子民在當地犯法，難以引渡他們到雪梨或倫敦受審。英國政府分別於 1817 年、1823 年和 1828 年通過三種成文法案，雖然仍無助於引渡罪犯，卻在文中界定紐西蘭「非在國王陛下的領土版圖之內」，這是見諸文字的法律依據，承認紐西蘭是一塊獨立存在的領土。雖然政治上如此認定，但澳紐之間這條重要的貿易紐帶卻日漸為英國所重視。在 1830 年代，紐西蘭出口至新南威爾斯和塔斯曼尼亞的貨物每年在 20,000 英鎊以上。而紐西蘭的進口貨總值，在 1830 年 1 月至 3 月間，也達至 23,000 英鎊。大約有三十艘商船或捕鯨船停泊在諸島灣，經常有數百船員成群結隊上岸尋歡，衝突在所難免。

當英國在紐西蘭的經濟利益日漸升高時，美國和法國的經濟活動隨著增加。美國在 1826 年以來在南太平洋活動頻繁，法國戰艦經常出沒紐西蘭海域，名為訪問，實則宣示海軍實力，支持法裔商旅和傳教活動。這是後來英國對紐西蘭改為積極干預的一些國際因素。

英、美同文同種，毛利人對美人來紐比較放心，但與法人卻有前嫌宿恨。法人為了報復航海家費斯尼 (Marion du Fresne) 及其船員被殺之仇，於 1772 年屠殺北島二百五十名毛利人。這些法人

的殘暴行徑，毛利人沒齒難忘。因此當 1831 年 10 月 3 日，法國戰艦「恩寵號」(La Favorite) 訪紐時，立刻引起毛利人的恐慌。因為在兩星期前傳教士葉德 (William Yate) 和酋長瑞華 (Rewa) 自雪梨回紐時帶來了謠言，說法艦來紐乃再為 1772 年事件尋釁和企圖吞併紐西蘭。數名酋長商議寫信給英王求助。一位歸信基督的酋長欲於教會掛上英國國旗，如法人撕旗，即可要求英國為紐開戰。北島有十三名酋長聯署上書英王，懇請英王為全紐各島嶼的「友人與保護者」(A friend and the guardian)，為他們解除： 1. 外國的威脅； 2.異端部落的干擾； 3.泊寄客的暴行。

泊寄客的暴行曾出現在 1830 年「伊利沙伯號」(Elizabeth) 事件上，船長和水手勾結土人掠奪南島的瑞格塔胡 (Ngai Tahu) 族。酋長譚邁哈仁鈕 (Tamaiharanui) 及其家屬被拷打致死，犯罪者卻免受刑責，原因是澳洲的法治對象不含紐西蘭的英國子民。澳洲新南威爾斯總督達陵 (Ralph Darling) 曾經贊同牧師馬士登 (Samual Marsden) (此人於 1814–1839 年間七訪紐西蘭，與毛利人關係良好) 的建議：由英國政府委任一名駐箚官長期駐紮紐西蘭處理相關事宜。馬士登重提舊事：在 1820 年，杭宜 (Hongi) 和韋嘉渡 (Waikato) 的酋長面謁英王喬治四世 (King George IV) 時，獲得了英國子民與毛利人互不廝殺的承諾。而這次「伊利沙伯號」事件乃違反英王承諾。經過一連串傳教士、商人及個別人士的上書行動，英國政府在人道立場與利益關注下，終於在 1832 年委任了畢士庇 (James Busby) 為首任紐西蘭駐箚官。

畢士庇於 1833 年 5 月 5 日抵達紐西蘭，17 日受到二十二名

酋長和七響禮槍的迎迓。在集會上宣讀「英王誥書」(King's Letter)，並由傳教士威廉·威廉士 (William Williams) 翻譯成毛利文，強調英、毛之間的貿易不會被干擾，毛利人受到保護，而泊寄客也受到管制。他的任命駐紐，如同其他駐美、駐歐的代表一般，是駐在一個獨立國家的大使級代表。為了向毛利人示好，畢士庇向每位酋長致贈毛毯乙條，煙草六磅；並且盛宴招待六百多名毛利人。其他五十名歐洲人則由威廉士款待。酋長們還建議畢士庇及其家屬可在瓦湯頤 (Waitangi) 建立官邸——這就是後來發表《獨立宣言》和簽署《條約》的所在。

畢士庇就任後不能展開工作，原來英國殖民部的指示，他須與澳洲總督博克 (Richard Bourke) 合作，經費由新南威爾斯殖民地政府支持。但二人背景不同，意見相左。英方初時願意以戰艦永久停泊紐西蘭作為軍事後盾，後來沒有實現。畢士庇因文官身份而不能指揮軍隊，博克甚至避談支付警察薪金事宜。駐紮外地的獨立領土又不可能自設官署。沒有海軍支持，也沒有文武官員的輔助；無權、也無力逮捕罪犯；也不能主持宣誓儀式。他的身份類似一名中間調解人或和平使者而已。正因如此，進行調停工作時，他得到的幫助不是英方或澳方，而是紐西蘭本土的傳教士和已建立良好關係的土著酋長。而他的非宗教身份，行事起來又比傳教士來得務實。

畢士庇蒞紐履新之前，正好遇上紐西蘭毛利人歷經十年以上的部落內戰。他認為結束內戰的辦法之一就是建立毛利人的「集約主權」(Collective Sovereignty)。因為毛利人共有約五百多個大

小部落散居紐西蘭南北二島，缺乏一個有凝聚力的核心。邁向這個目標有兩種具體的做法，一種是建立一個由聯合部落組織的毛利人政府；另一種是設計並使用一種共同承認的國旗。尤其是國旗是當時的實際所需，正好被利用作為建國前的一個突破性藉口。在紐西蘭製造的船隻因無政府狀態的緣故，從來未經註冊即已啟航。1830 年 11 月在雪梨港，一艘在紐西蘭賀港嘉建造的「喬治·莫瑞爵士號」(Sir George Murry) 即因未經註冊而被查扣，貨物被沒收。剛好船上有兩名德高望重的酋長，認為這個行動使他們的身份地位和威權聲望受損。當畢士庇莅紐履新時，正好有兩艘船未經註冊不敢啟航。他認為造船地區的酋長可提供註冊機構，由駐箚官核發註冊證明書。又建議先由三分之二的與會酋長通過一種大家認可的旗幟由船隻懸掛出海。在此基礎下，由眾酋長集體身份組成「合議法庭」一類的機構，從而進一步建立一個聯合部落同盟的政府，甚至建立國會大廈和設立護照制度（包含有驅逐違法的泊寄客的功能）。新南威爾斯總督博克對建立政府和設計國旗兩種建議都不表贊同。但經過十個月的努力，國旗方案終獲通過執行。1834 年 3 月 20 日，在瓦湯頤新建官邸的草坪上，有二十五位北島酋長被邀討論選旗問題。三種不同設計的旗幟飄揚在三根柱子上。經過投票結果，一面白底大紅十字，左上角為藍底小紅十字，並配上四顆八角形白星星的旗幟被選為國旗，與英國國旗同時升起，接受二十一響禮槍的致敬。這項消息在雪梨刊登，國旗和臨時由畢士庇核發的註冊證明書馬上被承認，並且如同大英帝國與英殖民地船隻一樣，在澳洲港口獲得入港免稅的優待。

圖 7：毛利人獨立時所用的國旗

　　國旗除了經濟上和貿易特權上的意義外，毛利人咸認他們的身份和紐西蘭的地位都已經獲得大英帝國的承認。這種身份地位的認同，正好被畢士庇利用作為鼓吹諸酋長進一步組成具有凝聚力政府的觸媒劑。但產生催化作用的卻是另一宗外力事件。

　　前述的法國男爵狄飛瑞早在十幾年前（即 1822 年）委託英人坎度在紐西蘭購地四萬英畝。從數量上來說，本屬微不足道的小事，卻被渲染成計畫在賀港嘉建立一個「主權獨立國家」(sovereign and independent state)。其實他仍在法國，尚未舉家移居紐西蘭（1837 年 10 月才移居）。但基於法國人在 1772 年殘殺毛利人的悲痛歷史，令人無法忘懷。法國海軍艦隻的訪紐已引起恐慌。一個具有法國貴族身份的地主來紐建國，會不會又是法國殖民主義者在背後支持的陰謀？不能不令人懷疑。這個突來的警訊果然奏效。部分的傳教士和商人也響應畢士庇鼓吹獨立的行動（從《獨立宣言》的簽名行為可以看出）。傳教士的觀點是，如要改變

毛利人信仰基督教和接受文明的洗禮，由他們在獨立的國度來主導將會有更大的靈活性和更多的自由度；如由強大的英國政府來主導，則教會的影響力會相對地減弱。商人也認為無政府狀態可讓他們為所欲為，賺取暴利。畢竟對付落後的毛利人比面對法制嚴謹的殖民老手容易得多。在這些內外的因素下，紐西蘭原住民的獨立宣言終於在 1835 年 10 月 28 日催生成功。畢士庇召集三十四位北部的酋長，闡明遠近因素和內外形勢，說服他們組織聯合部落同盟 (Confederation of the United Tribes)，共同簽署了《紐西蘭獨立宣言》(*A Declaration of the Independence of New Zealand*)。茲根據英文本譯成中文如下：

《紐西蘭獨立宣言》

1. 我們是一群紐西蘭北部的傳統酋長和部落首領，於 1835 年 10 月 28 日聚集在諸島灣的瓦湯頤宣布我們國家的獨立，並且在「紐西蘭聯合部落同盟」的名義下，由此合法地成立並公佈為一個獨立國家。

2. 在「紐西蘭聯合部落」的領土內所有主權、權力和權威從此完全地、唯一無二地屬於傳統酋長和部落首領集體所擁有；並宣布不容許任何法人團體從集體中分離而獨存，也不容許任何政府在上述領土內行使其職權。只有集體酋長與首領委任之人士除外；而該等人士亦須在國會通過之法律下行事。

3. 傳統酋長和部落首領同意每年秋天在位於瓦湯頤的國會集

會，目的是為了伸張公義、維持和平和良好秩序、以及規範貿易而制定法律。同時也邀請南部的部落擱置私仇敵意而加入「聯合部落同盟」，齊來商議我們共同國家的安全和福祉。

4. 酋長和首領同意將《宣言》副本乙份呈送英王陛下，多謝陛下對他們國旗的承認。同時回報陛下他們已有所表示的友誼與保護，並準備對已在紐西蘭定居或為貿易而暫棲沿岸的英國子民繼續作同樣的示好。他們懇請陛下繼續作為他們年幼國家的父母，並成為這個年幼國家爭取獨立的一切企圖的保護者。

1835 年 10 月 28 日在大英帝國國王陛下的駐箚官面前全體毫無異議一致同意。

(以下是三十四位傳統酋長或部落首領的簽名或畫押)〔從略〕

英國證人簽字

教會代表：亨利・威廉斯

喬治・格力克

商人代表：詹士・C・卡蘭頓

吉伯特・麥爾

我確認上述乃酋長《獨立宣言》的正式副本，由居住本地十年以上的傳教士翻成英文。並在酋長的一致要求下，將副本轉呈英王陛下。

詹士・畢士庇

英國紐西蘭駐箚官

　　這個 《紐西蘭獨立宣言》 獲得英國殖民部大臣格蘭尼 (Glenelg) 的承認；並承諾保證英王會保護毛利人。這個回應很明顯地具有法律的效果。畢士庇稱譽《獨立宣言》可媲美 1215 年英國的《大憲章》(*Magna Carta*)。由於與會簽署《獨立宣言》的酋長僅有北部三十四名，代表性不夠廣泛。正當畢士庇尋求全國性的連署時，卻遇上又再燃起的部落內戰。即使《宣言》所說的秋季舉行年會也難以成功召開。剛好翌年（1836 年）冬天，格蘭尼的文件到達紐西蘭，畢士庇建議採用傳遞 「國王聖諭」 (King's message) 的形式派送到各位酋長手中，並努力收集他們的同意簽署。到了 1837 年，毛利部落內戰喧騰，達到了沸點，波及諸島灣地區，畢士庇自身難保，遂向澳洲新南威爾斯殖民政府告急，要求軍事援助以保護英國子民。總督博克馬上派遣戰艦「響尾蛇號」(Rattle Snake) ， 由海軍上校威廉·賀卜遜 (William Hobson) 統率馳援。目的在保護灣區千餘名英國居民。部落戰爭因內部原因而自動結束，賀卜遜不戰而還。而畢士庇仍繼續尋求《獨立宣言》的簽名。可惜直至 1839 年 7 月 22 日收到最後一位簽名為止，僅增加了十八名，前後簽署《獨立宣言》的酋長總共為五十二名而已。僅為全國大約五百名酋長的十分之一左右。原來準備建築國會大廈的木材也擱置下來，甚至草擬憲法的工作也因召集的困難而無疾而終。毛利人獨立建國未竟全功，好比為山九仞，功虧一簣，令人惋歎！

英屬殖民地時期 (1840–1906)

1835 年毛利人雖有《獨立宣言》的發佈與簽署，可惜功虧一簣，「歐提羅噢」這一片「白雲」隨風飄逸、煙消雲散。毛利人主權獨立的「國家」胎死腹中，沒有誕生。1840 年英國人不費吹灰之力，利用一紙《條約》卻把紐西蘭變成「皇家殖民地」(Crown Colony)。毛利人後來如夢初醒，反英抗暴，在 1858 年選立了自己的國王 (Maori King)；但世襲迄今，還是個虛有其名的無國之王。反之，歐裔移民 (Pakeha) 在殖民政府的資助與鼓勵之下，蜂湧來紐，購地定居，移民人數逐漸超越了毛利人的人數，可謂喧賓奪主。從此，英人念茲在茲，刻意經營這塊得來容易、猶如天賜似的新樂土。

第一節　喪權辱國──《瓦湯頤條約》的簽訂

《瓦湯頤條約》(*The Treaty of Waitangi*) 是紐西蘭原住民毛利人與英國皇室代表，於 1840 年 2 月 6 日在紐西蘭北島 (North

Island) 東北部的諸島灣 (Bay of Islands) 一個名叫瓦湯頤 (Waitangi)❶的地方簽訂的條約，把紐西蘭的主權讓予英國。這個條約在紐西蘭建國後並無隨風消逝，原住民始終沒有遺忘條約帶給他們亡國的永不磨滅的傷痛。幸好在這條「哀傷之水」(The Water of Lamentation) 旁所簽訂的條約，內容上還留給毛利人日後討回公道一些法理依據。

　　1837 年賀卜遜自紐西蘭返回澳洲，向當時的新南威爾斯總督博克提交一份報告，建議依英國在印度的先例，在紐西蘭設立若干貿易公司（如 East Indian Co.），公司領導層可委任一些酋長作代理人或領事。這種做法有幾個優點：1.此舉不致引起毛利人或外國勢力猜忌；2.約束無視法律的行徑；3.如有部落戰爭發生，可提供歐人安全撤退的場所；4.引進文職政府。這個辦法花費不高，而且公司可作為將來進一步發展殖民化的橋頭堡。博克覺得可行，遂將報告推介給英國殖民部。畢士庇提出另一個報告，提議如愛奧尼亞群島 (Ionian Islands) 和印度邊疆小國等先例，在紐西蘭建立一塊英國保護地，在酋長的輔助下，經過一段成功監護期，漸漸使保護地擴展全國。在當時英國推動對殖民地土著的人道主義政策下，英國的保護可以挽救毛利人嬰兒早夭、疾病傳染

---

❶ 瓦湯頤 (Waitangi) 原意為哀傷之水 (Water of Lamentation)，中文音譯最早在 1960 年代由中華民國駐澳大利亞大使陳之邁譯作「瓦湯基」（見氏著《澳紐之旅》，臺北：1973；1990 年，三版，頁 323）。經本書作者親赴紐西蘭駐澳大利亞大使館求證，其字尾發音僅有 "i"，而非 "gi"，是以改譯作「瓦湯頤」。

和戰禍蔓延等因素而引致的高死亡率。

　　兩個報告南轅北轍，前者主張殖民化，後者建議本土化。在 1837 年 5 月，倫敦政界在韋克菲爾特 (Edward Gibbon Wakefield) 的鼓吹下，成立了「紐西蘭協會」(New Zealand Association)，目標是要建立一個紐西蘭殖民地。殖民部部長格蘭尼本人是純福音派的一個人道主義者，又是全國「英行教會」(Church Missionary Society) 的副會長，認為未獲得土著毛利人的同意而妄自將紐西蘭權益斷送給英國，是很不道義的行為。在 1837 年下半年，當「紐西蘭協會」公開發動其殖民化計畫時，「英行教會」和「衛理公會」(Wesleyan Missionary Society) 聯合推行反對運動。「紐西蘭協會」則獲得倫敦四十家船東和商人的聯名支持。雙方僵持不下，互相較勁。經過上、下議院的多次辯論，在 1838 年似乎各個團體都達成共識：英國對紐西蘭的干預政策勢在必行。歧見的部分只在於干預的程度和毛利人的身份的界定，以及英、毛利益何者優先而已。教會人士為了同化毛利人，傾向同意另一個新建議的「帝國託管計畫」，類似畢士庇的「保護地計畫」，而反對「紐協」的殖民化計畫。

　　從政府官員的調動，可以看出英國上層統治者對紐西蘭問題已經早有定見。1839 年 2 月，殖民部大臣格蘭尼和紐西蘭駐箚官畢士庇同時被撤除職務。代之而起的是羅曼比 (Lord Normanby) 和賀卜遜 (Hobson)，分別出任殖民部部長和駐紐西蘭領事。羅曼比決定尋求與毛利人談判。而民間「紐西蘭協會」則改組成為「紐西蘭公司」(New Zealand Company)。這個改組與賀卜遜 1837 年

報告的主張不謀而合。「公司」大概知道政府談判中有皇家優先購買土地權一事，趕緊在 1839 年 5 月 12 日派人乘商船「保王號」(Tory) 急赴紐西蘭搶購土地。因此，本來在 3 月份殖民部次長史蒂芬 (James Stephen) 主張保護毛利人和成立英人自治政府。「公司」趁火打劫的行動令他隨即改變立場。力主建立殖民地但加強對泊寄客的法律管制，免得這些唯利是圖的商人胡作非為。因為殖民地政府是由英國官方派遣總督直接統治的政府，法制謹嚴；而英人自治政府則由當地泊寄客組成，難以被英國當局直接駕馭。有人主張「聯合部落同盟」立法，在英國保護之下設立毛利人政府以統治毛、英二族人民，但為史蒂芬所否決。不過，他也作了一點讓步。即考慮選擇紐西蘭部分土地作為英國皇家殖民地，其餘則歸「聯合部落同盟」統治，其優點是防止外人未經許可而擇地定居，防止個人或公司濫購土地，以及優先處理英人貿易與宗教事宜。如果毛利人願意割讓部分領土與主權，則英方承認毛利人的國家特性 (National character) 和國旗。他強調這種分地而治的有限度干預，除了部分原因為保護泊寄客的利益外，主要的目的是解除毛利人的災難和帶領他們接受文明的洗禮，而且並不鼓勵歐人狂購土地。這些溫和的外交辭令大概是說給教會人士聽的，讓殖民部實行殖民化時減少阻力。

1839 年底，賀卜遜攜帶著殖民部的最後指示前赴紐西蘭履新，他的職銜不是駐箚官而是領事。他獲得充分授權見機行事，此行的目標是爭取毛利人自願割讓紐西蘭全部或局部的主權，使紐西蘭成為澳洲新南威爾斯的臨時屬地 (Dependency)。將來新設

的副總督在立法議會的幫助下，制定法律；在英國軍隊尚未駐進之前，他可以組織地方武裝或警察力量。新成立的政府可以處理所有土地轉讓事宜。並依澳洲新南威爾斯舊例，成立土地基金，支付政府行政和發展費用；餘款將用於預期發生的英人移民潮。估計土地基金和入口稅所得足以使新政府自給自足。這些將來按部就班實行的措施，非常明顯地要邁進一個英國皇家殖民地的建置。除此之外，還有一些安撫毛利人和傳教士的指示。一位「保護官」將被任命以保障毛利人售地的利益。傳教工作將受到政府道義上的支持和財政上的幫助；學校將會設立以廣教化。除了蠻風陋俗如殺人祭或吃人俗等外，一切毛利人的風俗習慣皆受到尊重並准保留。為了避免刺激毛利人的敏感度，罪犯將不會流放到紐西蘭領土之內。由於英國當局對紐西蘭政策上的舉棋不定，甚至自相矛盾，由不干預到干預；原是本土化，今又殖民化。殖民部部長羅曼比不得不親作長文致歉，虛應故事一番。他坦白宣稱曾對毛利人領土獨立、甚至是主權獨立的承認，另一方面卻認為獨立不夠成熟甚至是不適當。他原不主張英國對紐西蘭的殖民化和投資政策，卻又後悔不能改變大勢所趨。他既表示英國干預政策對毛利人有利，卻又承認這些干預有欠正義。這些「此地無銀三百兩」的自招，顯然難以自圓其說。無論如何，英國政府這些昭告天下的詖辭，無非都是為了安撫外國勢力，免得他們嫉妒；安撫人道主義者，免得他們懷疑殖民暴行之將至；安撫傳教士，免得他們懼怕英國武力的介入，影響他們與毛利人的和平關係。特別是安撫毛利人，免得他們驚慌失措，誤以為世界末日的降臨：

人民遭屠殺、土地被掠奪、風俗受改易等等。

　　賀卜遜離開倫敦之前曾與前任澳洲總督博克詳談。他們在 1837 年於澳洲曾有合作過的經驗,理念亦相近。但最新資訊則須從當時總督吉浦士 (George Gipps) 處才可獲悉。賀卜遜在 1839 年 12 月 24 日聖誕前夕抵達雪梨,正遇上英人搶購紐西蘭土地的狂潮,範圍已從北島東岸蔓延至南島;北島的旺地已被炒家轉讓過好幾次。總部在倫敦的「紐西蘭公司」已在庫克 (Cook) 海峽兩岸蠢蠢欲動,覓地狂吞。總督吉浦士正阻止雪梨一宗諸島灣二千英畝土地的拍賣。這些現象都看在賀卜遜眼裡。

　　吉浦士任命賀卜遜為新南威爾斯擴張屬地可能包括紐西蘭在內的副總督,並宣布紐西蘭土地買賣經由皇家確認方才有效。土地專員將會被任命調查。此後新購土地宣告無效。賀卜遜在 1840 年 1 月 18 日乘軍艦「先鋒號」(Herald) 離開澳洲,29 日抵達紐西蘭,翌日下午在泊寄客的集會上宣布他的新職(副總督)和澳洲公佈的購地限制命令。這些舉動毛利人尚未知情,英人頗有先斬後奏之嫌。賀卜遜的副總督是個假設性的職務,須在毛利人同意割讓紐西蘭土地與主權後方能生效。這種作風的合法性後來受到質疑。甚至當賀卜遜到埠當天,「先鋒號」艦長尼亞士 (Nias) 只准以他領事的身份響十一下禮槍歡迎,而不發射副總督應有的十五響。雖已卸任但仍留在紐西蘭協助他的前任駐箚官畢士庇也勸他恰如其份,以領事銜履新行事,直至毛利人同意方可稱副總督。非外交系統而是海軍出身的賀卜遜甫開場就出言不遜,可見他殖民者的傲慢的嘴臉和志在必得的心態。

　　當英國殖民部決定對紐西蘭採取干預政策時，賀卜遜的首要任務就是為英國爭取紐西蘭的主權。而四年之前英國當局承認紐西蘭獨立又是一個鐵一般的事實。要扭轉乾坤地改變這個事實最佳的辦法就是另外訂立新的條約來代替以前的承諾。而使用和平手段，不費一槍一彈以達到目標則最為理想。因此禁止掠地，是作為向毛利人示好的第一步。而毛利人經過長期的內戰，在厭戰的心理下，驟獲世界頭等強國伸以援手，打擊土地投機者，自然會產生一種不可言喻的感激。雖然簽約前引起一段動搖毛利人信心的小插曲，土地投機者造謠：土地將歸英王所有，毛利人將成為奴隸，任人宰割。但這些謠言影響不大。賀卜遜到埠後請教會趕緊幫忙印發一百張請柬，邀請曾簽署《紐西蘭獨立宣言》的「聯合部落同盟」的酋長和一些沒有參加簽署的酋長，在 1840 年 2 月 5 日共同匯集瓦湯頤參加會議。

　　在會議之前，賀卜遜最緊急的工作就是草擬條約的內容。殖民部似乎沒有給他條約的底稿。既然賦予全權、見機行事，只要掌握殖民部指示的主旨，配合紐西蘭的客觀環境與政治氣候，則可因時制宜，達到預期的目的。雖然時間緊迫，由抵埠到開會不足一個星期，顯然他在雪梨徵用隨行的祕書費瑞曼 (James Freeman) 在長達十一天的航程中，已經與他進行過多次交換意見，並寫成摘要。上岸後由兩名副官親自交給畢士庇。畢士庇根據摘要再補充自己的意見草成條約初稿，於 2 月 3 日呈遞賀卜遜。補充最重要的部分是條約第二款的前半部，即確認原住民對其土地、房產、森林和財物的所有權。這很明顯是畢氏個人的經

驗和認知。早在 1835 年他致函新南威爾斯總督時，指出紐西蘭
「每一畝土地都正確地分屬不同的部落。而部落中每一個人均對
其擁有的財物有非常清楚的關注；雖然他的持有的部分未必分開
界定」。這個土地所有權加入新訂條約中，從另一個角度看，也可
算是 1835 年《獨立宣言》第二條的精神的延續。草約刪除部分有
兩點；一是因毛利人的「衰弱」而需英國的保護，這種用字遣辭
會傷害到毛利人的尊嚴，刺激他們的不滿情緒。一是割讓領土用
經度和緯度來界定，雖然很科學化，但落後的毛利人不懂這數字
的玩意兒，徒增他們的困惑，倒不如泛稱紐西蘭「全部島嶼」來
得簡單明瞭。最後，把「同盟」酋長和未加盟酋長同時和同等地
加入條約中，可以涵蓋全部紐西蘭領土和增強廣泛的支持度。因
為從前的《獨立宣言》僅有「同盟」酋長簽署，其代表性有限，
容易被人質疑。至於賦予毛利人與英國子民同等地位和權利，這
是英國與其他殖民地條約中罕有的做法。這種讓步使毛利人感到
受尊重，也得以使條約順利通過。

　　條約通過的背後所依靠的一種龐大助力是不可忽略的，那就
是教會的力量。泊寄客與毛利人的交往只有利害關係和發生衝突。
但教會人士尤其是傳教士卻是最直接最廣泛而又能與毛利人和平
相處的一群。經過多年的來往，教會人士和毛利人已建立了和睦
的關係並獲得良好的聲譽。由他們做說客比任何來自英國或澳洲
的官吏紳民來得奏效。本來教會是支持獨立反對殖民化的。但《獨
立宣言》公佈後內戰連年，導致一些教堂關閉，使傳教受阻，加
上因英國干預政策下的殖民地化勢所難免，令教會人士不得不重

新思考，改變立場。在賀卜遜尚未蒞紐履新之前，倫敦「衛理公會」總部已照會紐西蘭的「衛理公會」傳教士支持賀氏此行。而亨利‧威廉斯 (Henry Williams) 及其「英行教會」的同修也接獲雪梨主教布諾頓 (Bishop Broughton) 的請求去幫忙說服毛利人讓出主權。

在瓦湯頤正式宣讀條約的當天，賀、威二人同臺演出，大唱雙簧。賀氏致辭時聲稱從前（1831 年）毛利人上書英王請求庇護，今天是應邀而來。威氏用毛利語一面解釋條約，一面做說明時，又提出了外力威脅論。說這個條約等於堡壘一般，防止陌生的外國勢力占領紐西蘭，好比毛利人的宿敵法國在兩年前占領大溪地一樣。談到主權問題，賀氏避重就輕，只強調以法律管制泊寄客，給予毛利人更多的保護，使聽者以為成立類似保護國，而非喪失主權後被合併成為英國的屬地。而威氏用毛利語將主權 (Sovereignty) 翻成治權（Kawanatanga，即 governorship 或 government），頗有玩弄文字之嫌。畢士庇也趁空檔闡釋最敏感的土地問題，聲言總督不是來奪走毛利人的土地，而是拯救他們尚未出售的土地。三人先後發言後，年高德劭的德‧甘馬拉 (Te Kemara) 酋長帶領毛利人展開討論。柯羅拉瑞卡 (Kororareka) 的酋長莫卡 (Moka) 質疑賀氏對英人管制的能力，因英人麥爾 (Gilbert Mair) 和卡蘭頓 (James C. Clendon) 不理會賀氏在 1 月 30 日的宣布，仍然照買土地。賀氏不得不回應：一切在宣布之日以後的土地轉讓均屬無效。最尷尬的問題是：畢士庇和傳教士威廉斯 (Henry Williams)、戴維斯 (Richard Davis)、克拉克 (George

Clarke) 和貝卡 (Charles Baker) 諸人所購地會否退還原來業主？但
也有毛利酋長為他們辯護，說他們為毛利人爭取權益，應留下來
繼續服務。又有多位酋長聲稱不需要總督，他們說：「這個國家是
我們的……我們就是總督……。」也有為賀氏辯護的，就是那些
與教會長期往來的酋長，如海格 (Heke) 等人分析地說，如果沒有
總督及其皇家保護，毛利人會被法國人和泊寄客欺負。頗有說服
力的能尼 (Nene) 酋長走到毛利人群中，鼓其如簧之舌，闡明毛利
人已失去大量土地，卻又無力阻止泊寄客的湧進和投機者的濫購，
英國的保護和總督的把關是毛利人的最佳選擇。況且英國並沒有
奴役毛利人；在澳洲沒有一個毛利人做奴隸。這些感性的說辭獲
得長兄柏度尼 (Patoune) 酋長的附和，當然也會影響很大部分在場
的毛利代表。最後，德‧甘馬拉酋長宣布賀卜遜將會在他的蔭庇
保護下住進畢士庇的官邸。換言之，即歡迎他留下來作總督。隨
後與賀氏熱烈握手並用英語祝賀他。到此為止，遂結束了長達五
個小時的馬拉松式的討論。賀氏擔心毛利代表會否簽署，威氏根
據他長期與毛利人談判的經驗，勸他給酋長們一點時間思考一下。
於是大會公佈在後日，即 2 月 7 日再行開會檢討雙方的協議。

　　在散會後一些失意的歐洲地產掮客用刺激的語言挑撥離間毛
利人，說毛利國家將亡，毛利人將變成奴隸。因此，部分毛利人
走向懂毛利語的威氏請教。威氏再仔細地向他們逐項解釋草約的
條文。說在英國政府的保護之下，毛利人獲得很多好處：如戰爭
將會被平息；泊寄客無法無天的行為將被禁止；毛利人將與英人
一樣享有同等權利，不分彼此在一個政權、一種法律之下平等地

生活。威氏並力勸他們在 2 月 7 日務必與會，共商大計。

在翌日，2 月 6 日清晨，突然峰迴路轉，毛利代表做成決定：條約事宜應立刻了結，讓他們可以及早回家。至於 2 月 5 日的黃昏到晚上，紮營在瓦湯頤河口南部的毛利代表商討了什麼？哪些原因促使當日的反對聲浪遏然而止，摒棄歧見？無從獲悉。直至有三、四百名毛利人蟻集在畢士庇官邸的草坪上，威氏才被通知。住在先鋒號戰艦上的賀卜遜到了近午才獲悉這個突如其來的集會。事後追溯有幾種解釋。一種解釋是食物供應短缺不足以拖延到 2 月 7 日，可能是發了一百封邀請函，卻來了好幾百人；加上毛利人胃口奇大，有失預算。另一種解釋是煙草供應短缺，不能滿足毛利人的煙癮，所以要提早返鄉。其實這兩種解釋有點牽強。素以擅長「組織」和「動員」的英國人怎可能解決不了這些「後勤」和「民生」問題？另一種解釋似乎更有說服力。就是其中幾個反對派與其追隨者連夜開拔溜了回家，因此剩下都是贊成派，當然是無異議通過提早開會、總結締約事宜的決定。這從幾位反對派沒有在條約簽署的事實可以反證此事的可能性。

不知是否由於老練幕僚的提議，賀卜遜逮住這個千載難逢的良機，在大會上宣布當天只接受對條約的簽署或畫押，不再進行討論。條約用毛利文（毛利人沒有文字，是英國人用英文根據毛利語拼寫而成）謄寫在羊皮紙上，再由威氏大聲朗頌一次。有一、二位酋長代表發言，說昨天對締約事情還未全然瞭解，但經過討論、發問與再三思考，他們決定簽約，因為他們相信條約對他們有利無害。天主教的龐巴利亞 (Pompallier) 主教擔心宗教是否准

許自由傳播。威氏認為沒有問題，得到賀氏的同意，書之於文字並當眾宣讀：「總督承諾所有英倫的、羅馬的、衛理公會的信仰和毛利人的習俗，皆同樣地受到他的保障」。本來基督教的柯南素(William Colenso) 牧師也想建議給遲到的代表 （有些昨日黃昏或當天上午才趕到的） 一個諮詢或瞭解的機會。但時間倉卒，代表們已等候著趨前簽約。畢士庇遂根據一份名單（可能是「聯合部落同盟」的酋長名單）高聲唱名。當第一個酋長海格上前在條約上簽署時，柯南素突然直接向賀卜遜提問：「毛利人已真的明白他們正在簽署的條約上的每條條文了嗎？」賀氏只能回應：「已用盡所有方法讓毛利人全然理解了。」畢士庇也在旁幫腔說毛利人相信傳教士用毛利語對他們的解釋。賀氏補充說傳教士將會與毛利人和平相處，並負起毛利人與皇室溝通的責任。經過這些不大耐煩的回應後，簽署手續由海格帶頭進行，其他酋長魚貫趨前簽畢或押畢即與賀氏及其他官員握手。賀氏不斷地用毛利語重複一句話：「我們今後是一家人了。」簽約儀式完成後，柏度尼酋長代表毛利人將一把象徵權力的儀杖交給賀氏轉贈給維多利亞女王(Queen Victoria)。賀氏邀請柏度尼返先鋒號上晚宴。其餘代表每人獲贈毛毯二條和煙草若干。至此，毛利人和平割讓紐西蘭給大英帝國的法定手續遂已初步完成。

　　現將英、毛雙方在 1840 年 2 月 6 日簽署的《瓦湯頤條約》英文本原文翻譯成中文如下：

《瓦湯頤條約》(英文版)

大不列顛與愛爾蘭聯合王國維多利亞女王陛下關注其皇家恩寵的紐西蘭與土著酋長以及大量定居紐西蘭的英國子民和日益增加的歐澳移民,為了懇切保護其權益與財物並且保障其享有和平與良好秩序,認為有需要委任一名官員與紐西蘭原住民協商關於承認女王陛下在紐西蘭各島嶼整體或任何部分之主權。女王陛下殷切地希望在當地成立一個固定的文職政府以避免土民與子民因缺乏所需法律與相關機構而衍生之罪惡事件,因此,親切愉悅地授權並委任我,威廉‧賀卜遜,英國皇家海軍上校,為可能或即將割讓給女王陛下的紐西蘭領事與副總督。懇請紐西蘭同盟的酋長和獨立的酋長,齊來同意下列條款與條件。

第一條款

「紐西蘭聯合部落同盟」的酋長與尚未成為「同盟」成員的酋長絕對地並毫無保留地割讓全部主權予英國女王陛下,其主權即包括同盟或個別酋長分別在其領土內行使及擁有的獨一無二的主權。

第二條款

英國女王陛下確認並保證:紐西蘭部落與酋長及其家屬全權獨享並不受干擾地擁有他們的土地、房產、森林、漁場與財物,不管其為集體或個人所持有,如其所欲,保留現狀。但「聯合部落」酋長與個別酋長將給予女王陛下優先購買土地權;其讓渡價格將由業主與女王陛下委託人相議敲定。

第三條款

英國女王陛下將其皇家庇護恩及紐西蘭原住民，並賦予他們
英國子民之特權與權利。

(簽字) 威廉‧賀卜遜副總督

現今，我們，聚集在瓦湯頤的維多利亞國會的「紐西蘭聯合
部落同盟」酋長，與我們，訴求在我們名下的部落與領土內具有
威權的紐西蘭分離與獨立的酋長，因此而全然明白前述條約中的
條款，並接納其全部精神與含義。為作見證，茲附上我們的簽名
或畫押、時間、地點分別臚列如下。(略)

我主壹仟捌佰肆拾年貳月陸日於瓦湯頤。

這個《瓦湯頤條約》的特點是簡單明瞭，毫不複雜。簡言之，
只有三條四點：1.割讓主權給英國。2.甲：酋長具土地等所有權；
乙：英王有優先購買土地權。3.原住民與英國子民享有同等權利。
事實上，在 1835 年 10 月的《紐西蘭獨立宣言》已明確宣告
毛利人對紐西蘭擁有獨立國家的主權及土地所有權。這個新約又
表明毛利人願意將全部主權絕對地讓給英國，無異自己宣布放棄
主權。毛利人就這麼輕易地接受嗎？其實，從《條約》的毛利文
本去考察一下，就可看出端倪了。
《條約》由英國人草擬，然後才翻譯成毛利文，因此先有英
文本，後有毛利文本。英文本中第一條說毛利人把「主權」
(Sovereignty) 割讓給英國，但在毛利文本中卻把「主權」譯成「治
權」(Kawanatanga)，即英文的 government 或 governorship，而非
毛利文的 mana（在《獨立宣言》聲稱擁有的「主權」）。毛利人簽

約時大多看毛利文本，以為只讓出「治權」給英國派來的政府，而非把國土「主權」送給英國。另一個毛利字彙 "rangatiratanga" 有主權的含意，也沒有被採用。這個取巧 (tricky) 的翻譯，站在大英帝國的立場可謂費盡心機；但基於客觀的事實，則大有欺騙毛利人之嫌。

這個《瓦湯頤條約》在 1840 年 2 月 6 日當天簽名的酋長只有四十三人，比較 1835 年 10 月 28 日《紐西蘭獨立宣言》簽名三十

圖 8：1840 年 2 月 6 日英國代表與毛利酋長簽訂
《瓦湯頤條約》

四人，相差僅九名而已。但《宣言》追加簽名直至 1839 年 7 月
22 日為止，長達三年零九個月的時間裡僅增十八名，總數為五十
二名而已。《條約》的追加簽名比較積極而廣泛，由 1840 年 2 月
6 日至同年 9 月 3 日的十個月內，多了四百六十九名，總數達五
百一十二名，約為《宣言》的十倍。五百一十二名酋長中，韋嘉
渡 (Waikato) 和曼祿瓜 (Manukau) 二地有三十九位簽在《條約》英
文本上。可能這兩個地區教會勢力龐大，英化日深，酋長略通英
文之故。其餘四百七十三位酋長皆簽在毛利文本之上，可見教會
人士不忠實的譯文果然達到了目的。

　　賀卜遜與毛利人締結的條約，不管手段如何，從開始醞釀到
結束，都算是順利而成功的。從承認毛利人的獨立國家到否定它
的存在，不費一兵一卒，一槍一彈，利用其靈活的外交手腕，傳
教士的交際網絡和遊說效果，加上不大名譽的翻譯技倆，配合一
個對英國有利的內外環境（毛利人內戰與不團結以及外力威脅論
奏效等等），徹頭徹尾地締立新約替代了從前對毛利人的承諾，可
說是英國一大功臣。

　　迄同年 9 月共獲五百一十二位酋長簽署了這份《條約》，其代
表性也算很全面了。除了紐西蘭內部的追認外，國際的承認也很

圖 9：今日紐西蘭國旗

重要。本來對紐西蘭也有興趣的法國，到了 5、6 月《條約》獲得南島毛利人簽署之後，也不得不承認英國在紐西蘭的主權。而美國因美人威廉‧韋士達 (William Webster) 在紐西蘭購得大量土地，也因維護美國公民權益而承認英國主權。後來在 1853 年 2 月 8 日一次英美首腦會議中，重申《瓦湯頤條約》是「有效的國際割讓條約」。到此為止，《條約》受國內和國際從法律上的承認，已成為一個有效的事實。英國對紐西蘭擁有主權的法律手續已經全部完成。

第二節　反英抗暴──毛利人的抗爭與殖民地政府的態度

《瓦湯頤條約》第二條前半部是確認毛利人的「土地所有權」，後半部是給予英王「優先購地權」。「土地所有權」在英國的法律觀點上是簡單而嚴謹的，有土地權狀（契據）為證明，即可以買斷賣斷，絕不含混。但在毛利人的傳統觀念就較為複雜不明。他們自古以來即有四種方式獲得土地：1. 發現；2. 征占；3. 贈予；4. 繼承。他們在紐西蘭南、北二島居住上千年，所有土地已全被他們「發現」了，外來的非原住民絕不可能再「發現」什麼的。因此要獲得土地就必須通過他們原住民毛利人。所以，地權 (land rights) 在次部落 (hapu) 的層級內，是由大家庭的家長們來共同行使或處理；在大部落 (iwi) 的層級內，則由次部落酋長或長老共管。而在地權權益 (titles) 的分配上，則每一個個人 (individual) 在土地資源上都有均等的股份，類似公社制度。因此《條約》上曾

提及「集體持有」這個概念。既然如此，出售土地就是不能一人
說了算數；反過來，少了一人首肯也不算數。如何能同時說服「集
體持有」的每一個人同意出售土地呢？奸詐的商人只問那些願意
售地的人而不顧那些不願意的人，蒙混過關，完成交易，因而引
起日後的紛爭。可是，殖民地政府卻不能為富不仁，遂想盡辦法
從法律上來解決這個難題。在 1865 年通過的《原住民土地法案》
(*Native Lands Act 1865*) 和 1867 年通過的《原住民土地補充法案》
(*Native Lands Amendment Act 1867*) 容許土地證明書正面列舉十
位有地權股份的毛利人名字，作為其他人的委託人 (trustee)；背
面則列舉其餘名字，稱為「十首制」("ten-owner system")。土地
證明書上每位都是占地一成的地主，可以分別出售其所持一成的
土地。全部同意則整塊出售。這兩個化整體為畸零的《土地法案》
使得官民兩便。雖然，漏洞還是有的，容後再分析。

　　至於英王或其代理人對土地有「優先購買權」的做法，並非
紐西蘭首創，早在英屬北美洲殖民地時期已經實行過。英國是個
老殖民帝國，經驗豐富。它養殖民地不用花錢，通常都採取「就
地籌措」的辦法。尤其是盡可能避免戰爭，因為開戰要花錢死人
的。萬一失敗，會像北美一樣失去整塊殖民地，弄得個土地財富
兩大皆空的下場。假如歐裔白人在紐西蘭瘋狂購地，也可能會使
毛利人貧無立錐，引起公憤，揭竿而起。大英帝國又不得不調兵
遣將，付出昂貴的軍事費用。因此，要政治干預和殖民地化，就
不能不提出一種斷然措施：「私購」停止，「官購」優先。既可平
息（原住）民憤，又可利用官購籌措政府經費。況且英國自工業

革命之後，因機械化以致人力過剩，獲高利潤以致資本積累。如要輸出人力，釋放資本，最佳辦法就是開疆拓土，建立新殖民地。移民海外，投資異域，既可使移民潮組織化，殖民地制度化，又可紓解英倫三島的資本與勞力。

　　殖民地政府如何利用「優先購地權」以致富？道理很簡單，既然民不能與官爭，買方獨此一家，則可以低價購入原住民土地，再以高價轉賣給新移民或已定居而需求土地的人。除了為數有限的大財團會採購大面積土地以外，為數眾多的是那些想經營家庭式農場的小買家。他們在紐西蘭逐漸發展成一大族群，被稱為「搖民」（Yeoman，即自耕農或小牧民）階層，原是英國產業工人或澳、紐大農莊的散工，儲蓄足夠的小本錢，帶同妻小，群策群力，想搖身一變而為小農場或小牧場主人。「搖民區」 (Yeoman districts) 後來迅速發展，由北島的威靈頓 (Wellington) 到南島的基督城 (Christchurch)。這些小買家沒有財力、人力去騙毛利人，只有規規矩矩向政府買地。至於差價是多少呢？茲舉 1858 年為例。政府向毛利人購地，平均每英畝花費六便士（等於半個先令），轉售價是五至十先令，即十至二十倍。換言之，除本錢外有九至十九倍的利潤。當年殖民地政府的歲入是四十萬英鎊，超過一半是來自買賣土地的盈利所得。由此可見，英國利用《條約》上承認毛利人的土地所有權的同時，換取了一個像變魔術般的點地成金的「優購權」。一方面可以獲得毛利人的臣服，另一方面又可以賺取治理殖民地的經費，可謂一舉兩得。

　　「優先購地權」有多方面的好處，為什麼紐西蘭殖民地政府

沒有堅守這個特權，而且不到四年就棄守？此舉可真耐人尋味。賀卜遜在簽訂《瓦湯頤條約》後正式成為首任總督，百廢待興，首要是開拓財源。如前面所述，土地如能賤買貴賣，差額利潤唾手可得。但可能遇到的盲點是：毛利人拒不賣地，政府就空有優先權。如無地可購，哪有地可售？沒有交易就自然沒有利潤。那財源何來呢？大英帝國的謀臣和幕僚只好另作打算。他們想出了一個無本生利的主意，就是尋找「荒地」(Wasteland) 出售。不用成本，地價就是純利潤，何樂而不為？但毛利人住上千年，所有的土地都被他們「發現」了，哪有未被「發現」的「荒地」呢？況且，《條約》已承認他們土地的持有權了。殖民地政府草創初期，也不敢遽爾節外生枝，只好另想辦法。另一個主意也許可以行得通，就是「餘地」(Surplus land)。因為賀卜遜未上任時就已宣布，1840 年以前的所購地要皇家確認方才有效，因此要「舊地重檢」(Old land claims)。非法的、不公平的舊有私購土地，要退還給毛利人。合法的、公平的舊有私購土地，每戶只批准二千五百六十英畝（即四平方英里）；其餘的稱為「餘地」，收為皇家所有。換言之，即是「餘地歸公」。政府有了這些不大用本錢的土地，再予以轉讓，就是一大宗收入。可惜測量、審查、訴訟等手續甚為冗繁，費時失事，遠水不能救近火，徒空惆悵。

到了 1842 年 9 月，賀卜遜任上逝世，任內並沒有解決政府財政不敷的窘境。蘇特蘭 (Willoughby Shortland) 走馬上任，臨時署理總督，巧婦難為無米之炊，財絀依然。1843 年 4 月，費茲萊 (Robert FitzRoy) 被任命新總督，離英前已有放棄部分「優購權」

的念頭。當年 12 月 23 日蒞紐履新，26 日即接見毛利人和居紐的歐裔代表。毛利人對「優購權」有新的詮釋：皇家購地雖有相對的優先，但非獨一無二的絕對買家。價錢不合，賣家可以不賣。而且皇家要買的是大面積的土地，毛利人提供給歐裔移民的是小片土地，價錢較高，容易成交。他們更進一步將《條約》第三條款祭出來作辯論的基點，認為毛利人既與英國人享有同等的公民權，為什麼他們售地卻有限制，這豈不是雙重標準？

　　1844 年初，南島因紐西蘭公司強行收地，與當地毛利人發生衝突，要勞煩費茲萊南下排難解紛。北島的毛利人又反對政府的「優購權」，嚷著以市價直接售地給民間私人。此時剛好有一大批英國移民整裝待發，來紐買地發展。費茲萊面臨南北相煎、內外交困的局面，只好盡快在同年 3 月 26 日公佈第一個「棄權法」(Pre-emption Waiver Proclamation, March 1844)，先後釋出南島「紐敏士達」(New Munster) 和北島「懷臘臘帕」(Wairarapa) 各十五萬英畝土地的數額，容許毛利人和歐洲人自由買賣，但列舉十大條件要雙方遵守。內容除了程序、手續、契據、地段等繁文褥節不必於此多贅外，有兩點必須提出的是與政府財源攸關重要的新法。第一點是，凡購入土地的十分之一要歸公。第二點是，其餘十分之九的土地，每英畝要向政府繳納十先令（即半英鎊）。如此一來，從帳面上推算，殖民地政府馬上就可以獲得三萬英畝土地（南北二島釋地面積共三十萬英畝的十分之一）和十三萬五千英鎊 (300,000 × 90% × £0.5) 的現金收入。一方面可以化解民怨，另一方面在市場上可以向新移民提供土地，第三方面可以紓解政府的

財政困難。可算是開創三贏的局面。

　　同年 10 月 1 日，費茲萊又公佈另一個 「棄權法」 (Pre-emption Waiver Proclamation, October 1844)。除了將上次的「棄權法」(March 1844) 略作增減外，最大的改動在於「九成地」的每畝收費額。原法每畝收費十先令是分兩階段徵收的：第一階段是當政府同意買家購地時，每英畝先繳四先令；第二階段是成交後獲「皇家特許狀」(Crown Grant)，領取土地時，才將最後六先令繳訖。新法則在第一階段繳 「同意費」 時，每英畝只收一便士 (Penny)。減費的原因是買家因故交易不成時，已繳「同意費」不能退回，損失較大。因此，新法改為一畝一便士，志在鼓勵買家放膽投資，不會因同意費昂貴而卻步。英國殖民部大臣史丹利爵士 (Lord Stanley) 對「優購權」的棄守原已不滿，減收「同意費」至舊法的四十八分之一（作者按：每先令等於十二便士），更認為是失策，所以在 1845 年 4 月便把費茲萊召回英國，改派強硬派官僚葛芮 (George Grey) 繼任紐督。葛芮上任伊始，即於 1846 年 11 月 16 日公佈 《購買原住民土地法令一八四六》 (*Native Land Purchase Ordiance 1846*)，重申皇家「優購權」。對此開倒車的決定，專家有不同的解釋，歸納如下： 1.英方加強管治紐西蘭殖民地，置毛利人於英國法律的規定之下。 2.政府獲英國支持，有足夠財力購買毛利人土地。 3.力圖用強勢克服毛利人對官方購地的抗爭。另一種解釋卻更有說服力。前述第一個「棄權法」所釋出的三十萬英畝土地，估計政府的收入只是帳面的數字。理論上如此，與真正的收入差距很遠。第一次有二百五十份申請案，實際

上只有五十七份交易成功，總共成交土地面積僅 2,337 英畝（其中有三分一是十英畝以下，四分一是二十一至五十英畝之間，只有六筆是一百至二百英畝之間，都是小買家）。第二次因為減「同意費」為每英畝一便士，買家比較踴躍，成功批出一百九十二份，成交額共達面積 99,528 英畝（其中有四分之一低於一百英畝，七成一在一百零一至一千英畝之間）。合計兩次抽成的結果，大概只有六萬英鎊左右，成績不如理想。因此英國當局要陣前易將，並恢復優先購地的專利權。

　　無論對這次英國上層更換總督的決定如何詮釋，光看葛芮任內的業績，就可知道英國當局選對人了，他在任期八年內（1845 年 11 月 18 日至 1853 年 12 月 31 日），訓練了一批地政專員，利用「優購權」為官方強力推行購地活動。在南島購入近三千萬英畝，北島三百萬英畝。前者只費了 13,000 英鎊；後者地價較貴，也只用了 36,500 英鎊。繼任紐督的白朗尼 (Thomas Gore Browne) 再接再勵，任內六年（1855.9.6–1861.10.2）在南島也購入土地七百多萬英畝，連同葛芮所買，二人合計共買下南島 37,772,089 英畝土地。政府手頭上有這麼龐大的土地，每年轉手讓渡一些，當年政府的開支就有了保障。例如，1858 年，政府歲收是四十萬英鎊，其中小半來自關稅，大半則來自土地轉讓的盈利。不過，這兩任總督的濫購土地，也引起了毛利人的抗購行動。紐西蘭政府無法處理，英國殖民部不得已還是敦請老手葛芮再度出山，重作馮婦（1861.12.4–1868.2.5）。這次他不買地了，乾脆用鐵腕手段，把土地充公算了。事緣北島大族塔努伊 (Tainui) 有抗爭行為，主

要還是為了拒絕官方強行購地。葛芮於 1863 年 7 月派軍隊鎮壓。
弭平戰亂之後，一舉充公了一百二十萬英畝土地。其中三分之一
退還給歸順的毛利人，其餘三分之二又推銷到市場出售。要注意
的是，在這次戰爭的前一年，紐西蘭國會獲得了英國國會的支持，
通過了《原住民土地法案》(Native Lands Act 1862)，並在翌年
（1863 年）6 月 6 日修定完畢，宣布放棄土地優先購買權。時間
這麼巧合，這不能不令人懷疑葛芮發動戰爭的真正意圖。難道不
能巧取就豪奪嗎？不僅如此，政府馬上在同年底通過《紐西蘭定
居法案》(New Zealand Settlements Act 1863)，把充公毛利人土地
合法化。不過，從此之後，政府不再全面擁有土地優先購買權的
專利了。1865 年「原住民土地法庭」(Native Land Court) 成立，
專門負責處理民間土地買賣問題。

　　既然政府沒有優先購地專利，毛利人就可以公開求售，價高
者得。這樣取消獨裁專利改為公平交易，並不表示從此之後只有
私人購地而沒有官方購地。官方雖無優先，但仍可和民間一樣伺
機而動。如此官民公平競爭，而毛利地主則可待價而沽。所謂有
土斯有財：政府因有財而能施政，移民則因有地而致富。因此自
1865 年以後，官民雙方仍競相購地，互不相讓。毛利人抗拒官購
主要原因是價格低於私購。政府曾訓練了一批購地專員，個個經
驗豐富，只要在價格方面調高一些，仍然有與民間競爭的能力。
而且財雄勢大，官官相惠，交易過程比較暢通無阻。至於私人購
地方面也有他們的市場，尤其是那些以售地抵債的毛利人，有時
身不由主，不得不賣地給個別買家或地產商人。因為毛利人仍生

活在一個缺乏貨幣觀念的社會，平常購買日用品、工具和酒料 (毛
利人與歐洲人接觸後學會嗜酒)，必須到商店或酒館賒借。商人多
利用其無知，只賒不討。日久則債臺高築，然後與地產商合作，
逼其售地還債。這種土地交易模式非常流行。總而言之，官民雙
方各出奇謀，皆有斬獲。至於成績如何呢？茲根據前人考證的成
果，將各種數據合算如下表。

表 1：1865 至 1911 年間官民購地數量比較表

年　　期	民間購地 (英畝)	年　　期	官方購地 (英畝)
1865–1873	1,000,000	1865–1870	不　　詳
1873–1885	1,107,727	1871–1878	2,169,718
1886–1890	不　　詳	1879–1891	2,933,606
1891–1911	400,000	1891–1911	2,700,000
合　　計	2,507,727	合　　計	7,803,324

資料來源：M. P. K. Sorrenson, *The Purchase of Maori Land, 1865–1892*,
　　　　　Auckland: Auckland University College, Nov., 1955, pp. 33, 75,
　　　　　114, 134; Tom Brooking, "Busting up the great estate of all: Liberal
　　　　　Maori land policy, 1891–1911", *The New Zealand Journal History*,
　　　　　vol. 26, no. 1 (April 1992), p. 38.

　　如果將 1840 至 1865 年間官方在北島購地約六百萬英畝和
南島約三千七百萬英畝，而民間因官方兩次棄權才僅購得大約十
萬英畝來比較，數量有天壤之別。上表顯示由 1865 至 1911 年期
間私人獲得充分購地權共購得二百五十萬英畝來看，較前期有了
二十五倍的大躍進。當然，官方財雄勢大，駕輕就熟，在公平競

爭下，購得土地七百八十萬英畝，成績仍三倍於民間購地。遺憾
的是，不論官民如何競爭，如何分潤，苦主還是原住民毛利人。
他們擁有的土地，自 1840 至 1975 年的一百三十五年間，持續下
降，有下表為證。

表 2：1840 至 1975 年間毛利人持有土地趨勢表

年　份	土地（單位：英畝）
1840	66,400,000
1852	34,000,000
1860	21,400,000
1891	11,079,486
1906	7,600,000
1911	7,137,205
1920	4,787,686
1939	4,028,903
1975	3,000,000

資料來源：Paul Moon, *Maori Social and Economic History to the End of the Nineteenth Century*, Auckland: Huia Publishers, 1993, p. 160. Appendix Three, "The decline in Maori land ownership"; G. V. Butterworth and H. R. Young, *Maori Affairs*, Wellington: G. P. Books, 1990, p. 66.

　　無論政府如何利用優購權與開放民間私人購地，主角們都是
外來政權中主政的英國人和移民紐西蘭以英人為主的歐裔人士，
史書上合稱為 "Pakeha New Zealanders"。不管他們如何朝野抗衡，

爭權奪利；抑或官民爭地，各取所需。毋庸置疑的是，英人和歐裔蒞臨斯土，早已把原住民毛利人 (Maori New Zealanders) 踩在腳底下了。

第三節　喧賓奪主──歐裔移民的發展與毛利人的自救運動

歐洲移民如潮水般湧進紐西蘭，以致毛利人口此消彼長，反過來變成弱勢族群，因此發起了多方面的自救運動，諸如保地運動、立王運動、宗教運動和政治活動等，茲分別陳述如下：

一、歐洲移民喧賓奪主

紐西蘭史學家鮑歷屈 (James Belich) 稱：簽約初期，紐西蘭兩大領域 (spheres)──英屬殖民地 (British Colony) 和獨立的歐提羅噢（Aotearoa，毛利人對紐西蘭的原稱）並存，二者出奇地「相安無事」；在 1847 至 1860 年間，英毛雙方不只和平共處，並且合作無間，尤以經濟為然。這種論調是有待商榷的。試想在 1840 年至 1865 年間的「官購時期」，政府利用優購權買下毛利人土地近四千三百萬英畝，其交易過程之間難道沒有發生過任何衝突嗎？衝突是人為的，當然是由外來政權的英國人與土生土長的毛利人之間的對立而產生的。簽約時（1840 年）毛、英人口的對比最保守的估計是 57：1（毛利人口 114,890，英人僅 2,000）。英人主政紐西蘭後，白種歐裔移民大量流入，由 1840 年的二千人暴增至 1843 年的一萬一千四百八十九人（其中 8,326 人居北島，餘居南

島）。1860 年漸增至八萬一千人；翌年（1861 年）激增至十萬
人。而毛利人因戰爭頻仍、疫症傳染、不育不孕、嬰兒早夭等原
因，以致人口銳降。1858 年毛利人口有五萬六千人，同年歐裔人
口是五萬九千人，比率約為 1：1。1861 年歐裔暴增至十萬，毛利
僅維持六萬左右；此消彼長，喧賓奪主，歐、毛比率是 10：6。
約有五萬毛利人聚居的地區同時有二萬五千歐裔插居其間；而其
他七萬五千歐裔卻與另外散居各地的一萬毛利人毗鄰雜處。如此
兩種風俗習慣和生活方式截然不同、語文水平和文明程度又高下
有別的異族，竟然犬牙交錯地同居一地，兩者之間的磨擦在所難
免。何況昔為地主、今為佃農的毛利人，主賓易位，風光不再，
何「相安無事」之有？毛利人經濟落後，產品賤價交易，吃虧不
在話下，又焉能公平合作？

　　毛利人與英國人對土地所有權（Possession 或 ownership）的
認知有很大的差異。毛利人認為土地與毛利人是不可分割的，沒
有了土地就等於失去了生命。如何證明土地所有權呢？毛利人認
為正在占據 (occupation) 和使用 (use) 者，即為該土地的持有人
(owner)；英國法律則認為具備「土地權狀（契約）」(deed of sale)
者才是土地持有人。這種各自表述的觀念最容易引起雙方誤解，
關係緊張，甚至因此而引起戰爭。南島維邏塢 (Wairau) 地區的納
堤淘戛 (Ngati Toa) 部酋長羅帕拉哈 (Te Rauparaha) 認為他們毛利
人是所在地的持有人，而紐西蘭公司則認為英人已購得該地，就
是主人。雙方各持己見，互不相讓，終於在 1843 年 6 月 17 日爆
發武裝衝突。結果毛利四人戰死，英人二十二人當場戰死或俘後

被殺。英方軍力不足，無力還擊，形成僵局。後來英軍沒有南下
奧援，是由於北島的「北方戰爭」(Northern War) 在 1845 年初發
軔，分身乏術，難於兩面兼顧。

二、保地運動與反售地抗爭

北方戰爭由 1845 年 3 月至 1846 年 1 月之間在諸島灣進行，
這也是五年前英毛簽約的瓦湯頤的所在地。拿蒲黑 (Ngapuhi) 部
其中一支由反政府的酋長韓海克 (Hone Heke) 和卡偉堤 (Kawiti)
率領，一方面反抗英人於北島購地，欲逐之而後快；另一方面又
打擊以酋長能尼 (Tamati Waka Nene) 為首的親英派，因而要兩面
迎敵。事緣科羅拉瑞卡 (Kororareka) 的治安推事 (police
magistrate) 畢克漢 (Thomas Beckham) 引用英國法律以進行土地
收購，引起韓海克不滿，憤而將麥基山 (Maiki Hill) 的英國旗旗竿
砍斷，以示否定英國在紐西蘭的主權 (British sovereignty)，戰爭
隨即展開。科羅拉瑞卡甫開戰即失守，紐督費茲萊告急，向澳洲
借兵，仍無濟於事。後來英國陣前易將，任命強硬派葛芮自南澳
調紐，代替費茲萊為總督，指揮戰事，方才扭轉局面。尤其是盧
戛皮卡皮卡 (Ruapekapeka) 一役的勝利，迫使韓海克接受和談。
後來韓雖退出政壇，但在 1850 年逝世前仍有影響力，是毛利人心
目中「保地運動」(Landholding Movement) 的抗英英雄。

北戰方休，南事又起，分別於 1846 年 3 月至 8 月在威靈頓和
1847 年 4 月至 7 月在汪格雷 (Wanganui)，同樣都是為了地權問題
而引起衝突。殖民地政府偏袒白人，毛利人唯有竭力頑抗。威靈

頓地區的毛利戰士不足二百人，政府自北方戰爭後整軍經武，迅速結集七百官軍（後增至八百五十人）和二百民兵，分乘兩艘戰艦南下鎮壓。強弱懸殊，勝負立分，戰事一下子就結束。同樣地，翌年英毛在汪格雷的衝突也是用武力來解決。1869 年霍克斯灣的毛利人發起簽名活動，要求政府停止土地買賣；後來更進一步發起「拒絕承認」(Repudiation) 運動，要求政府退地賠款。

三、毛利人的國王運動

　　自 1846 至 1853 年間正是土地交易的黃金歲月。殖民地政府利用「優先購買土地權」自毛利人手中購入土地三千二百六十萬英畝，平均價格每英畝低於半個便士 (halfpenny)。面對這股掠地狂潮，毛利人不得不另謀對策。從前每次各地的抗購行動都是各自為戰，下場都是被政府軍隊逐個擊破。毛利人之未能團結起來，集中力量一致對外，就是因為缺乏一個領導核心。在白種人尚未入侵之前，紐西蘭只有毛利一族。那時既無異族同居，亦無外敵來犯。假如五百毛利部落推舉一位共主，國家即具雛型；進一步建立制度，訓練勇士，加強國防，英人未必得逞。可惜毛利人生活優游，與世無爭，生於安樂而不識憂患，錯過大好的黃金機會。1835 年雖有《獨立宣言》的公佈，但因內部有紛爭，連署不順遂，沒有即時把握千載良機。加上大英帝國改變策略，包藏禍心，利用毛利人的天真與無知，縱橫捭闔，於 1840 年 2 月 6 日簽下《條約》，以臻攫取主權之目標。其後毛利人痛定思痛，認識到非團結不足以抗衡，遂有 1850 年代的「國王運動」(Kingitanga，即

King Movement)。由 1854 年開端，經過一翻串連醞釀，終於 1858 年 6 月由一群反對售地 (anti-land selling) 的抗英酋長在北島韋嘉渡地區的塔努伊 (Tainui) 部推選了薄塔陶‧華努華努 (Potatau Te Wherowhero) 為第一任國王。兩年後，國王逝世，大家同意採取世襲的辦法，由他的兒子戴喜鰲 (Tawhiao Te Wherowhero) 繼位為毛利國王。

「國王運動」雖未達到最高理想：驅逐英人，成立真正獨立的歐提羅噢王國 (Independent Aotearoa Kingdom)。對於軍力的結集，社會的動員以及支持的力量，均不可低估。雖然仍有溫和派與激進派，但所有支持「王運」的保王派 (Kingites) 都萬眾一心，反對售地，這是毋須置疑的。1859 年 3 月在塔蘭納姬 (Taranaki) 境內的維塔拉 (Waitara) 一位資淺的不肖酋長特依賴 (Teira) 未經

圖 10：左圖為第一任毛利國王薄塔陶，右圖為第二任毛利國王戴喜鰲。

族眾同意而出售六百英畝土地，資深酋長京基 (Wiremu Kingi) 在該地地權上既有名份，而且建有堡壘 (pa)，當然極力反對出售土地。總督白朗尼 （Thomas Gore Browne，任期 1855.9.6–1861.10.2）無視京基的抗購行為，立刻批准交易。當支持京基的毛利人阻撓量地官進行丈量工作時，白朗尼當機立斷宣布戒嚴令 (martial law)，隨即駐進軍隊，強行占領該地。於是戰爭無可避免，在 1860 年 3 月 17 日爆發，史稱「塔蘭納姬戰爭」(The Taranaki War)。「國王運動」的團結力量果然奏效，武裝動員，竭力與官軍周旋，勝負互見。毛利地區雖受英軍襲擊，但雜處毗鄰的歐裔移民產業也遭毛利人掠奪，歐人不得不避難他鄉（如 New Plymouth）。毛英雙方正在僵持對峙之際，納堤哈奧 (Ngati Haua) 部酋長淡米漢勒 (Wirenau Tamihana) 居中斡旋，在 1861 年 4 月達成休戰協定，官方答應重新調查「維塔拉購地案」。年底霍仕 (William Fox) 主持和平談判，派葛士德 (John Gorst) 為民政專員 (Civil Commissioner)，擬在毛利地區設置民事機構。詭異的是，這廂霍仕執行和平措施;那廂再任紐督的葛芮卻部署下一個戰爭。

　　葛芮第二度出任紐西蘭總督 （任期 1861.12.4–1868.2.5）。他討厭凝聚團結的「國王運動」，曾主張毛利部落各自立王，待全紐產生二十位王或以上，然後分而治之，直至屈服為止。上任後即命令軍隊開鑿通往韋嘉渡河 (Waikato River) 的軍事道路；又擬在韋嘉渡地區建立法庭 (court house) 和工業學校 (industrial school)。從具體事實來考察，葛芮進行這次「土地戰爭」(Land War) 並非真的為了土地。因為迄 1860 年止，二十年來政府已購下毛利土地

近四千三百萬英畝了，供應移民來紐發展，綽綽有餘。其實最基本的原因是主權之爭。毛利人砍斷懸掛英國國旗的旗竿是對主權象徵的否認；開啟「國王運動」並且立王成功是對英國在紐主權的挑釁。而韋嘉渡乃是孕育「國王運動」的溫床，同時也是毛利王的寶座地。進攻韋嘉渡等於直搗黃龍，可以順勢瓦解「國王運動」，廢除王位，消弭核心。因此，葛芮在建造軍事硬體的同時，也製造輿論的準備，在 1861 至 1863 年期間，屢屢上書英倫，拋出陰謀論，說毛利人密謀攻打奧克蘭，法國陰為之助；這個「法毛計畫」(Franco-Maori Plan) 目的在驅除英人，迎法入主。葛芮藉此以爭取英國的支持與奧援，將來可望派皇家軍隊 (Imperial Troops) 來紐助戰。

四、韋嘉渡戰爭

在 1861 至 1863 年間，葛芮採用和戰兩面手法，一方面作退還維塔拉土地給毛利人的準備，另一方面又重新占領它它瑞馬加 (Tataraimaka)，同時趁機整軍經武。部署完畢，在 1863 年 7 月 11 日立刻進攻韋嘉渡，展開了紐西蘭史上最大規模和最重要的「韋嘉渡戰爭」(The Waikato War)。官軍人數最高時能動員一萬三千多人，其中九千是英國皇家軍隊（可能就近取材，徵召自澳洲），占全數七成以上；四千是紐西蘭殖民地部隊（含民兵），另數百人是親英的毛利偽軍（泛稱 Kupapa）。抗英的毛利人數量雖眾，但各自忙於保衛家園，以致兵力分散，能同時集中出擊的武裝力量不強，最多時僅能結集二千戰士一起迎敵。況且武裝不足，並非

人人都能分配到優良火槍。1864 年 7 月降英的二百三十名戰士中
僅有槍八十一枝。葛芮贏得此役，不僅充公了一百二十萬二千一
百七十二英畝土地（後來歸還三十一萬四千二百六十四英畝給助
戰或歸順的毛利人），又打擊了「國王運動」，使之一蹶不振。毛
利王雖未被廢，但已走向妥協的道路，而毛利民眾也被利誘分化。
曾助英作戰的 Kupapa 和歸順的毛利部落，或獲得部分充公地的
歸還，或透過正常的交易管道獲得金錢或實物的回饋，各得其所。
此後零星的使用武力的保地抗戰運動仍不時發生，直到 1872 年方
才停止。從塔蘭納姬和韋嘉渡戰爭以來，毛利人前後經歷長達十
二年的武裝鬥爭，既保不了地，也索不了償，卻喪失大約二千名
戰士的性命，總共被充公了三百二十一萬五千一百七十二英畝的
沃土良田，可謂得不償失。

　　韋嘉渡戰爭之後，毛利王戴喜鰲雖無力還擊，但仍能保持立
場，堅決拒絕承認殖民地政府充公韋嘉渡土地的合法性，力求歸
還。於 1876 年經過三次會談，原住民事務部部長麥克連恩
(Donald McLean) 只允歸還毛利祖宗葬身之地以及部分未售皇家
地。第三次出任紐西蘭領導人的葛芮（前兩次是總督 (Governor)：
1853 年 3–12 月；1861–1868 年；這一次是總理 (Premier)：1877–
1879 年）於 1878 年 5 月與戴喜鰲會晤，願意由政府每年支付五
百英鎊予毛利王，另加退回二百公頃靠近其父王薄塔陶墓葬的土
地，以作安撫。戴喜鰲和他的智囊們非常瞭解到：倘若接受這個
微不足道的補償，就等於對韋嘉渡地區索償結了案。戴喜鰲雖未
斷然拒絕，但也沒有答應，只說考慮。而且又另提要求：取締土

地法庭，禁止丈量土地，停止金礦地的圈劃，反對學校保留地，等等。這些要求當然沒有得到政府的理會。

五、毛利人的宗教運動

在啟端於十九世紀中葉的三種重要的「泛毛利部落運動」(Pan-tribal Movement) 中，武裝抗爭的「保地運動」或「反售地運動」(Anti-land Selling Movement) 實力不如人，最早了結。「國王運動」雖未消滅，但虛有其名。此後沒有任何實際的進展，甚至走上妥協的道路。發軔於 1850 年代而持續逾一世紀的卻是毛利人的「宗教運動」(Religious Movement)。保地運動萌芽於塔蘭納姬，國王運動則以韋嘉渡為核心；二者皆位於北島 (North Island) 一隅，有地域上的局限性。宗教運動起源於 1850 年的「凱納喇喇」(Kai Ngarara) 教，其教主伊圖 (Tamati Te Ito) 開宗明義地提出要連結所有的毛利人於一體 (to combine all the Maori people in one body)。這種泛毛利主義 (Pan-Tribalism) 的醞釀奠定了 1860 年代珀瑪麗瑞 (Pai Marire) 教的基礎。此教由郝曼尼 (Te Ua Haumene) 所創，意為「美好與和平」(Good and Peaceful)。1864 年因抗爭報復而殺傷了殖民地政府的官員，從此聲名大噪，吸引了為數眾多的毛利人加入「吼吼運動」(Hau Hau Movement or Hauhau Struggle) 的行列。其中出現一名悍將德古堤 (Te Kooti)，率領毛利人東竄西突，南征北戰，讓殖民地政府官兵疲於奔命。1881 年毛利王戴喜鰲出面與政府協調和談，戰事方休。但宗教運動未息，毛利人繼續怒吼下去。另一名先知德域堤 (Te Whiti) 採

取消極抗爭的辦法，不訴諸流血的戰爭。當求索充公地失敗時，就派毛利人暗中破壞歐裔移民的耕作；又率領族眾二千二百人靜坐示威，寧願被逮捕坐牢。這種柔性訴求，比後來在印度獨立建國的聖雄甘地 (Gandhi) 還早了七十年。

六、毛利人的政治活動

　　1882 年北島有八位酋長組成代表團聯袂赴英請願，要求成立「皇家委員會」 (Royal Commission) 調查紐西蘭殖民地政府非法充公毛利土地事件，並要求釋放先知德域堤及其門人。兩年後（1884 年）毛利王戴喜鰲因不滿紐西蘭殖民地政府微不足道的補償，直接赴英上訴，指紐方沒有遵守《瓦湯頤條約》對毛利人擁有土地的承諾，充公地退還的數量太少等等。殖民部大臣德庇 (Lord Derby) 藉故推搪，聲稱此事應由紐西蘭當地政府處理。十九世紀末葉，毛利人發起「團結運動」(Kotahitanga Movement)，自 1888–1892 年期間，共獲得二萬零九百三十四個毛利人簽名（或畫押），成立「毛利人國會」(Maori Parliament)。翌年（1893 年）發起一人一鎊的募款運動，準備成立基金，以改善土地問題，維持農業生產，購回歐裔土地等等。毛利王戴喜鰲也號召建立毛利人的眾議院（Kauhanganui，意即 House of Assembly）。1894 年毛利眾議院宣布其政策：公告「歐提羅噢地權」屬毛利王所有，開發土地前須獲毛利王許可，禁止毛利婦女下嫁歐裔，混血兒童不得有承襲權等。1897 年 11 月，毛利人國會與眾議院代表團謁見紐西蘭政府總理薩當 (Richard Seddon)，善意地提出毛利人承認

殖民地國會，並且願意效忠英國國王，只要求換回毛利人自行管理毛利土地、漁場與其他產權。薩當非常同情毛利人的處境，於1900 年通過的《毛利議會法案》(*Maori Council Act 1900*) 和《毛利土地管理法案》(*Maori Land Administration Act 1900*)，使毛利人在鄉村議會中擁有席位和發言權；在「毛利土地議會」(Maori Land Councils) 內有權過問土地事務。這些法案對毛利人爭取自決 (Self-determination) 方面有些改善，但對土地索償毫無幫助。新的運動只好寄望於二十世紀受過高等教育的新一代毛利人身上。

第四節　轉危為安──殖民地經濟的危機與轉機

如前文所述，紐西蘭早期的經濟主要是獵海豹、捕鯨魚、採亞麻或伐巨木等，資本低廉，利潤豐厚。可惜好景不常，海豹皮有其他動物皮革取代，鯨魚油不若植物油便宜，亞麻來源與銷售地利比不上菲律賓，巨木濫伐供過於求。這些曾經盛極一時的事業，在殖民地時期漸漸走下坡了。

代之而起的，首先是牧羊業。自 1843 年在威靈頓省的懷臘臘帕建立牧場開始，向北發展至霍克斯灣，向南伸至南島的馬寶璐省，在 1840 年代後期牧羊數量已超過十萬頭。1850 年代移民在南島開發了班克斯半島、奧達哥半島和坎達布里大平原，牧羊業迅速發展，於 1858 年羊隻數量已達一百五十萬頭。不出十年，羊數激增六倍，於 1867 年高達八百五十萬頭（主要在南島）。很明顯地自 1850 年代以來，羊毛成為最領先的出口原料。根據 1861

年的數字顯示，英國進口的羊毛中有 8.6% 來自紐西蘭。

　　猶如澳洲的袋鼠，紐西蘭的野兔曾是羊兒的天敵，二者都是與羊爭草吃，牧羊人唯有僱人殺兔，吃肉售皮，在 1880 年代曾有出售一億張兔皮的記錄。牧羊業自 1867 年後發展放緩，但仍是重要的經濟支柱。與牧羊業同樣重要的是淘金熱。最早在 1852 年在科羅曼德爾 (Coromandel) 發現金礦，但最早的大礦區卻是南島納爾遜 (Nelson) 區的奧瑞瑞 (Aorere)，於 1857 至 1859 年間約有二千礦工同時開採，獲得大約價值十二萬英鎊的黃金，南島中部的奧達哥 (Otago) 和西海岸 (West Coast) 在 1860 年代卻後來居上。奧達哥由 1861 年年中開始，四個礦區 (Tuapeka, Dunstan, Wakatipu, Taieri) 在五年內共產黃金六百萬英鎊。淘金的利潤令人咋舌。光是 1863 年，全國的黃金出口價值兩百四十萬英鎊，而同年其他全部出口總值僅一百四十萬英鎊；比例是 63：37。南島的西海岸藏金豐富（很像美國西岸加州舊金山），在 1865 至 1870 年的五年內產金總值超過八百萬英鎊。北島奧克蘭省的泰晤士區 (Thames)──科羅曼德爾區產金也很可觀，1868 至 1873 年的五年內也有三百萬英鎊的成績。迄 1890 年，全國黃金出口總值高達四千六百萬英鎊。

　　牧羊業與金礦業的崛起，也帶動了紐西蘭工商業的興旺。工商業分官方企業和私人企業兩方面。國營企業由 1860 年代開始，例如建立「國營人壽保險公司」(State Life Insurance Office) 和「郵政儲蓄銀行」(Post Office Saving Bank)。1870 年代起政府大量投資公共交通（公路、鐵道、橋樑、隧道等）和郵政電報等業務。

私人企業集中在安置移民的房屋建設和地產經營，運送移民和貨物的航運（如聯合蒸汽輪船公司 (Union Steam Ship Co.)），供應建築用的材料、交通用的燃料、以及開牧場用的馬匹、馬車、牛、羊和飼料等。在公私企業的迅速發展也帶動了城鎮的建置，六大城市 (Dunedin, Christchurch, Auckland, Wellington, Napier, Nelson)，五十九個小鎮，六十三個小郡，和三百一十四個有道路可通的小區域先後完成。而城鎮也為鄉村服務，把鄉村的農牧產品和礦區的金屬產品運輸海外，刺激貿易。地理最接近的貿易伙伴就是澳洲，形成了塔斯曼海 (Tasman Sea) 的兩岸貿易。

　　公共建設中的鐵道建設最為突出。1870 年鐵道總長僅 46 英里，1879 年增長至 110 英里。1870 至 1900 年間鐵道的投資占國營資本的五分之二，其中 1871 至 1881 年間用了一千萬英鎊。因為火車頭和鍋爐主要從英國買來，價值昂貴。公路的建設也不簡單，紐西蘭河流多，要建橋樑方可通路，因此在 1871 至 1881 年間中央政府要花一百一十萬英鎊才築成 2,000 英里公路。沿海航運也很發達，超過一百噸重的蒸氣船於 1870 年有六十一艘，迄 1880 年已增至一百二十五艘。其後二十五年船隻的總噸位增加六倍。造船業也因此興旺，迄 1869 年本地製造三十四艘。其後船王倪科 (Henry Niccol) 造船一百八十一艘，其中十六艘是蒸氣輪船。迄十九世紀末，紐西蘭大大小小的港口共有一百一十五個。交通運輸不僅靠陸上的鐵道和公路，海運也很重要，這也是島國的特色。自 1891 至 1895 年平均每年約有一千二百多艘船出入紐西蘭港口，其中約有五百艘是在紐西蘭註冊。

　　在短時間內進行這麼多的基礎建設工程，錢從哪裡來？政府正常的財政來源有三種：一是土地出售或轉讓；二是工商農牧稅收；三是金礦執照與營業稅。可是，為了基建而不得不大量從外國（主要是英國）進口生產設備或商品（如火車頭和鐵軌等），經常出超，迄 1879 年政府進口多過出口，總數約三千七百萬英鎊。財源不足，唯有舉債。猶太裔的政客沃格爾 (Julius Vogel) 1869 年入閣當財政部長，1873 至 1876 年升任殖民地總理。任內大力推行鐵道和公路等基建，因與英國銀行界稔熟，1871 至 1876 年期間為中央政府向英國借債總額達一千萬英鎊；另外自 1876 年 9 月後改任駐倫敦「總代表」(Agent-General)，又協調貸款共約八百四十五萬英鎊。基建是百年大計，千秋基業，利潤的回收不是短期內能兌現的。投資不能過大、過熱或過急，否則還債不及時，恐有被銀行迫債之虞。1865 至 1914 年這五十年間，紐澳基建的投資是南非的三倍，加拿大的十二倍。基建需要勞動力，人手不足，訴諸外勞，也就是要在短期內引進大量的海外移民。購地熱、淘金熱、再加上基建熱，從 1831 至 1881 年的半個世紀，移民潮從未中斷，由五百人激增至五十萬人，約一千倍。比較澳洲新南威爾斯的殖民地，1788 至 1841 年的半個多世紀由一千餘人升至八萬三千人，約八十三倍，增長率更為急劇。光是 1870 年代數年間沃格爾前後共資助大約十萬歐洲移民來紐參加基建，包括鐵道、公路、橋樑、港口設施和電纜鋪設等，同時也要提供移民工人的食、衣、住、行諸方面的開支。這些資助移民的開支由 1871 年的 17,000 鎊躍增至 1873 年的 142,000 鎊，1874 年的 426,000 鎊，而

以 1875 年的 447,000 鎊達最高峰 ； 1876 年仍支出 323,000 鎊，
1879 年降為 176,000 鎊，1880 年再降為 72,000 鎊。當投資基建尚
未有利潤回籠時，政府在 1880 至 1896 年間光是付債務的利息就
共達七百五十萬英鎊。

　　紐西蘭的羊毛業、金礦業和農業中的小麥種植分別在 1867
年、1873 年和 1878 年發展至最高峰。1880 年代世界經濟放緩，
甚至出現相當長的停滯期 (The Long Stagnation) 。 1885 年小麥價
格降至 1877 年的一半，黃金掘盡，羊毛供過於求，間接影響百業
蕭條。1881 年至 1884 年在奧克蘭開設的一百二十二間英資公司
紛紛倒閉，到了 1904 年僅剩五間。在 1880 年代宣布破產的商店
企業共約一萬一千四百間。除了還沒有峻工的基建勞動力之外，
其他行業的失業人口大增，大多數工人等待救濟，其餘紛紛出走，
跑到鄰近的澳洲去謀生糊口。自 1887 至 1891 年間，共約出走二
萬五千人。

　　在這經濟危機的關鍵時刻，經由自由黨 (Liberal Party) 的幾位
總理如白朗斯 （John Ballance，任期 1891.1.24–1893.4.27）、薩當
（Richard Seddon，任期 1893.5.1–1906.6.10）、何壯士 （William
Hall-Jones，任期 1906.6.21–8.6）和華爾德（Joseph George Ward，
任期 1906.8.6–1912.3.28）的努力，把惡劣的局勢扭轉過來，化危
為安。他們朝向下列四個方向改進： 1.土地； 2.勞動力； 3.社會
福利； 4.其他國政 （如女權）。

　　土地方面，自由黨政府自 1891 年起通過多種 《購地定居法
案》(Lands for Settlement Acts)，大量購買毛利土地，迄 1911 年止

共購入二千七百萬英畝，並且將大幅土地化整為零轉讓給低收入戶，一方面增加政府收入，另一方面讓低收入戶有能力買地開農莊、置牧場，或作其他生意用途，刺激土地市場。為了幫助小買家，政府也有優惠的信貸制度 (Advance to Settlers)。迄 1912 年大約有二百個買家成功地成為新的土地主人。

勞工部長李維時 (W. P. Reeves) 於 1894 年成功地推動《工業調解與仲裁法案》(*Industrial Conciliation and Arbitration Act*)，鼓勵成立工會，保障工人福利，但又防止罷工，使 1894 至 1906 年間社會安定，不會因為不景氣發生動亂。法案又保護女工和童工，減少剝削與勞役的悲劇。

社會福利方面，雖不算多，也不算慷慨，但最著名的《老人年金法案》(*Old Age Pensions Act*) 在 1898 年通過並實行，也令紐西蘭邁入福利國家的行列。同時，運用政府資源來增加就業人數，也是一種以工代賑的辦法。自 1890 至 1912 年之間，國營的郵政局和鐵路局聘僱人手增加三倍，全國就業人數增加四倍至四萬人。

婦女權益方面，1884 年的《婚姻財產法案》(*Matrimonial Property Act*) 對婦女的婚姻和財產都受到法律上的保護。但最著名的還是 1893 年紐西蘭政府給予成年婦女投票權 (Suffrage)，當年就有 78% 合乎資格的婦女註冊，其中 83% 真正履行她們的投票行為，比起全國平均投票率 (75%) 還要踴躍。婦女財產權、工作權和投票權都受保護和保障，出來工作的意願就高了。婦女工作人數由 1878 年的二萬人增加至 1911 年的九萬人。她們比較低廉的工資對復甦經濟也有幫助。

自從 1877 年第一艘冷凍船由阿根廷成功運輸凍肉至法國後，紐西蘭也看準英國這個凍肉大市場。從地緣來看，距離英國一萬二千英里的紐西蘭比不上歐洲的丹麥和北美的加拿大，前者供應牛油（butter，1900 年占 42%），後者供應奶酪（cheese，1900 年占 65%），因此改為專門供應鮮嫩的羊肉。從 1882 年第一艘紐西蘭冷凍船「但尼丁號」(Dunedin) 運送羊肉至英國開始，以後就雄霸了這個市場，而且供應量逐年增加，由 1891 年的 50,000 噸升至 1901 年的 93,000 噸。乳製品也由同期的 4,000 噸升至 15,000噸。製凍肉的工廠在 1891 年已有二十一家，平均每年可宰四百萬頭羊。乳品工廠迄 1901 年也發展至二百五十九個。從前紐西蘭的乳酪和羊肉只有內銷市場，冷凍設備的改良打開了海外市場，使低迷的農牧產品有了轉機，成為外銷的主力。

農產品之中有一個可能被人遺忘的出口珍品，就是中國人喜歡食用的木耳，是生長在樹表的菌類植物。偶然被一位來自新加坡的華僑「張朝」(Chew Chong, 1830–1920) 發現了，以四便士一磅的價格廣為收購，不論歐裔農夫或毛利人（包括婦孺在內），到處採摘，賣給張朝，再由張朝出口至中國，由 1868 至 1898 年共獲利三十萬英鎊。

圖 11：華僑張朝在紐西蘭收購木耳轉銷中國，獲利三十萬英鎊。

　　這也可以算是一個小小的經濟奇蹟，同時也解決了農村剩餘勞力的問題以幫忙貼補家用，發展成一種既不用本錢也不占土地的採菌行業。

第五章 | *Chapter 5*

紐西蘭自治領時期 (1907–1946)

　　紐西蘭在世紀之交面臨一個新穎而奇異的「國家歸屬」問題。經過幾番思索，最後當政者為紐西蘭的前途作了一個驚世駭俗的抉擇。幾年之後，紐西蘭的國家屬性和政治地位也有了改變與提升，就是由皇家殖民地 (crown colony, 1841–1853) 和自治殖民地 (self-governing colony, 1853–1906) 升格為自治領 (dominion)。而從自治領的內涵與自治的程度來看，紐西蘭應可視為一個相當獨立的國度。既然獨自為政，有關國內問題就得獨立承擔，自我興革；遇到國際問題時，該如何應付？也須自我裁斷。剛巧在自治領時期 (1907–1946) 紐西蘭碰上兩次世界大戰和二戰期間的世界經濟不景氣，隨風襲來，要擋也擋不住，要避也避不開，非得面對不可，非得解決不可。

第一節　何去何從──加入聯邦或獨立自治的抉擇

　　回顧紐西蘭歷史上的「國家認同」問題，幾番起伏，幾番盪

漾。前有毛利人的獨立建國，可惜功敗垂成，已是明日黃花，不堪回首了。後來英毛雙方簽訂《瓦湯頤條約》（1840 年），紐西蘭主權歸英，繼澳洲的新南威爾斯（1788 年）、塔斯曼尼亞（1825年）、西澳（1829 年）和南澳（1836 年）之後，成為另一塊英國殖民地。經營十數年後，澳洲又增添兩個殖民地：維多利亞（1851 年）和昆士蘭（1859 年）。十九世紀末葉，澳洲六個殖民地倡議組成一個包含紐西蘭在內的「澳大拉西亞聯邦」(Commonwealth of Australasia)，促使紐西蘭又再面臨另一次的國家定位問題。

「澳大拉西亞」(Australasia) 本來是個地理名詞，廣義的範圍包括新幾內亞、澳洲、紐西蘭以及南太平洋的美拉尼西亞、麥克羅尼西亞和玻里尼西亞等三大海域的島群。1890 年代倡議的「澳大拉西亞聯邦」僅有澳洲六個殖民地和紐西蘭，不及其他。紐澳的密切關係由來已久，1840 年 1 月 30 日至 1841 年 5 月 3 日期間，紐西蘭曾是澳洲新南威爾斯的「附屬地」(dependency)，海軍上校賀卜遜 (William Hobson) 就是當時新南威爾斯駐紐西蘭副總督。《瓦湯頤條約》在 1841 年 5 月生效，紐西蘭方才脫離新南威爾斯而成為獨立的皇家殖民地 (crown colony)。1861 至 1863 年間在殖民地政府鎮壓毛利人的「韋嘉渡戰爭」中，澳洲曾派兵數千名遠赴紐西蘭協助。兩地唇齒相依，有共同的母國，也有兄弟之邦的情誼。1860 年代的淘金時期，紐西蘭的奧達哥和西海岸跟澳洲的維多利亞由於黃金的交易，礦主的往來和礦工的遷徙，形成了塔斯曼海兩岸貿易的繁榮景象。

　　澳洲六個殖民地成立的時間先後不一，並且各自為政。為了互相溝通，自 1867 至 1883 年間，六個殖民地政府分別在雪梨和墨爾本舉辦過九次殖民地政府聯席會議 (inter-colonial conferences)。紐西蘭也被邀請參加，但興趣缺缺，僅出席了其中的四次，分別是 1867 年、1870 年、1873 年和 1877 年。因為談的多是澳洲境內的貿易與交通問題，與海天遙隔的紐西蘭沒有多大關係。其中 1873 年那次要求英國給予紐澳兩地特別優惠關稅，才是大家共同關心的議題。

　　1880 年代，德國和法國也來到南太平洋擴充他們的勢力範圍，前者占領新幾內亞北部，後者覬覦紐赫畢瑞斯 (New Hebrides，即今日的萬那度 (Vanuatu))。英國鞭長莫及，要澳洲自衛。1883 年維多利亞總督沙維治 (James Service) 與昆士蘭總督葛瑞菲 (James Griffith) 籌組「澳大拉西亞議會」(Federal Council for Australasia)，把紐西蘭和斐濟也拉在一起來聯防。這個「議會」在 1885 年經英國維多利亞女王 (Queen Victoria) 批准成立，但由於 1886 年開會時最重要的成員新南威爾斯和紐西蘭臨時退出，以致成效不彰。到了 1889 年愛德華 (Bevan Edwards) 少將提出國防危機，各殖民地大為震驚。於 1890 年 2 月 6 至 14 日在維府墨爾本召開代表大會，紐西蘭和新、維、塔、昆、南澳各派代表兩名，西澳一名。與會代表一致通過重新組成「議會」作為將來建立一個「澳大拉西亞聯邦」的平臺。1891 年 3 月在雪梨起草《聯邦憲法》，4 月 9 日通過的《憲法草案原則》，第一條開宗明義就要組成統一的「澳大拉西亞聯邦」，涵蓋紐西蘭和澳洲的新、維、塔、

昆、南澳、西澳等七個英屬殖民地。

可是，在 1890 年紐西蘭的國會辯論中，就已出現反對的聲浪。議員克林蒙 (Joseph Grimmond) 大聲疾呼：「紐西蘭應是紐西蘭人的國家……毋須別國的保護。我們是偉大國家的先鋒，有光榮的歷史，有自己的國格……。」 曾任總理 （任期 1879–1882年）的何爾 (John Hall) 戲稱紐西蘭有一千二百個不加入澳大拉西亞聯邦的理由，因為兩地之間有一千二百英里的距離（作者按：兩地實距僅一千英里）。雖然這個類似笑話的理由，卻也道出紐人不願遠方的澳洲大陸國吞併他們宛如世外桃源般的小島國。平心而論，這應該不會成為說服讀者的理由。事實上，在 1901 年紐西蘭在母國的授意下，也兼併了遠在一千六百英里外的庫克群島 (Cook Islands)；今日美國的國土也涵蓋了遠在太平洋的夏威夷和在加拿大北部的阿拉斯加 (Alaska) 兩州，不都是離開本土更遠嗎？

也許經貿變化是另一種不願加入的原因。原本紐、澳兩岸之間的貿易很頻繁，尤其是黃金的買賣。但金礦漸竭之後，雙方進出口貿易漸減，自紐西蘭出口至澳洲的總值由 1870 年的 46% 減至 1890 年的 17%；自澳洲進口到紐西蘭的總值由 1870 年的 35% 降至 1890 年的 17%。這意味著紐西蘭對澳洲的依存度降低，自己可以單獨為一個獨立的經濟體，進出口毋須僅賴澳洲一隅。紐西蘭產物出口最重要的市場是遠在萬里迢迢的英國。以 1890 年貨物總值計，出口至英國高達一千零二十萬英鎊；同年出口至澳洲僅一百二十萬英鎊。況且加入聯邦就得俯仰由人、身不由己了。假如聯邦按照新南威爾斯的自由貿易政策，紐西蘭作為聯邦一州，

便受「州際貿易」的規範，不得不依從。但獨自成國，兩者之間的貿易便成為「國際貿易」，紐西蘭則可用關稅壁壘來保護本地的產品。

另一個不願加入聯邦的原因，是民族優越感作祟。紐西蘭人自視甚高，認為澳洲是罪犯流放之地，社會上到處都是罪犯及其後人，是低等民族，帶著原罪的一群。紐境從來不是罪犯流放地，來的都是正派的傳教士、商人、地主、牧場主、農莊主以及工人和農民等平民階層，平日幹活，安息日守禮拜，秩序井然，怎可跟罪犯社會混合在一起呢！還有，白人之間的族群分佈，也是紐人不好意思公開明言的歧視性理由，那就是紐西蘭的移民族群中，性情激烈的愛爾蘭人數量較少，而溫和的蘇格蘭人數量較多，與澳洲的情況剛好相反，因而推斷澳洲社會較為動盪，不若紐西蘭社會安寧。法學者和婦運家艾蘭夫人 (Mrs. Stella Allen, 1870–1962) 曾說：「我們是特別民族，比其他民族優越；並且在社會改革方面足以領先世界。」紐西蘭第二大族群毛利人也反對加入聯邦，因為毛利人比澳洲土著文明多了；甚至比其他太平洋島民也更先進。

從人口數和生產量來排序，紐西蘭在紐澳等七塊殖民地中，僅次於維多利亞和新南威爾斯，居第三位。加入聯邦後卻不一定排行第三，可能叨陪末座，因為討論國政時，其餘六州為了共同利益，可能會犧牲紐西蘭，一張票如何抗衡六張票呢？這是最簡單不過的邏輯。況且，紐西蘭在自由黨上臺後 (1891–1912)，成功地擁有幾個世界第一的紀錄，例如婦女投票權、保護婦女婚姻及

財產、老人年金、工業調解仲裁法、首創用貼郵票寄信的服務等等，成為一個足以自豪的「模範天堂」(exemplary paradise)。澳洲罪犯充斥，像一座人間煉獄，怎麼可以跟天堂來高攀呢？

有些標榜尊嚴的紐西蘭人認為自己不應是附屬於「澳大利亞世界」，而是歸屬於「玻里尼西亞世界」，並且可以勝任龍頭大哥。1873 年大搞基礎建設的總理沃格爾 (Vogel) 曾倡議設立「玻里尼西亞公司」(Polynesian Company)，聯合太平洋的重要島嶼共同組成像加拿大一般有實力的自治領。1874 年英國兼併斐濟群島，島上白人曾要求和紐西蘭合組聯邦 (federation)。另一方面，沃格爾也有企圖心，想趕走占領紐赫畢瑞斯的法國人，以及占領東加和薩摩亞的德國人，並想吞併庫克群島。1883 年紐西蘭國會通過《邦聯與合併法案》(Confederation and Annexation Bill)，授權政府必要時可以連結（用 "link" 這個字眼比較溫和）太平洋的一些島嶼並置於紐西蘭的保護之下。1888 年庫克群島成為英國的保護國 (protectorate)，1901 年就移交給紐西蘭；1905 年，紐威 (Niue) 也跟進成為紐西蘭第二個保護國。難道這不就證實紐西蘭也有想做「霸權」(hegemony) 的野心嗎？

自 1884 至 1890 年為了是否加入澳大拉西亞聯邦而發生多次國會辯論 (parliamentary debates)，前後總共有 66 位議員發言，其中贊成的有 12 人（占 18%），反對的有 43 人（占 65%），無意見的有 11 人 （占 17%）。後來政府委任一個 「皇家委員會」(Royal Commission)，負責舉辦聽證會，聆聽地方上各階層各行業的意見，也蒐集各種工會和農會的意見。整理的結果，在一百八

十六份意見中，四十九份贊成（占 26%），一百一十四份反對（占 61%），二十三份無意見（占 12%）。可見多年來中央民代的發言和來自地方基層的聲音，大多是持反對加入的意見的。

　　紐西蘭的統治階層中也有傾向加入聯邦的，例如三位總理艾京遜（Harry Albert Atkinson，三次任期：1876.9.13–1887.10.3；1883.9.25–1884.9.3；1887.10.8–1891.1.24）、葛芮（George Grey，任期 1877.10.13–1879.10.8）和史託特（Robert Stout，任期 1884.8.16–1887.10.8）。尤其是老官僚葛芮在皇家殖民地時代，原為南澳總督（任期 1848.1.1–1853.12.31）；後來轉任紐西蘭總督（任期 1861.12.4–1868.2.5），也有向澳洲借兵平亂的記錄，與澳洲關係深厚，因而早期曾主張兩地合併。不過，後來也改變初衷。他認為白人不宜生活於炎熱的氣候，澳洲北部靠近熱帶，將來有可能住滿土著和島民，甚至有侵略成性的日本移民。又從他的軍事角度看問題，認為澳洲本土將來可能會爆發種族戰爭。聯邦成立前兩年，紐西蘭國會在 1899 年徵詢國會議員意見時，有 20 人贊成加入，19 人反對，25 人尚未決定。可見反對和保持觀望態度的加起來仍占多數（約 69%）。最後裁定暫不加入聯邦的靈魂人物，就是紐西蘭任期最長的總理薩當（Richard John Seddon，1845–1906.6.10，任期 1893.5.1–1906.6.10）。

　　與前面歷任有文化的總督或總理比較，薩當的學歷是最差的。雖然生長在英國蘭卡郡 (Lancashire) 一個有教養的家庭（父親一說是教師，另一說是校長，有待考證），卻不愛讀書。十四歲即離開學校，先後在牧場當助手和鐵工廠當學徒。十八歲遠走他鄉，

移民澳洲墨爾本。淘金失利，轉赴紐西蘭西岸礦區碰運氣。二十
四歲回澳洲與舊識女友結婚後，再返紐西蘭奮鬥。不久，在古瑪
拉 (Kumara) 市經營「皇后旅館」(Queen's Hotel)，藉機廣交朋友，
在三十二歲那年（1877 年）當選該市第一任市長。兩年後（1879
年）當選西地 (Westland) 議員，登入國會殿堂。從此一帆風順，
官運亨通。1891 年自由黨的白朗斯 （John Ballance，任期
1891.1.24–1893.4.27）贏得政權後，大膽起用這位出身草根基層
的年輕議員擔任公共工程部長。為了多加栽培，又先後任命他當
礦務部長和國防部長。

白朗斯總理手下本有三員猛將。第一位是地政專家麥肯西
(John Mckenzie)，他從土地買賣、轉讓、出租、抽稅等玩出很多
花樣，目的就是點石（地）成金，為國庫賺得大筆進賬，是位財
經功臣。第二位是社會福利的推手李維時 (William Pember
Reeves)，創制《工業調解仲裁法》，工人的工資和工時皆有保障；
但限制罷工，卻又使資本家減低風險，樂意投資。在勞資雙贏政
策下，社會獲得安寧，人民生活安定。第三位是英毛混血兒卡勞
爾 (James Carroll)，擔任毛利事務部長，對族群和諧，泯除恩怨，
貢獻至大。但白朗斯病危時，卻任命看事有遠見、做事有信心和
辦事有魄力的大胖子薩當（體重最重時達 127 公斤）為自由黨的
副領袖。當白朗斯在 1893 年 4 月 27 日逝世時，按慣例即由副黨
魁繼任總理。幸好薩當不負所託，大選時從七十四席中勇奪五十
六席，以 75.6% 的高得票率為自由黨長達二十一年的江山 (1891–
1912) 打下了基礎。他本人五次連任，做了十三年 (1893–1906) 的

總理，成為紐西蘭史上任期最長的總理。

　　當自由黨初接政權時，紐西蘭經濟下滑到谷底，可謂迦南變色，奶蜜不流。華德爾牧師 (Rutherford Waddell) 在《奧達哥時報》(*Otago Daily Times*) 撰文〈廉價的罪孽〉(*The Sin of Cheapness*) 中指出：童工週薪僅七角五分，更悲慘的是第一年有工無酬；一位在家中做修改衣服的母親，每日僅賺四分錢。John Lee 的小說《貧苦的孩子》(*Children of the Poor*) 描寫當時村鎮人民生活在貧窮線上，十分可憐。薩當上任後大刀闊斧力挽狂瀾，誓把褪色的迦南變為「上帝的國度」(God's Own Country)（這是

圖 12：薩當總理競選造勢，口號是要建立「上帝的國度」。

他競選時的口號，也是常掛在口邊的口頭禪，甚至寫信或發電報時不署寄自 New Zealand，而署寄自 God's Own Country）。他動用政府資金購買大批土地，低價轉讓或出租給小農小牧以維持生計；設置學校獎學金，讓窮孩子可免費完成中學教育；給予婦女投票權，增加婦女就業機會；保障工人最低工資；支付老人年金等等。一方面振興國家經濟，另一方面為社會大眾謀福利，既贏得民心，又攬得大權。他長得高大壯碩，威儀棣棣，人民私底下暱稱他為「狄克王」（King Dick，亦可翻譯成「理察王」，因為 Dick 是他的原名 Richard 的簡稱）。他的聲名如日中天，在內閣一言九鼎，在國會又能獲大多數議員的支持。因此緣故，在紐西蘭是否加入澳大拉西亞聯邦的國體改造問題上，他能力排眾議，裁決暫緩加入。與其寄人籬下，成為一個「正式的澳大拉西亞」(formal Australasia) 的一員，不如做一個「非正式的澳大拉西亞」(informal Australasia)，而僅是地理概念中的一個主權獨立國家，反而能維持「紐西蘭意識」(New Zealandness) 的集體認同 (collective identity)，既可以保留一個比較更具典型的英式傳統 (Britishness)（如基督城的英式風貌），又可以一國的身份與地位直接跟英國打交道。如果貿然加入澳大拉西亞大家庭，在一個聯邦政府 (federal government) 的管治之下，紐西蘭將會漸漸失去自我，被剝奪自治，最終會回復到 1840 至 1841 年時代而成為澳洲的附屬地。

　　1900 年駐英代表李維時曾提出一個緩衝建議，敦請英國帝國議會 (Imperial Parliament) 補入《聯邦憲法法案》(*Commonwealth*

Constitution Act)，給予紐西蘭七年時間，待廣徵民意（如在奧克
蘭的 「澳大拉西亞聯邦同盟」 (Australasia Federation League in
Auckland) 等民間組織），研究利弊、開會討論，達成共識後，再
決定是否加入。新南威爾斯代表巴頓（Edmund Barton，即後來的
澳大利亞聯邦首任總理）風聞此議，以紐西蘭走後門，直接向母
國求助而不與澳洲聯邦議會接觸，十分不悅。所以後來討論的憲
法草案直稱《澳大利亞聯邦憲法》而不用「澳大拉西亞」之名，
很明顯就是要踢紐西蘭出局。從此紐西蘭政府對加入聯邦的事就
不了了之 ， 但民間或學術界卻常舊事重提 （見本書第十章第二
節）。七年之後，在 1907 年 9 月 26 日，紐西蘭的最終選擇，卻是
英帝國轄下的一個自治領。

第二節　俯仰由人——參與第一次世界大戰的行列

第一次世界大戰（1914 年 8 月至 1918 年 11 月）的戰場主要
在歐洲，由協約國（The Allies，由英、法、俄三國加上後來的日
本和美國組成）對抗同盟國（Central Powers，由德國、奧匈帝國
和後來加入的土耳其的鄂圖曼帝國組成）。雖然紐西蘭遠在萬哩之
外，卻又無可倖免地捲入其中，這與英國的影響是分不開的。

紐西蘭主要居民是英國的移民，如果他們是第一代移民，也
許還有尚未移民的親戚朋友仍留在英格蘭、蘇格蘭、愛爾蘭或威
爾斯。如果他們在紐西蘭出生，與親戚長輩仍有血緣關係，所謂
「血濃於水」，親情猶存。十九世紀末葉曾任紐西蘭總理的艾京遜

曾經說過:「我以作為一個英國人同時又是紐西蘭人感到自豪。但如果一定要我在兩者之間擇其一,我寧願選擇作為英國人。」含有這種觀念或身份認同的親英派十分普遍。況且,那時紐西蘭仍是英國的殖民地,就好比一個嬰兒在母親的懷抱裡一樣。當嬰兒長大成人,遇到母親需要幫助時,當然是義不容辭的。

在第一次世界大戰之前十餘年,紐西蘭已經有這種經驗。那就是 1899 至 1902 年在南非洲的「波耳戰爭」(Boer War),是英國想鞏固南非殖民地,擴大版圖,侵略荷裔農民軍土地的掃盪戰。英國號召加拿大和紐、澳等殖民地的子弟兵出師勤王,沒想到響應最快,第一個遣送軍隊前往非洲的竟然是紐西蘭。其實按路程計,加、澳都比紐西蘭近。以士兵人數計,紐遣 6,500 名,加遣 8,400 名,澳遣 16,600 名。但按人口比例計,以紐軍最高,占全國人口近 1%,而澳軍僅占 0.5%。紐軍初次出遠門,離威靈頓時萬人空巷,相送於碼頭(約五萬人送行),熱情可嘉。

到了戰場,在紐、澳農莊長大的孩子,個個身材碩壯,比英國城市長大的少爺兵,高大得多。而且人人能騎擅跑,作戰英勇。某戰役中,當百餘名波耳軍圍攻來自英國約克郡 (Yorkshire) 的士兵時,紐軍上尉馬鐸克 (Madocks) 率七十餘眾左衝右突,輕易解圍。約克仔 (Yorks) 引臂歡呼,把所在地(小丘)命名為「紐西蘭丘」(New Zealand Hill)。經此一役,軍心大振。感到雖身為殖民地人民,打起仗來不輸祖國兵。凱旋歸國時,民心也大振。沒料到子弟兵會揚名海外,還得到祖國讚賞,可謂為紐爭光,不後於人。事實上,這次參戰有點不夠正義,因為波耳農民軍打游擊

戰，英軍疲於奔命，老羞成怒，就把他們的農莊一把火給燒毀，
又把擄獲婦孺困在集中營裡，吃不飽，缺醫藥，大部分都病死了。
紐兵回國所炫耀的是他們的戰績，絕口不提殘殺不人道的事件。
這樣助紂為虐的缺德行為，終於在第一次世界大戰中，尤其是加
里波里 (Gallipoli) 戰役中，得到報應。

　　1914 年 6 月 28 日斐迪南大公 (Archduke Franz Fredinand) 在
沙拉熱窩 (Sarajero) 被行刺，奧地利 (Austria) 於 7 月 23 日向塞爾
維亞 (Serbia) 發出最後通牒，不果，7 月 23 日向塞宣戰。稍後，
8 月 1 日德國向俄、法宣戰；8 月 4 日英國向德國宣戰。從此，歐
洲大戰（The Great War，也就是第一次世界大戰）全面展開。這
次澳洲聯邦捷足先登，搶在英國宣戰前一天（8 月 3 日）聯邦總
理谷克 (Joseph Cook) 表示：「澳大利亞是帝國的一部分，不能置
身於度外。」同時奉獻戰艦置於英國海軍部統帥部之下，聽其指
揮，並提供一支二萬人的遠征軍前往支援。紐西蘭也不甘後人，
在大戰開展前送給祖國一艘價值二百萬英鎊的巡洋艦。徵召志願
軍時，合乎二十至四十歲的役男 240,000 人中，有半數應召。經
過健康篩檢後有 92,000 人合格，另外加上募兵 32,000 人，總共
124,000 人奉命開拔上戰場。這個數字已經超過當時全紐總人數
（1911 年是 1,058,313 人；1919 年是 1,149,225 人）的十分之一。

　　英國參謀部總綰兵符，將紐澳援兵合併編制，稱為「紐澳軍
團」(Australian and New Zealand Army Corps，簡稱為 ANZAC)，
首先派往埃及首都開羅 (Cairo) 集訓待命。1915 年 4 月 1 日紐澳
軍團突然接獲通知，作好準備上戰場。原來英國參謀部有一個作

戰計畫，就是進軍達丹尼爾 (Dardanelles) 海峽，企圖強攻加里波
里軍事要塞，然後砲轟君士坦丁堡 (Constantinople)，打開土耳其
通道，躍進奧匈帝國的後門，切斷德軍後路。提出計畫的人就是
後來第二次世界大戰時英國的名相邱吉爾 (Winsdon Churchill)，
當時是個年輕參謀，年少氣盛，只會紙上談兵，貽誤戎機。因為
加里波里是個懸崖峭壁的高地，易守難攻。土耳其部隊受德國名
將桑打士 (Liman Von Sanders) 的訓練，居高臨下，嚴密防守。當
英、法、紐、澳軍隊登陸灘頭後，完全暴露於敵人射程之內，只
有速掘戰壕，躲在掩體下等待時機。號角一響，聯軍冒險仰攻時，
土軍無情的砲火（當時已使用可以連續發射的機關槍）密集掃射，
使協約國部隊 (Allied Forces) 無法得逞。如此沒有把握的仗，勉
強捱了八個月，直到同年 12 月 19 日才接獲倫敦撤退的命令。

　　在加里波里戰役中紐軍引以為傲的就是 1915 年馬龍上校
(Colonel W. G. Malone) 親率威靈頓營 (Wellington Battlion) 身先
士卒，占領「衝勒牌」(Chunuk Bair) 山頂，後來被土軍反擊，混
亂中英國海軍戰艦也隔岸開砲，結果釀成慘劇，全營八百人僅餘
七十人生還，馬龍上校也為紐犧牲。土軍重占衝勒牌，僅在 8 月
6 日至 9 日三天之內，有 1,800 紐軍（包括一些毛利戰士）傷亡。
總計全部紐軍死於加里波里戰役的共 2,700 人，受傷 4,700 人。澳
洲更多，死 19,000 人，傷 7,600 人；法國傷亡數字是紐澳的總
和；英國自食其果，傷亡人數是法國的三倍。奇怪的是，紐澳軍
人並不因此而埋怨母國，反而認為是他們英勇善戰的成名之作，
生還者被尊為英雄，死難者被奉為烈士，英名永鐫於戰爭紀念館

(War Memorial)，並定下每年的 4 月 25 日（首次進攻加里波里之
日）為「紐澳軍團日」(Anzac Day)，大肆慶祝。紐西蘭人特別以
衝勒牌之役是他們紐軍的代表作，讚譽為最值得紀念的「紐西蘭
的最佳時刻」(New Zealand's finest hour)。他們不以成敗論英雄，
只求能以鮮血喚起國魂，是一種很怪異的民族意識。

　　加里波里一役只是紐軍在英國瞎指揮之下初嚐敗績，慘烈的
戰況尚在後頭。自 1916 至 1918 兩年中，紐澳軍團被調往歐洲主
戰場的西線 (Western Front)，與英、法等並肩作戰，對手就是同
盟國的龍頭大哥德意志。德國陸軍號稱全歐最強勁，缺乏打大規
模戰爭經驗的紐澳軍團，僅靠鄉下人的匹夫之勇，衝鋒陷陣，驃
悍有餘，機靈不足，加上經常被英國指揮打頭陣，犧牲自然更多。

　　第一次世界大戰期間，紐軍共計 124,211 人服役，死 16,700
人，傷 41,300 人。澳軍共計 331,781 人作戰，死 59,342 人，傷
152,171 人。這些軍隊中有些曾在十幾年前在南非跟隨英軍屠殺過
波耳農民軍及其家屬婦孺，以冤魂換取國魂；今又受國魂呼喚，
衍生更多的冤魂。而留守在紐澳農莊的孤兒寡婦在失怙喪偶之餘，
只能獨力謀生，勉強糊口了。

第三節　殃及池魚──捲進世界經濟大蕭條的漩渦

　　第一次世界大戰之後，紐西蘭的生產型態，尤其是農牧方面，
在 1920 年代開始有很大的改變。當時有 90% 出口的產品來自牧
場，如羊毛、凍肉、牛油、奶酪等；其餘 10% 出口產品是蘋果、

穀糧、木材、黃金、煤礦等。另一方面，政府為了要解決回國士兵七千人的生計問題，斥資買了一百萬公頃（即 2,471,000 英畝）供復員軍人開墾。由於成本高，效率低，政府的農牧專家推動「科學養牧」(scientific farming)。首先要改良牧草，因此要有「草地革命」(grass revolution)。土壤專家發現：要牧草長得好，必須施「磷肥」(phosphate)。磷肥的主要來源是鳥糞。紐西蘭和太平洋島嶼是候鳥天堂，鳥兒成千上萬來避寒，順便帶來大量鳥糞，日積月累堆成磷肥。歷經萬千年來堆積如山，可供採掘，世代不竭。其次，要改良瘠地變沃土。起初以為瘠地缺鐵，經研究後才知道是缺鈷 (cobalt)，如能摻用鈷土層可獲改善。再其次要選擇優良草種，經培育後發現黑色的稞麥草 (ryegrass) 和白色的三葉草 (white clover) 十分適合牛羊食用，食後長得膘肥碩壯。這些改良型的牧草地面積在 1930 年代比 1920 年代以前增加四分之一（1940 年代估計年產牧草八千萬噸）。牧牛數由 1919 年的七十萬頭，到了 1939 年暴增至一百七十萬頭，約兩倍半（如以平均每人擁有畜牧頭數來計，略高於澳洲，是歐洲的十倍）。其中不少是引進的「澤西種 (Jersey) 乳牛」，乳量豐沛，牛油含量高。1929 年的澤西牛每頭的牛油產量比 1901 年的本地牛多出 72%。牛奶多了，用手擠乳的速度太慢，早期改良用汽油發動機，後來全部改用「電動擠奶器」(electric milking machine)。擠完奶後，如何使奶和油分離？用人工太慢，於是又發明「奶油分離器」(separator)，1923 年增至四萬臺，幾乎每個牧場都採用。牛油產量由 1914 年的 22,000 噸增至 1921 年的 46,000 噸，再增至 1929 年的 76,000 噸。可惜，

正巧碰上了壞時機，賣不出去。

俗語所謂好景不常在，1929 年 10 月美國華爾街股市崩盤，狂跌了一半，揭開了「世界經濟大蕭條」(The Great Depression, 1929-1935) 的序幕。這個暴風眼經過輻射作用，蔓延全球達六年之久。凡是有商貿往來的地區無不遭殃。地處南半球邊陲的紐西蘭無可避免地也受到波及，正是：桃源花謝無人問，樂土凋零苦自嚐。原本百年以前的世紀歲月，歐提羅噢是毛利人採集維生的樂園，不應受此狂風暴雨的肆虐。但經近百年的英國統治，已由一個自給自足的單元蛻變成一個涵蓋農牧商貿的經濟體，是地球村的一份子。不幸遇到商貿停頓、出口銳降，國內生產自然停滯不前。如因此而減產應急，又會影響到人民生計，頓使失業率增高。國庫入不敷支，政府就會想到節流、減薪、停職、削弱福利等勢是必行；但救弱扶貧又不能不顧。總而言之，內外交煎，戰前狄克王薩當努力重塑的迦南，到了老態龍鍾的華爾德（Joseph George Ward，任期 1906-1912；1928-1930）已經回天乏術。在 1930 年的大選中，聯合黨 (United Party) 的霍比斯 （George William Forbes，任期 1930-1935）取而代之，並從此小心翼翼地負起舒緩當前國難的重擔了。

史家鮑歷屈諷稱這段不景氣的苦日子 (1929-1935) 為「糖袋年代」(sugarbag years)。如果有臺灣讀者（父母或祖父母輩）曾在 1950 至 1960 年代生活過，還會記得用麵粉袋改裝為小孩衣服或大人內衣褲的苦日子。昔日紐西蘭的「雀兒喜煉糖廠」(Chelsea Sugar Refinery) 出口用的載糖麻布袋就曾被窮家婦女善

為利用，裁成衣服給小孩子穿著。一位婦女回憶當年祖父過世後，利用遺下的毛衣拆散，打成毛線，再編成幾件小孩穿的毛背心。為什麼會生計困窘呢？因為失業的人數增加了，失業率最高達32%（1933年），如把失業的毛利人也計在內，約共40%。在1931至1935年間，原有調整工資的仲裁制度暫停，工資也漲不了。僱主乘機裁撤高薪員工，只用低薪的，以減輕成本。家庭收入少了，肉類市場因而受到影響，購買牛肉和豬肉的，自1929–1930年度至1938年間減少30%，幸好羊肉外銷不佳轉內銷，還算廉宜。馬鈴薯的購買量也減少了三分之一，可能家家戶戶都在後園自種，以補充膳食，減少開支。奢侈品無人問津，香煙、烈酒類銷售量減半；啤酒減售30%；連小孩子喜愛的冰淇淋也由每人平均八品脫 (pint) 減至三品脫。富人不買奢侈品，咖啡和白蘭地烈酒的進口在1929至1933年間減少一半；汽車和雪茄更銳減80%。連累到國內的建築業和其他投資都停滯不前；因做善事而推廣的「健康」郵票也滯銷了。貧窮家庭營養不良的孩子越來越多，衣服也嫌不足禦寒。婦女墮胎的事件增加了，因為那個年代還沒有避孕發明，懷孕了只好人工流產，免得養不起，墮胎率估計高達20%。

面對如此困境，聯合黨 (United Party) 的霍比斯在第一任期 (1930.5.28–1931.9.22) 苦無對策，只好在第二任期 (1931.9.22–1935.12.6) 和改革黨 (Reform Party) 的柯德士（Gorden Coates，曾於1925.5.30–1928.12.10出任總理）合組聯合政府 (Coalition Government)，齊心協力，解決難題。首先在1931年底「失業局」

圖 13：世界經濟大蕭條，政府以工代賑。

(Unemployment Board) 推出六種「救援計畫」(relief schemes)。由政府出資，以工代賑，解決失業問題。例如提供一些掘溝渠、築公路、除草植林等工具簡單、毋須技術的工作。工資雖然低廉（單身漢每週工資十五先令；已婚的多給；有小孩的逐個加給；最高可達每週兩英鎊，即四十先令），勉強可以糊口。經過政府幾番努力，失業人口由 1933 年的 81,000 人降至 1935 年的 50,000 人。其次，政府讓紐鎊（紐西蘭貨幣採英鎊制，1967 年才改用十進的紐元制）貶值，保障農牧產品出口價格，增強國際競爭力。下令銀

行對農牧貸款暫緩逼債，以舒緩農牧困境。又建立「儲備銀行」
(Reserve Bank) 來控制金融匯率，以穩定物價。

　　1930 年通過的《失業法案》(Unemployment Act) 下令所有二
十歲以上失業白人都要登記，1933 年共有 81,000 人登記，但這個
數字並不包括毛利人、婦女和青少年。毛利事務部部長納塔
(Apinana Ngata) 推行「毛利土地發展計畫」(Maori Land
Development Schemes)，推出七十六個農牧基地以解救失業的毛
利人的生計。「全國婦女議會」(National Council of Women) 呼籲
有錢人雇用婦女做膳食、刺繡和裁縫等工作，以解決婦女失業問
題。「假期指導委員會」(Vocational Guidance Committee) 幫助年
輕人找工作。1934 年有 600 位青少年被安排在牧場工作。雖然工
資微薄，但聊勝於無，總比賦閒在家，無所事事為佳。同時，也
正好解決青少年的叛逆期問題。

　　政府除了開源，又要節流。辦法不外是減薪金、削福利。公
務員一律減薪 10%；老人年金、傷殘金、退伍軍人補助金等皆受
到削減的命運。為了降低免費教育的開支，把五歲的小朋友趕回
家，免費教育提高到六歲才開始。既然學生少了，培養師資的師
範學院也關掉兩間。全國約有 1,200 名教師被限令停職或改為兼
任，領取救濟金度日。群眾情緒十分低落，到了 1935 年年底大選
時，就萌生換人做做看的心態。

　　果然，頗孚眾望的工黨領袖好好先生「米奇」(Micky)·沙維
區 （Michael Joseph Savage，1872–1940，總理任期 1935.12.6–
1940.3.27。人民對他印象甚佳，暱稱他的原名 Michael 為 Micky）

自國會的八十席中囊括五十五席（占 68.8%），贏得大選，從此展開一段米奇傳奇。米奇在 1935 年 12 月 6 日上任，當年的聖誕節（12 月 25 日）將屆，首先發給有工作的人一份節金 (Christmas bonus) 和長達一個星期的帶薪假期；同時又增建公共工程以吸納部分失業人士。這是紐西蘭人民經過六年不景氣之後所獲得的第一份聖誕禮物，人人皆大歡喜。翌年（1936 年）正月五歲小朋友全部可以恢復上學，繼續享受免費教育；被關掉的兩間師範學院重新開課以訓練師資（紐、澳位於南半球，學年皆自 1 月底或 2 月初開始）。1,200 名停職老師重執教鞭；工人階層的銀行貸款如農牧階層般受到保障；「儲備銀行」收歸國有，並提出部分免息貸款以幫助建屋計畫；恢復老人年金並答允稍後增加金額；恢復仲裁制度，保障最低工資；仲裁法院立案通過每週四十小時工作制（原為四十四小時）；成立國家廣播系統等。

　　1938 年任滿，米奇在大選中眾望所歸，再度連任，獲五十三席，超過對手「國家黨」（National Party，1936 年由聯合黨和改革黨合併後更名）的二十五席一倍多；得票率也從上屆的 46% 升至 52.3%。連任後，米奇又創造另一個傳奇，就是通過了《社會安全法案》(Social Security Act 1938)。他在一次「工黨會議」(Labour Party Conference) 上宣稱，要提供紐西蘭人民一個由「出生到死亡」，或由「搖籃到墳墓」(from the cradle to the grave) 的完美的社會安全制度。反對黨譏諷他將「應驗瘋狂」(applied lunacy)，他回應說將「應驗基督」(applied Christianity)，企圖把昔日狄克王薩當總理夢寐以求的「上帝的國度」重現於世。

　　《社會安全法案》主要的內容是六十歲以上的貧苦老人可領老人年金 (old age pension)；六十五歲以上的退休老人可領養老金 (superannuation)；失業時可領失業金；傷殘的可領傷殘金；唸中小學免費；看醫生免費；部分醫療照顧／看護 (health care) 也可免費……等等。《法案》的原則是全民共享的普世主義 (universalism)，認為享有福利是人民的權益而非政府的施惠。不僅貧民需求，中富階層也應享有；因為只有公平對待才會誘發他們納稅的意願。讓所有階層都納入新的福利社會 (new welfare society) 中。為了解決龐大福利的支出，除了稅收的來源外，另成立「社會安全基金」(Social Security Fund)，包括所有薪金、工資和其他收入在內，都加徵 5%。享有社會福利的人也要繳納註冊費，男子十六至二十歲及所有年屆十六以上的女子，皆須繳納五先令；二十歲以上的男子須繳二十先令（即一英鎊）。第一年（1939 年）實施時要支付這個昂貴的福利就得向英國銀行界借一千七百萬英鎊，負擔是非常沉重的。

　　米奇和狄克一樣，出身寒微，是 1872 年出生於澳洲維多利亞殖民地的愛爾蘭人。少年時遇瘟疫流行，家中母親、妹妹和兩位兄弟相繼死亡。十四歲輟學，當過

圖 14：米奇總理與薩當總理雕像合照

小店助手、牧場工人和金礦工人；曾參加「工盟」(Labour League)。1907 年（三十五歲）移民紐西蘭，當過採麻工人和酒吧酒保。1916 年加入剛剛成立的工黨，1919 年進軍奧克蘭市議會，1923 年被選為工黨副領袖，1933 年繼霍蘭德 (Harry Holland) 為工黨領袖。1935 年在世界經濟大蕭條結束之後出任紐西蘭總理，企圖將紐人從苦難中拯救出來過些好日子。他的社會安全措施奠下了紐西蘭福利國家的基調，後來的當政者無不遵行，堪稱典範。他終身不娶，無子女，孑然一身，為國效勞，鞠躬盡瘁，死而後已。因此，死後備極哀榮，靈柩用火車由首都威靈頓運回奧克蘭時，萬人空巷，每站必停，供人瞻仰。遺照在老百姓家中懸掛多年，可見民眾對他的懷念與尊崇。

第四節　有驚無險——面對第二次世界大戰的困境

正當紐西蘭的工黨政府 (1935–1949) 在總理米奇・沙維區的領導下朝氣蓬勃地向著福利國家的坦途邁進時，突然平地一聲雷，遠在萬里之外的歐洲爆發了第二次世界大戰 (1939–1945)，驚醒了安逸寧靜的南方安樂園。工黨政府如何面對戰時與戰後的困境呢？

一、為誰參戰

距離第一次世界大戰不到十三年，1931 年日本即侵略中國東北。隨後不久，1935 年義大利入侵北非洲的埃塞俄比亞 (Ethiopia)；1936 年德、日兩國簽署《反共產國際協定》(*Anti-*

Comintern Agreement）；1937 年日本全面侵華，並與德、義形成
「軸心國」三大勢力 (Axis Power)。1939 年 9 月 1 日德國閃電進
軍波蘭。兩天後，英、法兩國宣布對德國宣戰。初期以為德國到
此為止，未料翌年（1940 年）4 月 9 日德軍進攻丹麥和挪威，5
月 10 日又入侵荷蘭、比利時和盧森堡，進而兵臨法蘭西。原本力
主姑息政策的英國首相張伯倫 (Joseph Chamberlain) 黯然下臺，由
主戰派邱吉爾組織戰時內閣 (War Cabinet)，準備與德交鋒。

　　如同第一次大戰時一樣，昔日大英帝國的殖民地，不管現今
名為聯邦抑或自治領，都異口同聲地追隨母國向德宣戰，澳大利
亞如是，紐西蘭也不例外。米奇總理為了刺激經濟、振興外貿以
增加財力來推動他的福利政策，內外協調，奔波勞碌，以致積勞
成疾。在他病危時，仍以微弱的聲音發表他的著名演說，提醒國
人對母國的效忠：「英國走到哪裡，我們就走到哪裡；英國站在哪
裡，我們就站在哪裡。」("Where Britain goes we go, where Britain
stands we stand") 根據他的私人祕書說，米奇是個信奉天主教的愛
爾蘭人，對以基督教聖公會為國教的英國說這種忠貞的話是難以
啟齒的。但為了他所服務的紐西蘭，絕大部分的外貿市場都在英
國，正所謂衣食父母，怎可以一己的民族意識與宗教信仰而不顧
紐國人民的福祉呢？他這一席話，回饋可大了，英國答允把紐西
蘭出口的牧場產品（包括凍肉、牛油、奶酪、羊毛等）全數購入
(bulk purchases)，自 1939 至 1954 年維持不變，使紐西蘭享有十
幾年穩定的經濟收入，因而可以渡過二戰的難關和戰後推廣建設
與施行福利政策。

二、三大戰場

在第二次世界大戰中，交戰的芸芸大國，包括協約國 (Allies) 的英、法、蘇、美、中和軸心國的德、義、日，無論如何也排不到紐西蘭這個僅有一百五十萬人口的小國，況且又遠居於南太平洋的邊陲，又有七百多萬平方公里的澳洲大陸為其屏障。可是，寂寂無聞的紐軍卻出現在歐、非、太三大戰場中，而且是立體地展示在空、陸、海的戰役中。

1. 空中戰場

紐西蘭的空軍很早就接受英國皇家空軍 (RAF: Royal Air Force) 的訓練。1939 年 9 月 5 日（宣戰後第三日）在歐洲空戰中第一個被德軍射下的英國飛機就是紐西蘭空軍駕駛的。迄 1941 年 5 月德機空襲英國時，其中有 18% 的德機是被紐西蘭空軍擊落的。在空對空和空對海的作戰中，共有三百架德機被擊落和一百三十八艘軸心國的船艦被炸沉，都是紐西蘭空軍的傑作。在二戰中共有 11,529 名紐人服務於 RAF，其中 3,285 人戰死，占 29%；另有約 700 人受傷或被俘。服務於 RAF 的紐人 90% 是機師，約占英國空軍機師的 5%。如以 1945 年在空軍作戰組 (British Fleet Air Arm) 計，則紐機師占總機師 10%。紐空軍並非全是無名小卒，其中 16 人曾任 RAF 大隊指揮，72 人任中隊指揮，12 人在二戰期間或戰後成為空軍將領（少將或中將）。

2. 陸地戰場

紐軍在陸地作戰中參與六個著名的戰役。第一個戰役在希臘

（1941 年 3–4 月），不出三個星期就隨潰不成軍的同盟國軍隊退出戰場。第二個戰役在地中海的克里特島 (Crete)（1941 年 5 月），盟軍遭到德軍出其不意的空降部隊襲擊，傷亡慘重。第三個戰役在北非洲的利比亞沙漠 (Libyan Desert)，突擊德國名將隆美爾 (Rommel)（1941 年 11–12 月）部隊，成功打擊軸心國在北非的實力。第四個戰役是保衛埃及戰以抵擋隆美爾的報復（1942 年 6–7 月）。第五個戰役在北非作戰（1942 年 11 月至 1943 年 5 月）。第六個戰役在義大利與德軍作戰（1943 年後期至 1945 年初）。

前面第一和第二個戰役傷亡慘重，紐軍 7,300 人陣亡，設備全毀。第三戰役中有四個陸軍營、一個砲兵連和兩個裝甲旅全毀，共損失 4,600 人。第四個戰役的埃及保衛戰失利，能夠逃脫的僅以身免，死於戰場上的約 5,000 人。第五個戰役在北非贏回數仗，其中 1943 年 5 月的阿拉曼 (El Alamein) 戰役最為出色。第六個戰役在義大利對抗德軍，紐西蘭名將費瑞卜 (Freyberg) 作風謹慎，一向不打無把握的仗，怎料受英方批評怯懦，一氣之下，就在加仙奴山 (Monte Cassino) 加入英軍的進攻行列，結果慘遭滑鐵盧。費將軍大難不

圖 15：紐西蘭福將費瑞卜，戰後出任總督。

死，後來官運亨通，出任戰後第一位紐西蘭人總督 （任期
1946.6.17–1952.8.15）。

3.海上戰場

1939 年時紐西蘭的海軍實力小得可憐，僅有兩艘巡洋艦和一
艘掃雷艇，歸英國皇家海軍 (Royal Navy) 管轄。英海軍人手不足，
紐人加入英海軍約共 7,000 人。在大西洋、紅海和地中海的英國
戰艦中常見到紐西蘭人的蹤影，但紐西蘭自己卻沒有海軍部。在
紐西蘭的海域中有兩種敵人，一是來自歐洲的德國海軍，一是來
自亞洲的日本海陸空軍。德國在第一次大戰前原在南太平洋有一
些島國殖民地，戰後被澳洲託管去了。第二次大戰又再捲土重來。
這次德國海軍多了一種犀利武器，就是潛艇 (U-boat)，它躲在海
底裡，隨時突襲，把敵艦或商船擊沉，防不勝防。1940 年下半年
共有四艘紐西蘭客／貨船被擊沉 ， 包括其中最大一艘 16,700 噸
的，載滿了乘客和凍肉等牧場產品。後來嫌紐船太小了，不值一
炸，跑到澳洲沿岸找更大的目標，光是 1943 年上半年就炸沉十一
艘，1945 年 1 月一艘美國船也被炸了。

1941 年 12 月 7 日日本海空並進偷襲夏威夷珍珠港 (Pearl
Harbor) 之後，乘勢南下，占領香港、星、馬，翌年更進一步占領
印尼和新幾內亞北部，空軍轟炸澳洲的達爾文 (Darwin)，海軍派
潛艇南窺雪梨港 (Sydney Harbor)，澳洲人大為震驚，紐西蘭人也
終日徬徨。澳洲總理柯亭 (John Curtin) 決定不聽邱吉爾的瞎指揮，
拒派第七師赴緬甸作戰，強力調回澳洲，衛國保疆。紐西蘭也東
施效顰，因米奇總理病逝（1940 年 3 月 27 日），而繼任的傅利澤

（Peter Fraser，任期 1940.4.1–1949.12.13）總理在 1942 年 11 月曾與邱吉爾商討調紐軍回國守土，為邱首相所拒。於是在翌年（1943 年）5 月召開內閣會議，大多數主張調回。邱首相又玩了一招，說目前沒有船隻可以運回人數龐大的紐軍，又說德、日潛艇星羅棋佈，回程太危險。最後與美國羅斯福 (Roosevelt) 總統商量，派美軍駐紐，代替紐人防守。傅總理不得已，只好接納這個方案。正是塞翁失馬，焉知非福。十萬美軍來紐，其鞏固國防的意義，不在人數，而是美澳紐聯軍以墨爾本為指揮中心，共同抗日，等於另一個軍事同盟出現在南太平洋，也埋下了 1951 年的《澳紐美安全條約》（*Security Treaty between Australia, New Zealand and the United States of America*，又稱《澳紐美聯防條約》

圖 16：在太平洋作戰的紐軍

(*ANZUS Defence Pact*))的伏筆。

　　上述六大戰場服役的總人數大概在 200,000 人左右，內含毛利人 17,000 名、婦女 8,500 名。其中 11,600 人死亡；15,700 人受傷。與第一次世界大戰比較（死 16,700 人，傷 41,300 人），傷亡數字低了很多。可能是作戰方式改變了，空戰和海戰比例加重，距離拉遠了，不像陸地戰場般在陣上廝殺肉搏的近距離戰鬥。而且戰術運用方面也變聰明了，不會出現一戰時加里波里的瞎指揮現象，犧牲大量無辜的士兵。

三、戰時家園

　　前面所談的戰場都在海外，那麼戰時紐西蘭的家園是什麼樣的景象呢？政府該如何面對？人民生活又有何影響？社會又有什麼改變？

1.節衣縮食、勞力重整

　　傅總理和他的內閣團隊為了避免重蹈一戰時的覆轍，決定未雨綢繆，研擬一個綜合性的控制物價和工資的方案。由於物價穩定，用量限制（如汽油、牛油和其他基本用品），因此人民的購買力不受影響，政府就商請勢力強大的工會「勞工聯盟」(Federation of Labour) 合作，凍結工資。由於多國船隻因戰時徵調，進口貨物減少，反而刺激了國內製造業的興旺，尤其是戰略物資（例如二萬支槍砲，一萬五千臺收音機，五百艘船等），還可賺錢。這種情形比世界經濟不景氣時的有貨無市對紐西蘭更為有利。加上母國的照顧，羊肉、羊毛、牛油和奶酪等市場供不應求，

又穩定了國內牧場的生產。戰略物資和農牧產品的總出口比戰前躍升十三倍,由不足一百萬鎊增至一千三百萬鎊。可是,男子都當兵去了,牧場工作由誰來做呢?政府發出一個巾幗不讓鬚眉的「地女郎」(Land Girls) 計畫,號召婦女熱愛土地參與牧場工作。如不願下鄉,可在城市開公車、當售票員;或駕駛貨車,往來城鄉之間;或到工廠當工人,代替男子的工作。由於人手不足,也有不少毛利男女從鄉間跑到城鎮就業。

2.大難臨頭、驚惶失措

由於紐澳海域曾遭神出鬼沒的德國潛艇四處肆虐,因此紐西蘭沿岸戒備森嚴。黎條頓 (Lyttleton) 港一艘漁船犯規越界,被巡

圖 17:「地女郎」在牧場工作

防砲艇擊沉。德國納粹電臺誑稱紐戰艦被擊沉。西地 (Westland)
一位神經漢加拉漢 (Stan Graham) 射殺七名警察，德電臺又捏造希
特勒 (Hitler) 電報，要加拉漢占領南島，另會派人占領北島。日軍
自珍珠港事變後南下，更使紐人忐忑不安。有人自稱從心坎裡感
到戰禍將臨。1942 年 4 月起，位於首都威靈頓的國家藝術館、檔
案館和圖書館趕緊將貴重畫作、檔案、圖書文物運往鄉間收藏。
晚間實行燈火管制，以免飛機夜襲；日間推行防空演習，學校師
生合力掘防空洞。某女子在街上遇見一穿奇怪制服士兵，狂奔回
家，趨母躲避，驚呼「德軍來了」。這種戰爭的氛圍，使人心惶
惶，終日不寧。政府除了遣兵海外，在國內徵召「家園自衛軍」
(Home Guard) 以保衛家園。自衛軍在 1940 年 8 月成立，八個月
內就有 100,000 人報名參加；1943 年達到 119,000 人。對穩定局
勢和安定民心，非常有效。

3. 同文同種、又愛又恨

　　自 1942 年 6 月美軍來紐協防以來，一年後 （1943 年 7 月）
人數已達五萬名。估計自 1942 至 1945 年共有十萬美軍來紐，如
加上艦上的水手、船工，以及陸陸續續來度假的美軍，前後總共
達到十五萬至二十萬人次 。 他們同樣是白種的盎格魯－薩克遜
(Anglo-Saxon) 民族，說同樣的英語，在美洲新大陸長大的小伙子
個個熱情開朗坦蕩蕩，不像母國來的英人裝紳士，擺傲慢，陰陰
柔柔。他們帶來了新文化，好萊塢 (Hollywood) 的電影，流行歌
曲；也帶來了新需求，如洗衣機、鮮花店、禮品店、冰淇淋與飲
料 （如可口可樂）。人人嚼口香糖 (chewing gum)，穿著時髦；消

費能力高，肯大方花錢；種種舉止都贏得紐國佳麗的芳心。剛巧
紐國男子有十幾萬遠征海外，芳心寂寞，這些像好萊塢明星般有
魅力的同文同種，正好慰卿寂寥。因此派對常開，約會流行。定
情的結果，約有二千對共結連理（1,400 人在紐結婚，600 人在美
結婚）。沒有正式結婚的，自 1939 至 1944 年間，約有 80% 非婚
生子。更嚴重的是，美軍帶來了性病的傳染，1941 至 1943 年間
登記患有淋病 (gonorrhea) 的紐西蘭女子比從前增加了 70%。這幾
年由於美軍的短暫停留，使紐西蘭傳統的保守風氣大為改變。一
夜情、私生子、爭風吃醋、露水姻緣等等，時有所聞，也刺激了
「大眾女性主義」(populist feminism) 的勃興。

　　此外，來自美國南部的士兵，因有歧視黑人的傳統，來紐也

圖 18：戰時美軍紐妞派對

歧視有色的毛利人。加上美軍奪愛，也引起當地紐男的不滿，衝突常有發生。1943 年 4 月首都威靈頓的「禮儀街事件」(Battle of Manners Street)，紐美軍人互毆，有兩名美軍被擊斃。在韋嘉渡毛利人聚居的地區，美軍鴨霸橫行，也有二十七人被打傷。據史家考據，至少有六起紐美衝突事件。紐西蘭人對來紐助戰的美軍愛恨交加，可見一斑。

New Zealand

第 III 篇

半世紀以來的紐西蘭

(1947–)

　　1945 年隨著德（5 月 7 日）、日（8 月 15 日）兩國先後投降，第二次世界大戰正式宣告結束。看來「上帝的國度」(God's Own Country) 似乎比「幸運的國家」(The Lucky Country) 更受到眷顧。紐西蘭有驚無險，不像澳洲那樣受到北炸（達爾文）南窺（雪梨港）的直接打擊。紐西蘭本土毛髮無損，桃源還是桃源，淨土仍歸淨土。而且，經過戰火的鍛鍊，國體更顯得茁壯成長了。

　　1931 年英帝國會議通過《西敏寺法規》(*Statute of Westminster*)，明文規定各自治領可以獨立自治，與英國平起平坐。乖乖的小羔羊紐西蘭並不在意，沒有立刻付之實行。1942 年日本南侵，太平洋戰情告急。為了自保，1943 年紐方請求英方同意紐軍班師回防時，卻受到英方百般阻撓。1944 年紐西蘭逕行跟澳大利亞簽署《澳紐協定》(*Australian-New Zealand Agreement*)，並於 1945 年加入聯合國 (United Nations)，都以獨立的身份完成。紐西蘭感覺自己已經長大了，毋須再受母國的擺佈。因此，在 1947 年正式履行《西敏寺法規》，成為一個主權獨立的國家，從此踏上國際舞臺，邁向一個新紀元。

　　多年來，紐西蘭循著開放的步伐前進，與世界接軌，漸漸發展成一個現代化的國家。本篇將以五章二十一節分別討論紐西蘭國內政壇的遞嬗，社會經濟的發展，文化風貌的變化，以及千絲萬縷的對外關係，最後以國族認同的探索與前瞻作結。

第六章 | *Chapter 6*

政局演變

　　綜觀紐西蘭古今政壇，沒有政黨時期 (1856–1890) 的殖民地總理 (Premier) 任期大多數是短暫的，平均每任僅十六個月。自從有了政黨競選之後，常常出現一些長壽政府，例如白朗斯創辦的自由黨 (Liberal Party)，經過薩當的強化之後，雄霸政壇二十一年半 (1891.1–1912.7)。改革黨 (Reform Party) 也不甘示弱，連選連任十六年半 (1912.7–1928.12)。後來工黨 (Labour Party) 上臺也執政十四年 (1935.12–1949.12)。第二次世界大戰後，國家黨 (National Party) 崛起，除了中途兩次被工黨取代各一任外，虎踞政壇前後長達二十八年半 (1949.12–1957.12; 1960.12–1972.12; 1975.12–1984.7)。本章從時局的發展和政壇的遞嬗，分為六節論述紐西蘭自二次大戰結束之後迄今政局的演變。

第一節　固邦護本 —— 國家黨的天下 (1949–1957; 1960–1972)

　　本節將會討論紐西蘭自戰後迄英國加入歐洲共同市場（1973

年）之前，由國家黨統治二十年的重要過程與重大政策。

　　1945 年中期紐西蘭舉辦了兩次舉國歡騰的盛大慶祝，一次是 5 月 7 日後的「戰勝歐洲」的 VE (Victory Europe) Days，一次是 8 月 15 日後的「戰勝日本」的 VJ (Victory Japan) Days。政府列為公眾假期，民間舉辦感恩活動，人人互相道賀，街頭載歌載舞，到處呈現一片世界昇平的景象。可是，慎謹保守的工黨政府總理傅利澤，也許仍受戰爭陰影的感染，不敢馬上對戰時物資限量配給解禁，過了幾年戰爭苦日子的人民，對工黨執政十幾年的老班子漸感不滿。到了 1949 年，老朽昏庸的傅總理更莫名其妙地提出一個令人匪夷所思的強迫性徵兵令 (compulsory military service)。他老人家愛國心切，深恐「冷戰」(Cold War) 萬一加溫，又再波及家園，因而要預先給予人民基礎的軍事訓練。此案雖將由公民投票 (referendum) 決定，但他掌握國家機器，凡是有利徵兵的言論就經電臺大為廣播宣揚，影響了民意。公投的結果是：同意徵兵的有五十三萬三千票，反對的僅十五萬二千票。可是工黨政府贏了公投卻輸了選舉，因為人民仍然不滿老工黨的保守作風，尤其對食物用品的限額，商品的短缺以及戰時禁令的限制等等，大家都想快些改變這種戰時刻板生活，希望快快樂樂過著自由自在的日子。因此 1949 年 12 月 13 日的大選，以四十六席對三十四席的比數，人民選擇了「國家黨」(National Party，1936 年由 United Party 和 Reform Party 合併組成)。希望告別舊時代，催生新氣象。何蘭德總理（Sidney George Holland，1893–1961，任期 1949.12. 13–1957.9.20）走馬上任，帶領人民走進一個戰後的新時代。

何蘭德未當選總理前是南島坎特伯里 (Canterbury) 的生意人，知道開放經商與自由競爭的好處，因此將工黨時期只跟母國而不跟其他國家有經貿往來的「絕緣政策」(insulation policy) 改為「自由企業政策」(free-enterprise policy)。趁著歐、亞兩大洲還在整頓戰爭廢墟的當兒，紐、澳這對南方兄

圖 19：國家黨何蘭德總理

弟之邦乘機大發戰後財。1954 年以前英國對紐西蘭出口物產的「認購」(bulk-purchasing) 仍然維持。除保有這個穩定的固有市場外，1950 至 1953 年間亞洲爆發韓戰 (Korean War)，南北韓交界處稱為「三八線」，即北緯 38 度，在亞洲算是寒冷地區，尤以冬季為然。紐西蘭的羊毛正是禦寒衣物和毛毯的好材料。羊毛每磅價格由幾個先令躍升至一英鎊。英、韓兩個龐大的海外市場加上良好的價格，使紐西蘭的收入大增，1956 年紐西蘭國民平均所得曾是世界第一名。1950 年代的紐西蘭在精明幹練的生意人何蘭德總理的領導下渡過她的「黃金歲月」(golden age)。

當國家經濟最繁榮，何蘭德總理聲名如日方中之際，在任滿前不足三個月，他突然宣布因病提前退休，把大選重擔交給副總理賀理育 (Keith Jacka Holyoake，1904–1984，任期 1957.9.20–12.12; 1960.12.12–1972.2.7)。賀出身寒微，學歷不高（中學也未

唸完)，但身材碩壯，愛好體育，舉凡橄欖球、網球、自行車等項
項精通，是體壇明星。二十幾歲就擔任金灣 (Golden Bay) 橄欖球
會會長和納爾遜省 (Nelson Province) 牧人工會 (Farmers Union) 會
長。二十八歲入國會，是最年輕的議員。1947 年成為在野國家黨
的副領袖，1949 年國家黨當政，賀出任副總理，協助何總理日理
萬機。繼任總理後準備迎接大選，在國家黨政績輝煌的黃金歲月
中，原以為即使躺著睡覺，那勝利的果實也會掉到他身上。沒想
到大意失荊州，1957 年 12 月的大選，以 4% 的些微票數和在眾
議院的兩席之差 (39：41)，因而輸給工黨（見下節），有負恩師的
拔擢。

　　幸好工黨在僅維持一屆 (1957–1960) 的政府中處處碰壁，正
處心積慮地搞好社會福利（如提高家庭津貼和全民退休金）時，
恰巧碰上外匯危機，迫使在 1958 年的政府預算案中增加直接稅和
間接稅來彌補赤字，被在野的國家黨逮個正著，大肆抨擊。賀理
育這次不敢掉以輕心，步步為營，在 1960 年大選前幾個月，倡議
成立一個 「貨幣與經濟委員會」 (Monetary and Economic
Commission) 協助政府處理經濟危機；提出 《公正法案》 (*Bill of
Right*)，成立監察使 (Ombudsman)，在體制外保障人權和提供法
律援助；取消強制工會主義 (compulsory unionism)。這些都獲得
選民的支持。結果，國家黨以四十六席對三十四席，從工黨手中
奪回政權。而賀理育銘記從前敗選的教訓，每逢大選都不敢再粗
心大意，盛平時努力為政，大選時全力輔選。從此一帆風順，連
選連任十一年零兩個月 (1960.12.12–1972.2.7)，是紐西蘭史上第三

位任期最長的總理，僅次於薩當（十三年零一個月：1893.5-1906.6）和梅塞（十二年零十個月：1912.7-1925.5）。

　　賀理育領導下的國家黨 (1960-1972) 比前任總理何蘭德時期 (1949-1957) 的黃金歲月稍微遜色，但也相當穩定。賀總理十一年的政績中，前七年 (1960-1967) 沒有問題，他的政策在於繼續發展經濟，使人人有工做，幾乎沒有失業率，因此社會救助降至 GDP 的 7%。國民所得收入增加，物價不漲，購買力沒有受到影響，因此罷工的日子也降至最低。後四年 (1968-1972) 受到國際農牧產品跌價的影響，使不少生意人破產倒閉，1968 年首次出現戰後第一次失業潮，人數達七千人。1970 至 1971 年出現通貨膨脹。自 1963 年以來阻撓英國加入歐洲共同市場 (European Common Market) 的長期努力，在 1972 年出現動搖；加上自 1965 年以來追隨美國打越戰不得民心，前後盤據政壇近二十年的國家黨終於要退位讓賢了。

第二節　政權輪替──從國家黨到工黨 (1957-1960; 1972-1975)

　　政權輪替是民主政治中應有的正常現象。執政黨不要認為有了一次或數次的眾望所歸就永遠安享太平，做個萬年政府。內閣制每三年一次改選，就是要提醒執政黨調整政策，改善國計民生。當在野的反對黨端出一大塊牛肉來討好選民時，在朝的執政黨也須捧出相當大小的羊排來讓選民比較。所以，政黨政治在於互相制衡，而制衡的手段就在大選中發揮出來。

　　戰後國家黨政府在何蘭德總理的努力經營下出現前所未有的黃金歲月，1954 年大選仍以十席 (45 : 35) 大比數擊敗對手，1956年又出現國民平均所得世界排名第一的佳績。假如 1957 年的大選仍由何蘭德領軍，也許不會爆冷門。何蘭德自 1940 年領導國家黨，為人精明能幹，眾望所歸。副手賀理育這個四肢發達的體壇健將與何比較，聲望與能力都顯得相形見絀。如果賀能蕭規曹隨，保持原有的優勢，承接國家黨和何蘭德積累下來的豐厚的政經資源，也許能克紹箕裘。可惜選前拋出一個新的徵稅制度，即「隨賺隨繳」的 PAYE (Pay As You Earn)，雖說從立法到實行會有一年的緩衝期，並答應納稅人可以有 25% 的退稅機率，但選民看不懂 25% 究竟是多少。工黨趁機順水推舟，說工黨會回饋納稅人每年一百英鎊。這個明確的數字（可能附帶條件的）比較易懂，因此工黨的競選口號就是：「您要一百鎊嗎？還是不要？」(Do you want £100 or not?) 俗稱 「見錢眼開」，白花花的銀子，誰會不要呢？工黨又推出低息的房屋貸款，也正中下懷，因為戰後嬰兒潮，這些嬰兒們已經是十幾歲的青少年，兄弟姐妹多了，成家立室的選民對擁有自己房子的意願甚高，新政府如能幫助他們，那是最好不過的美事。國家黨選舉一時失策，加上賀理育民望不高，政權就給工黨取代了。

　　工黨向來就有增進社會福利的傳統，這也就是它獲得選民青睞之處。因此工黨那樞總理（Water Nash，1882–1968，任期 1957–1960） 一上臺就進行一系列的福利措施，譬如家庭補貼 (Family Benefit) 可以預支作為蓋房子或買房子的儲備存款 ； 推動全民共

享的公積金 (Universal Superannuation) 。可惜工黨僅以兩票取勝
(41：39)，在眾議院難以大比數通過。更不幸的是，上臺後幾個星
期就發生國際的匯率危機 (foreign-exchange crisis)，引起長達兩年
的經濟緊縮。政府入不敷支，答應了選民的社會福利又不能不兌
現。為了廣開財源，不能不乞靈於增稅。因此，1958 年的政府預
算案就無可避免地增加直接稅和間接稅。選民對於福利不能馬上
兌現（例如蓋房子或買房子不是一蹴即成，朝夕可以解決的事），
有形和無形的增稅卻立刻降臨身上來了，不難不令選民氣餒。也
許工黨這個弱勢政府還未成氣候，沒有耐性的選民又把票投給曾
經風光一時的國家黨，度過一個經濟相對穩定的十二年 (1960-
1972)。

　　紐、澳兄弟之邦自 1965 年追隨美國參加越戰以來，泥足深
陷，人民反戰之聲不亞於美國本土。澳洲工黨強人惠特藍 (Gough
Whitlam) 揚言當選後必自越南撤軍，紐西蘭的子弟兵當然也有同
樣的訴求，因此也盼望紐西蘭的工黨能同樣擊敗國家黨，救黎民
於戰火。賀理育晚年聲望如江河日下，在 1972 年 2 月 7 日提前退
休，由同黨馬紹爾 （John Ross Marshall，1912-1988，任期
1972.2.7-12.8）繼任總理，撐了十個月，年底大選，以三十二票
對五十五票的大比數輸給工黨。

　　工黨領袖寇克 （Norman Eric Kirk，1923-1974，任期
1972.12.8-1974.8.31）只有小學程度。四十二歲就成為在野的工
黨領袖。經過兩次敗選之後，終於在澳洲工黨勝選 (1972.12.2) 後
六天也同樣在紐西蘭告捷，時年四十九歲。沒想到身型高大的寇

克竟然英年早逝，在位不到兩年，於 1974 年 8 月 31 日死於總理
寶座上。曾任財長的副手羅陵（Wallace Edward Rowling，1927–
1998，總理任期 1974.8.31–1975.12.12）繼任總理。

　　紐、澳兩國剛巧都由工黨執政 (1972–1975)，兩黨一向都標榜
建設福利社會。無獨有偶，兩國的外貿都受到英國在 1973 年加入
歐洲共同市場的影響；而經濟發展也都受到 1973 年以後國際石油
危機的拖累。兩黨為了推廣福利，不得已借債度日，貶值應付。
最終的結果，捱了一個任期，在 1975 年雙雙下臺。澳洲工黨下場
比較淒慘，總理是破天荒的被總督在 11 月 11 日解除職務
(dismissal)，由在野黨組看守內閣，然後在 12 月 13 日舉行大選中
敗陣下來的，輸得面目無光 (36 : 91)。紐西蘭工黨雖然沒有那麼
多枝節，但在 12 月 12 日正常大選中，慘被國家黨用三年前同樣
的席位數 (55 : 32) 攆出政壇。工黨雖然獲得兩次執政的機會，可
惜都是一屆而終，無法連任。由此可見其不善經營，後繼乏力。

第三節　風雨飄搖——國家黨再操政柄 (1975–1984)

　　1973 年上半年世界農產品價格上漲，以農立國的紐西蘭趁機
賺了些錢，經濟好轉，紐幣也升值 10%。下半年突然爆發石油危
機，幾個月內油價飆升了四倍。對外貿易驟然劇降，一年內跌了
43%。 1973 年原有的盈餘到了 1975 年已經變成超過十億紐元的
赤字，外債達超過八億六千萬紐元。因而導致紐元貶值，通貨膨
脹。 面對這風雨飄搖的苦日子， 人民寄望於財經專家牟爾敦

（Robert David Muldoon，1921-1992，任期 1975-1984）總理來收拾殘局。

　　牟總理曾受良好教育，是位專業會計師。他不是青年才俊明星型的人物，而是一位老成持重型的政治家。近四十歲才踏入政壇，四十四至四十七歲在財政部長下當政務祕書。1967 年當過短暫的旅遊部長後，連續五年出任賀理育內閣的財政部長。1972 年 2 月賀理育總理因病退休，馬紹爾繼任總理，牟爾敦升為副總理。1972 年 12 月兩人隨著國家黨敗選而下野。1974 年在黨內擠下馬紹爾而被選為黨領袖，1975 年大選勝利，依照成規出任總理。

　　牟總理不苟言笑，態度嚴肅，外貌不討喜。辦起事來大刀闊斧，是個強勢型總理，很像昔日自由黨的「狄克王」薩當。不幸的是，他處於風雨飄搖的時代，客觀的環境，導致他九年來的政績乏善可陳。1976 年中期，國內的通貨膨脹率高達 18%，經濟下滑，國庫空虛，在「經濟合作發展組織」(OECD: Organization of Economic and Cooperation Development) 的國家財富排行榜中，紐西蘭從第四名下跌至第二十名。從前紐西蘭人常以 「富民」 (a people of plenty) 自居，現今顏面無存。1979 年失業人數上升至 25,000 人 ； 另有 31,000 人參加 「以工代賑」 計畫 (job creation scheme)。有技能的紐西蘭人用腳來表達離心，都跑到鄰邦澳大利亞那邊找工作去了。這個人才外流的現象非常妨礙國家的發展。薪資低和物價高常引起勞資糾紛。在 1970 年代後期和 1980 年代初期，每年平均有四起大型的罷工行動。

　　為了挽救經濟，牟總理強硬推行干預政策。例如政府補助最

低物價 (SMP: Supplementary Minimum Prices)，運用大量納稅人的金錢去補助農牧業，免得牧民農夫破產。1982 年通貨膨脹升至極點，牟總理採「雙凍政策」，即凍結工資和凍結物價。前者保障企業不會倒閉，後者保障人民的購買力，以不漲的薪資來付得起不漲的物價。

除了節流還得開源。既然國際油價高居不下，就想到發掘紐西蘭藏量豐富的天然氣。研發合成石油，製尿素和甲烷，鼓勵汽車改用天然氣引擎，發展鋼鐵和製鋁工業等等。這些大型計畫皆需大量財力來投資，國庫不敷就向海外借債。迄 1984 年，債臺高築，外債超過八十二億六千萬紐元；政府赤字達三十一億紐元。論能力，牟總理獨步政壇，否則選民不會選他連任三屆共九年。可惜客觀的形勢比人強，牟總理已盡全力，無奈孤臣無力可回天，1984 年的大選以三十九席對五十六席敗給工黨，唯有黯然下臺。兩年後他把黨魁的位置讓給薄爾格 (Jim Bolger)，逐漸淡出政壇。

第四節　無核家園——工黨環保治國 (1984–1990)

工黨的治國傳統既重視社會福利，也重視環境保護。尤其是紐西蘭地處南陲，是難得的一塊人間淨土。境內水力和地熱資源豐富，也從不考慮建立核能發電廠。儘管這地球上近二百個國家或地區自由發展，平等自立，各家自掃門前雪就好了，那能管到他人瓦上霜呢！紐西蘭這個位居地球邊緣的蕞爾小國卻管起影響世界環保的事兒來。第一個它敢捋虎鬚的大國就是遠在歐洲的法

蘭西。自 1963 年法國失去非洲的阿爾及利亞 (Algeria) 之後，它試爆核子武器的地方就由沙漠改到海洋。1966 年法國在太平洋玻里尼西亞的殖民地大溪地舉行首次核爆試驗。紐西蘭政府就提出嚴重抗議。 1972 年 「紐西蘭綠色和平組織」 (Greenpeace New Zealand) 成立，就立刻派「綠組」小船前往核試地點墨累羅亞小島 (Mururoa Island) 示威。 工黨在它的短命內閣 (1972–1975) 期間，寇克政府膽大包天，竟敢派一艘巡防艦前往該島附近。這種挑釁行為一不小心可能會釀成兩國之間的戰爭的。另一方面澳洲也聯同紐西蘭和斐濟等國把法國一狀告到國際法庭。這兩招果然奏效。1974 年法國又改回到非洲去進行地下核試。

　　第二個被紐西蘭捋虎鬚的大國就是遠在北美洲的美利堅。早在 1951 年紐、澳、美三國曾簽署 《澳紐美安全條約》 (*ANZUS Defence Pact*)，因此，美國的戰艦就大大方方地訪問紐、澳兩國，一為演練，二為情誼，在公在私都不應拒絕。自 1960 至 1984 年訪紐的美艦共一百四十八艘次，其中有十艘是核子戰艦共訪問十三次。國家黨的牟爾敦政府並不介意，來訪的都給批准，引起反核人士的不滿。尤其是 1983 年美核艦「德薩斯號」(Texas) 訪紐，引起龐大示威抗議活動。 加上執政九年 (1975–1984) 的經濟都搞不好，趁著 1984 年的大選，人民就用選票把他轟下臺。工黨以五十六席對三十九席的大比數取得政權後，除了整頓經濟，還要反核護國。

　　工黨總理朗怡 （David Russell Lange， 1942–2005， 任期 1984.7.26–1989.8.8）出身良好家庭，父親是皇家外科學院 (Royal

College of Surgeons) 院士。本人也是法律系畢業，自 1965 年開始
是專業律師。1977 年獲選為國會議員，1983 年成為工黨領袖，翌
年大選勝利，出任總理兼外交及教育部長，時年才四十二歲。他
年輕、專業、為人冷靜、辦事明快有魄力，處事尤具信心，贏得
群眾的信任與支持。1984 年底美艦「布坎南號」(Buchanan) 申請
訪紐，工黨政府要求美國雷根 (Ronald Reagan) 政府說明是否為無
核艦。美方以軍事機密為由不願說明。1985 年 1 月朗怡當機立
斷，拒絕布艦訪紐。經過紐美雙方交涉一年，毫無結果。1986 年
美方斷然中止《澳紐美安全條約》，把紐西蘭排除在外。朗怡毫不
退讓，更進一步在 1987 年將反核政策制定成法律，由國會通過
《紐西蘭無核區、裁軍與限武法案》，宣布所有核艦，不管是核子

圖 20：工黨環保總理朗怡

動力 (nuclear-powered) 或載核武器 (nuclear-armed)，包括英、美在內，都不可以停泊紐西蘭任何港口。這種破釜沉舟的做法讓美國國會議員很火大，曾建議對紐西蘭實行經濟制裁。幸而美國政府不想做絕，為了南太平洋的勢力範圍（怕紐轉向蘇聯而失衡），必須忍辱負重。認為將來一旦改選換黨，一向支持三國聯防條約的國家黨會同美方重拾舊好。可是紐西蘭人已經上下同心，一致反核，甚至到了 1990 年大選前，國家黨為了爭取選票，也以反核為標榜。勝選後，由於反核已制成法律，難以動搖，所以紐、美雙方關係仍然緊張。

　　在反核的過程中還有一段小插曲。1985 年 7 月 10 日發生一椿震驚世界的恐怖事件，就是兩名法國特工潛入紐西蘭的韋潭馬塔 (Waitemata) 港把「綠組」反核小船「彩虹戰士」(Rainbow

圖 21：綠色組織的反核小船「彩虹戰士號」被法國特工炸沉

Warrior) 號給炸沉了，一名船員被炸死。數日後兩名特工被捕，紐西蘭政府繩之以法，判兩人十年徒刑，勒令鋃鐺入獄。舉世和平人士齊聲責罵法國政府可恥，對紐西蘭堅決反核的立場予以強力的支持。

為了維持南太平洋不被核試污染，紐澳和其他「太平洋論壇」(Pacific Forum) 的成員國，如西薩摩亞、東加、斐濟、圖瓦魯 (Tuvalu)、基里巴蒂 (Kiribati)、萬那度 (Vanuatu)、諾魯 (Nauru) 等，於 1985 年共同簽署了《南太平洋無核區條約》(*South Pacific Nuclear Free Zone Treaty*)。但對法國難有約束力，因為它的核試都在屬地大溪地的領海內執行。嚴格到連核艦都不准入港的也只有紐西蘭。澳、美關係良好，這方面澳洲是不會拒絕的。

工黨政府朗怡總理的領導下，反核使他名響國際，但國內經濟卻亂得一塌糊塗。前任國家黨牟爾敦政府採保護政策，雖無飛躍的進展，卻也平平穩穩。朗怡交由羅傑‧道格拉斯 (Roger Douglas) 大刀闊斧進行經改，即著名的「羅傑經濟」(Rogernomics，用他的名字和「經濟學」的後段英文字合併而成)，改採放任 (laissez-faire) 政策，取消一切保護。多年下來，導致企業破產，民不聊生，罷工、抗爭、失業等亂象叢生，以致借債度日（外債增至 500 億紐元），無以為繼。1989 年 6 月羅傑被革職，引起工黨內部不安。同年 8 月同僚再推羅傑入閣。朗怡為免內鬥，於 8 月 8 日辭去總理職務，由副總理帕爾瑪 (Geoffrey Winston Russell Palmer，1942– ，總理任期 1989.8.8–1990.9.4) 繼任。副總理一職由女衛生部長蔻麗可 (Helen Clark, 1950–) 升任。

在 1990 年 11 月 2 日大選前五十三天，工黨陣前易將，由第三號
人物莫瑞（Michael Kenneth Moore，1949– ，總理任期 1990.9.4–
11.2）跨升總理，想盡力一搏，不料以史上空前的二十九席對六
十七席的懸殊比數敗給國家黨。

第五節　選舉革新——國家黨捲土重來 (1990–1999)

　　國家黨勝選後依慣例由黨魁薄爾格（James Brendan Bolger，
1935– ，任期 1990.11.2–1997.12.8）出任總理。薄出生於塔蘭納
姬鄉間，唸完中學之後就從事牧業。三十歲才在德庫地 (Te Kuiti)
置產開牧場，不久被當地的「牧人聯盟」(Federated Farmers) 選為
分會主席。1972 年獲選為帝王鄉 (King Country) 議員，進入國會。
1978 至 1984 年間擔任牟爾敦政府的勞工部長。國家黨在 1984 年
7 月下野時，他在黨內地位不高，排名第六。同年 11 月晉升為副
領袖。1986 年 3 月牟爾敦淡出政壇，他升任黨魁。薄爾格可算是
草根階層出身的總理，為人謙和老實，大家暱稱他的小名：「占」
(Jim)。
　　國家黨以六十七席對二十九席空前懸殊的席位獲勝，不是因
為它是個好政黨，而是因為選民（尤其是牧民和農夫）希望能夠
重拾牟爾敦時代的保護政策，讓他們易於維持生計。而且薄爾格
也是出身農牧階層，本是同根生，一來會產生同情心，二來或許
有治國良方，可令疲弊的經濟起死回生。因此，薄總理上任組閣
時，就找了兩位女強人當推手，一位是芮敘蓀 (Ruth Richardson)，

當財政部長；一位是席蒲妮 (Jenny Shipley, 1952-)，當社會福利部長。前者負責開源，搞活經濟；後者執行節流，大砍福利。祈望新內閣能重塑迦南，讓人民重溫舊夢，過些好日子。(見本書第七章第一、二節)

在薄總理任內出現一樁政壇大事，就是選舉制度劃時代的大改革。在紐西蘭推行一人一票制的投票方式已經超過一個世紀。薄總理將舊制改革為「混合比例代表制」(MMP: Mixed Member Proportional representation)，根據這種嶄新的選舉制度的內容，亦可稱為「政黨比例代表制」；根據選舉的方式，亦可稱為「單一選區兩票制」。這種選舉革新產生兩大變數，一是人民選舉方式的改變和選擇範圍的擴充；另一是選後國會結構的改變和統治階層的複雜化。

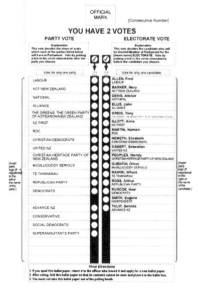

圖 22：「混合比例代表制」(或稱「單一選區兩票制」) 的選票樣板

每位選民手持一張投票單，單上左欄是全國一系列註冊競選的「政黨」名稱，右欄是該區一系列「候選人」的名字。選民可在左欄勾選一個政黨，右欄勾選一個候選人；換言之，選民已投了兩張票：一張是選「黨」的 party vote，一張是選「人」的 electorate vote。這與舊式的選舉分別在哪裡呢？比方說，假如你心目中認同甲黨，但甲黨在你選區推出來的候選人是你很不喜歡的人（例如人品不好、風評不佳、財產不明、樣貌不俊……等等），在昔日一人一票的舊制度下，你別無選擇，為了認同甲黨，只好勾選甲黨的人。但在一人兩票的新制下，你就可以在「政黨名單」上勾選甲黨，「候選人名單」上勾選丙黨、丁黨或無黨派的獨立候選人。反之亦然，如僅勾選某黨而不選人，或僅勾選某人而不選黨，同樣是有效票。因為放棄其中一種選票是人民的權力，也是他個人的自由。最後，結算的方式是把「政黨票」(party vote) 加上「候選人票」(electorate vote)，獲得最多席位的政黨為執政黨。如果席位不過半，可組聯合政府。

在一般民主國家的大選 (general election) 中多是兩大黨對壘：一是在朝的執政黨，一是在野的反對黨。人民只能在兩黨之間二選其一，不歸楊即歸墨，非左袒則右袒，別無選擇。在紐西蘭的 MMP 新制中，人民可以有多樣的選擇，尤其是對小黨的好惡，例如愛環保的就投綠黨 (Green Party)，信基督就投基督民主黨 (Christian Democrats)，討厭移民的就投紐西蘭優先黨 (New Zealand First)，諸如此類。選票分散了，很容易出現兩大黨不過半（國會席位）的現象。因此，選後國會的結構不是兩大黨加上

一些聊作點綴的小花瓶，而是擁有相當席位的第三黨或第四黨，
成為執政黨所拉攏的對象。因為席位不過半而無法組成多數內閣，
法案就很難通過，所以聯合內閣就成為 MMP 新制下的常態。

這種 MMP 新制在 1989 年就被提出來討論。到了 1993 年 11
月 6 日大選時，順便舉辦公民投票決定。公投的結果，有
1,217,284 人贊成採用 MMP 新制，有 1,031,257 人擁護維持 FPP
(First-Past-the-Post) 舊制；換成百分比，即以 54.14% 對 45.86% 通
過用 MMP 新制，並定於下一屆大選時（1996 年）實施。自 1994
至 1996 年之間，政壇出現一個很奇怪的現象，就是有若干政客紛
紛退出大黨而改入小黨或另組新黨。因為與其在大黨裡叨陪末座
做小人物不受重用，倒不如在小黨做二哥或在新黨當老大。有幸
被延攬入聯合內閣也可能當上部長。例如繆阮德 (Ross Meurant)
退出國家黨另組「中間偏右黨」（或譯「中心權力黨」(Right of
Centre Party)，後來改名「保守黨」(Conservative Party)）；鄧尼
(Peter Dnne) 離開工黨，初為獨立議員，後來另組「未來紐西蘭
黨」(Future New Zealand)；四名國家黨議員和兩名工黨議員各自
脫黨後合組「聯合紐西蘭黨」(United New Zealand)；以基督為名
的小黨太多，怕分散選票，故合成「基督聯盟」(Christian
Coalition) 等等。後來 4 月 30 日截止登記為候選政黨的竟然多達
二十個。有些政黨密謀合作或公開聲明一同上陣打選戰。諷刺的
是，1996 年 2 月 28 日國家黨和「聯合紐西蘭黨」簽署合作宣言。
同年 10 月 12 日大選揭曉，國家黨以第一高票，共四十四席，獲
得執政權，卻放棄僅得一席的戰友（聯合紐西蘭黨），而拉攏獲得

十七席的「紐西蘭優先黨」聯合組閣。世態炎涼,人情冷暖,政
壇也不例外。

在 MMP 新制下薄爾格於 1996 年 10 月 12 日領導國家黨以
四十四席對三十七席打敗工黨連任總理,怎料一年之後,竟遭黨
內同志窩裡反,迫他下臺。這個造反人物卻是七年前國家黨重返
政壇後被薄總理一手破格拔擢為社會福利部長的席蒲妮(當年只
有三十八歲)。1997 年 10 月趁薄總理出國訪問兩週期間,席部長
(當時已轉任為國營事業部部長)密謀活動,說服黨內同志支持
她競選黨魁並出任總理。部署完畢,11 月 3 日薄總理甫返國門,
席即與他攤牌,迫他當晚十一時對外宣布在月底(參加 APEC 會
議和訪問中國後)辭去黨魁職務。席蒲妮逼宮得逞,於 12 月 8 日
正式以國家黨黨魁資格依慣例出任紐西蘭總理,也是紐西蘭有史

圖 23:國家黨內訌,女部長席蒲妮逼退薄爾格,升任總理。

以來第一位女性總理（任期 1997.12.8–1999.12.10）。

第六節　桃源逐鹿——巾幗不讓鬚眉 (1999–2019)

　　古代中國換朝易代之際，常常發生群雄並起，逐鹿中原的偉業。但爭奪皇帝大位的全都是男子漢，使用的手段大多是刀光劍影的血淋淋的武力。上世紀末（1999 年 12 月 10 日）在紐西蘭的桃源逐鹿，卻是兩位女強人爭取總理的寶座，而且是經過理性平和的民主選舉來決高下的。這也是紐西蘭在世界選舉史上繼 1893 年的「婦女投票權」後，又再創下了一個兩位女性總理候選人同臺對壘的新紀錄。她們是紐西蘭政壇的女性精英，先在黨內擊敗所有男性黨員才獲得披掛上陣的機會，也是其他標榜女權至上的國家所望塵莫及的。她們其中一位是在朝執政的國家黨總理席蒲妮，另一位是在野的工黨領袖蔻麗可。

　　席蒲妮在紐西蘭政壇上算是半途出家的後起之秀，自 1987 年（三十五歲）離開教育界（高中老師）後才踏入政途。她詞鋒犀利、作風潑辣，不久便嶄露頭角。1990 年藉著國家黨贏得大選後，僅有三年黨齡的她，因緣際會，獲得登堂入閣的提拔。從此平步青雲，歷任社會福利、婦女、衛生、運輸、國營事業等部部長。平心而論，她做事當機立斷，魄力非凡。可惜辦事能力雖強，卻惹民怨，因為她幹的都是大砍社會福利支出、削減衛生經費、推動國企民營和出售國家物業（如機場）等不討好的措施或建議。她突如其來地進行一場節奏明快的不流血政變，把六十二歲的老

好人、甚孚民望的薄爾格迫退出局，突顯這位政壇女金剛剽悍強勢的作風，也為毀掉她前程的大選埋下了伏筆。

　　蔻麗可與席蒲妮同是教育界出身，蔻是教授政治學的大學講師（相當於副教授）。年輕時曾是活躍的婦運份子，也曾參加反越戰示威活動，並反對外國在紐西蘭境內建立軍事基地。1981年（三十一歲）代表工黨競選國會議員成功，從此正式步入政壇。1989年8月8日工黨總理朗怡辭職，帕爾瑪繼任總理，蔻麗可被拔擢為副總理（仍兼衛生部長），成為紐西蘭第一位女性副總理，時年三十九歲。1990年9月4日帕爾瑪退休，性格溫文優雅的蔻麗可沒有像潑辣剽悍的席蒲妮那樣積極地爭取更上一層樓，反而禮讓黨內第三號強人，在內閣掌管外交兼外貿的外務部長莫瑞(M. K. Moore)，繼任黨領袖和政府總理（任期1990.9.4–11.2)，由他掛帥領軍打選戰。可見蔻麗可具有識大體的寬廣胸襟，也因而樹立她謙和的形象。

　　距離1990年11月2日僅剩五三天而陣前易將，工黨以二十九席對六十七席的慘敗是意料中事。但蔻麗可仍然沒有乘人之危，趁機逼宮，仍讓莫瑞以黨領袖的身份來領導工黨三年，於1993年再次輸掉大選後，才讓黨內同志推舉為領袖。1996年的大選紐西蘭首次採用「政黨比例代表制」，總共有二十個政黨參加，票源分散了，結果國會一百二十席三分天下，國家黨獲四十四席，工黨三十七席，其他小黨加起來共得三十九席。接掌工黨才三年的蔻麗可輸給曾任國家黨黨魁十年和內閣總理六年的老政客薄爾格，雖敗猶榮。沉潛在野三年，1999年12月10日的世紀末大選時，

面臨的對手換了人，是位身材碩壯、作風強悍的鐵娘子席蒲妮。幸好席的缺點多，砍福利砍過頭，以致民望大跌，迫退老前輩而竊據總理寶座更是大失民心。身材瘦削、說話溫和的蔻麗可提出改善福利、增撥醫療和教育經費，未到選舉已贏得選民的愛戴。結果眾望所歸，工黨以 49 席獲得執政權，而蔻麗可打敗席蒲妮，成為紐西蘭第一位民選女總理。❶

經過三年的努力，紐西蘭的經濟好轉，失業率大降。蔻麗可並且常常放下身段，與選民親近；又是第一位向華人道歉的國家領導人，承認百餘年前殖民地政府向華人徵收人頭稅 (poll tax) 是不公平的歧視措施。因此，在 2002 年 7 月 27 日的大選中，經過選民的認同，蔻麗可以五十二席再度蟬聯總理。

2008 年大選，國家黨獲勝，取得五十八席，奪得執政權，由基伊（John Phillip Key，1961-，任期 2008.11.19-2016.12.12）出任第 38 任總理，並於 2011 年順利連任。基伊在內期間，推動紐西蘭國旗公投，但因新設計的國旗意象並不如原先的國旗，而暫時決定保留現有的國旗。此外，他也推動了《太平洋夥伴關係協定》，提升紐西蘭商業貿易。直至 2016 年 12 月 5 日，基伊提出希望能以家庭為重的聲明，向國家提出辭職，並於 12 日正式卸下職位。而總理之位，則由同樣為國家黨的英格利希 （Sir Simon

---

❶ 如以女性任總理來說，席是紐西蘭第一人，蔻是第二人。但席是黨內鬥爭的結果，未經選民的考驗，而蔻是全國大選所選出來的第一位女性總理。

William Bill English，1961–，任期 2016.12.12–2017.10.26）接任
第 39 任總理。但由於執政黨的議席不夠，需與對方黨籌組政府，
因而卸下總理職位，成為反對黨領袖。卸下總理職務的英格利希
仍持續在政壇中活躍，最終於 2018 年 2 月因個人原因辭任黨魁，
並在 3 月辭去國會議席。2017 年 10 月 26 日，紐西蘭第三位女性
總理出爐，也是 1856 年以來最年輕的總理——阿德恩（Jacinda
Kate Laurell Ardern，1980–，任期 2017.10.26–）。在她的帶領下，
紐西蘭致力於氣候變遷、性別平等，甚至成為首位帶著嬰兒出席
聯合國的女性領導人。阿德恩的領導，也為紐西蘭開創了新的局
面。

第七章 | *Chapter 7*

社會情勢

　　西人翻譯中文「世外桃源」一詞時，除了翻成「虛構的和平淨土」(A fictitious land of peace) 之外，還加上一句形容片語，就是「遠離世界的騷亂」(away from the turmoil of the world)。紐西蘭地處南陲，與世隔絕，具有遠離塵囂的天然孤立地理環境，可謂得天獨厚。第二次世界大戰烽煙瀰漫、戰火飛揚之際，參戰諸國很難倖免，強如美國、大如澳洲，邊疆也曾遭倭寇轟炸之痛。幸運的紐西蘭有驚無險，僅是隔岸觀火而已，本土未受波及。因此正當歐亞等各地戰區整頓家園時，紐西蘭卻可出口物產，大賺外匯。當國庫有盈餘時，政府可以增加福利，回饋子民，養成一個安逸祥和的社會。可是，紐人耽於逸樂，不思進取，經濟未如預期突飛猛進，反而在風雲變幻中步步為營；社會福利受此影響也因而大打折扣。在日新月異的變革社會中，值得向世人介紹的是紐西蘭傳統風行的婦運與女權，紐西蘭女性在爭取平等自由的權力與地位的成果傲視全球。紐西蘭是一個移民的社會，其人口政策與移民政策有何特別之處？自二戰迄今五十多年的紐西蘭社

會中，經改、社福、婦女、移民等都是值得探討的議題。

第一節　風雲變幻──經濟貿易發展

　　戰後紐西蘭的經濟貿易發展，並非如一葉輕舟在波平如鏡的內湖中，水波不興地停泊不動，反而像一艘出航的船隻在汪洋中慢駛，有時只有微波盪漾綻出漣漪，有時會遇上波濤洶湧，要奮力掌舵才能穩定航程。戰後迄今近六十年 (1945–2004)，前二十五年 (1945–1970) 是紐西蘭的黃金歲月，後二十年 (1970–1990) 是風雲變幻的年代，近二十年 (1990–) 是改弦更張的階段。

一、黃金歲月 (1945–1970)

　　由於「草地革命」(grasslands revolution) 的成功，農牧產品在戰後二十五年 (1945–1970) 間翻了一翻，是戰前的兩倍。機械化和電力化加速了農牧業的生產與運輸（例如飛機播種、機械割草、電力擠奶分油、汽車代替馬車穿梭鄉鎮、火車和輪船往來大城等），科學養牧提高了質與量（例如人工受精，成功養育了十一萬頭受精優種牛，牛油增產，每頭牛的牛油產量比戰前高出 20%）。新型的擠奶場、大型的運奶車、四通八達的交通網，使農牧產品能貨暢其流。

　　紐西蘭獨居南溟，自給自足，長期以來採取保護性質的經濟隔離主義 (economic insulationism)。進口限額與匯兌管制自 1938 年實施，到了 1984 年才正式解除。出口市場幾乎單靠英國，自

1890 年代受惠於冷凍技術的發明後，紐西蘭的羊肉、水果和奶製品由巨輪源源不絕地往萬里迢迢的英國輸送。在 1950 年代，超過 66% 的出口產品（其中有 86% 是牛油、乳酪等奶製品）都投到母親的懷抱。好像一個長不大的孩子，時常扯著母親的裙腳不放。甚至在 1960 年代英國想加入歐洲經濟共同體 （EEC: European Economic Community ， 俗稱歐洲共同市場 European Common Market）時，不像澳洲那樣大聲抗議並主動脫歐歸亞（在 1972 年搶在英國未入歐市之前跟中國建交，捷足先登亞洲市場），反而搖尾乞憐地搏取同情，希望英國與歐市仍能購買它的農牧產品。平心而論，英國母親對紐西蘭這孩子的照顧可算是無微不至。十九世紀的殖民地時代不斷借錢給紐西蘭大搞基礎建設、修橋築路、發展經濟。二戰期間宣布全數認購紐西蘭的農牧產品，迄 1954 年才解除認購合同 (bulk-purchasing contract) ， 改為自由進口 。 自 1955 至 1972 年英國仍是紐西蘭海外一個最重要的穩定市場 。 1955 年紐西蘭自英國賺了外匯三億三千萬英鎊，1972 年仍賺四億八千萬英鎊。加上 1950 至 1953 年韓戰的爆發，紐西蘭第一次被動地衝出太平洋，在亞洲打開一個新市場。韓戰在北緯三十八度附近進行，氣候苦寒，禦寒的毛衣和毛毯、增強體力的羊肉以及補充營養的奶製品（牛油、乳酪、奶粉等）正派上用場。羊毛價格曾由每磅幾個先令躍升一英鎊。除了羊毛、羊肉、牛油和乳酪等主要牧場產品之外，其他如牛肉、奶粉和乾酪素（Casein，亦稱酪蛋白，由牛乳加鹽酸或醋酸製成，用途甚廣，除用於食品和醫藥外，亦被大量用於工業方面）等次要產品亦能外銷。牛肉自

1959 年遠銷至美國，奶粉則輸往亞洲，乾酪素分售美、日兩大工業國。

　　大賺外匯之際，外國的資金（英國之外加上美國和澳洲）如潮水般湧進紐西蘭加入投資的行列，促進製造業的發展。由於進口受到紐西蘭政府的管制，所以英、美、澳的投資人索性把資金帶進來就地生產，截至 1965 年總共有一百六十五家公司在紐註冊設廠加工，如磨坊業和拼裝業，前者製奶粉和乾酪素，後者裝拼汽車、拖拉機或電視機等。自 1950 至 1970 年間製造業的產量是戰前的三倍，聘用工人占全紐勞動力的四分之一。紐西蘭人有錢了，家家戶戶都有電視機；平均二三個人就擁有一部車輛。製造業產品內銷的多，出口的少。因此，史家稱 1950 年代和 1960 年代是紐西蘭的「黃金歲月」(golden age)。人民充分就業，自 1945 至 1967 年間連續超過二十年的長時期內，就業率幾乎是百分之百 (full employment) ❶。 1956 年紐西蘭平均的國民所得 (GDP per capita) 曾是世界第一名。當大家沉醉於太平盛世的繁榮富貴的時刻，人民耽於逸樂，正所謂今朝有酒今朝醉，不思進取；而政府樂見昇平榮景，維持以往一貫保守的作風，並無計畫趁機提升經濟，邁向多元發展，種下了 1970 年代以後經濟不振的禍根。黃金

❶

年　份	1949	1950	1951	1952	1953
失業人數	30	12	10	2	15

資料來源：Margaret McClure, *A Civilised Community*, Auckland: Auckland University Press, 1998: 132. 可惜 1954 至 1967 年失業人數資料闕如。

歲月開始失去光澤的年份是
1968年，該年出現戰後二十二
年來第一次失業潮，人數達七千
人；接著1970至1971年間發生
通貨膨脹，從此之後紐西蘭便進
入一個風雲變幻的年代。

二、風雲變幻 (1970–1990)

　　1968年突如其來的失業潮
是個惡兆，1970至1971年的通
貨膨脹正是個開端。暴風的真正
來臨是1973年的人禍與天災。
人禍是來自母親的斷臍絕奶。其
實早有跡象，大哥澳洲及時脫歐
歸亞，自尋出路；只有長不大的

圖24：黃金歲月——家家有電視

小弟仍然拉扯母親的裙腳，天真地妄想親情可恃。事實上英國受
到國內農牧階層的壓力，也受到消費群眾的責怪，捨歐市既廉宜
又新鮮的物產不買，卻購自萬里迢迢又貴又舊又凍的紐貨。英國
想不大義滅親亦難矣。天災突發至下半年的石油危機，油價飆升
四倍。進口貨昂貴、出口量下滑，導致紐西蘭在1970年代中期貿
易量銳降40%以上，程度很接近1929至1935年間的世界經濟大
蕭條。失業率由1972年的0.4%，1978年的1%，升至1984年的
6%，1988年的10%。

　　工黨政府 (1972–1975) 新手上路，遇上天災人禍，毫無處理經濟危機的經驗。大個子總理寇克上任不到兩年就撒手塵寰，蒙主寵召去了。曾任財政部長的羅陵接任總理，也束手無策。唯有借債度日，以致外債超過 8 億 6 千萬紐元，政府的財政赤字也達 1 億紐元。想用紐元貶值來挽救經濟，反而引起通貨膨脹。1975 年的大選，工黨下臺了，人民寄望於國家黨的財經專家牟爾敦出來挽救大局。

　　牟爾敦首先挽救國之根本的農牧業，強力推行保護政策，即著名的 SMP 計畫，運用政府資金去補助最低物價，免得農牧產品價格急劇下跌，導致農夫牧民紛紛破產，動搖國本。穩住農牧業之後，又分別在 1976 至 1977 年度和 1982 至 1983 年度進行調節經濟的措施。其中一個成就是與兄弟之邦澳洲簽訂兩國《更緊密經濟關係協定》(*CER: Closer Economic Relation*)，增進彼此之間互惠的進口貿易。另一方面，對龐大的政府機構進行瘦身工程。前任工黨大灑金錢以擴大政府部門，廣聘人手，政府支出由占全國國民生產總值 (GNP: Gross National Product) 的 30% 增至 42%，牟爾敦硬把支出減少至 35%（1976 至 1977 年度）。但自 1979 年為了推行他的「立大志」(Think Big) 計畫，由政府部門執行，又不得不增加人力和物力，支出漸增，到了 1984 年他下臺時，支出又漸漸回升到 1975 年的水平。

　　牟爾敦不愧為財經專家，做起事來頗見魄力。若要經濟回春，就不能小鼻子小眼睛的礙手礙腳，要做事就要做大事。因此他想出了一個叫做「立大志」的計畫。面對全球性的石油危機，牟總

理要盡量利用紐西蘭豐富的天然資源去解決能源問題。首先要開發塔蘭納姬的馬烏衣 (Maui) 天然氣田，提煉石油替代品（如液化天然氣和合成石油）；加強製造甲烷 (methaol) 和尿素肥料 (ammonia-urea fertilizer)。其次，擴充馬登士角 (Marsden Point) 煉油廠，拓展鋼鐵與製鋁工業，水力發電和森林發展等計畫。

這些計畫能直接或間接產生四十一萬份工作職位，可是也花掉國家約 70 億至 110 億紐元。這些「立大志」的大型計畫所需龐大資金，除了國內政府和民間之外，還要向海外借債，迄 1984 年外債超過 82 億紐元，政府赤字達 31 億紐元。牟爾敦迫不得已讓紐幣貶值 20% 來挽救危機，可惜回天乏術，只好黯然下臺。

工黨總理朗怡為人清廉耿直，但中年從政，缺乏經驗，唯有依靠財政部長羅傑‧道格拉斯強力推行他的「羅傑經濟」政策，重心在國企重組、國企民營、調節經濟、自由市場等等。其實這些做法在海外早有所聞， 英國鐵娘子首相柴契爾夫人 (Margaret Thatcher) 的 「柴氏經濟」 (Thatchernomics) 和美國明星總統雷根 (Ronald Reagan) 的 「雷根經濟」 (Reaganomics) 在 1984 年以前已經推行。這些國家都想從保護經濟推往自由競爭，刺激民間自發的動力，不要時時刻刻仰賴政府。但英、美工業發達，與紐西蘭以農牧立國不一樣。過去九年來 (1975–1984)，在國家黨牟爾敦的保護政策下，農牧得以苟延殘喘，羅傑取消這些保護，要農牧產品在國際上與大國競爭，一時適應不良，價格戰輸了，產品賣不出去，很容易變成廢棄物，血本無歸。當時的估計，農夫牧民的收入馬上縮水了三分之一。但因自由經濟的開放競爭，其他房產、

金融、投資等業務卻有好轉，尤其是股市，從 1984 至 1987 年三年間暴升了三倍。因此，1987 年 8 月的大選中，工黨以五十七席對四十席連任成功。可惜，惡運隨即接踵而至。兩個月後，發生了 10 月 21 日黑色星期二全球股災。紐西蘭股市過去幾年升得快，現今也跌得慘，一日之內，股市總值丟掉 100 億紐元。而且，跌勢不止，1987 年股災前總市值 500 億紐元跌至 1991 年 1 月只剩下 145 億紐元，是全球受股災最嚴重的國家。在 1980 年代初期宣告破產的公司每年約三百家，到了末期，每年約二千家。股災一年後，即 1988 年底，失業人數高達 137,000 人，超過勞動力 10% 以上。加上羅傑經濟政策的效果不佳，政府只能靠借債度日，累積外債高達 500 億。1989 年 8 月 8 日朗怡總理辭職引退，副手帕爾瑪倉卒上陣，捱了一年，毫無進展。距離大選（1990 年 11 月 2 日）前五十三天，工黨陣前易將，由外務部長莫瑞出征，結果慘敗（二十九席對六十七席），由國家黨收拾殘局。

三、改弦更張 (1990–)

當國家黨總理薄爾格在 1990 年底接過工黨政府遺下的爛攤子時，馬上面臨一個亟待決定的難題：是否恢復牟爾敦時代的保護經濟政策？抑或繼續執行工黨提倡自由競爭的「羅傑經濟」政策？真是費煞思量。薄總理敦聘專家學者花了一百五十萬紐元的研究經費和耗了一年多的時間，走訪四十多位工商界精英，撰成一份《經濟白皮書》。其中一篇〈提升紐西蘭的競爭優勢〉("Upgrading New Zealand's Competitive Advantage") 的報告由美

國哈佛大學管理學院院長、世界頂級的經濟大師米高‧波特(Michael Porter) 執筆，簡稱〈波特報告〉。首先，〈報告〉指出紐西蘭產業的弱點：1.缺乏先進海港建設，運輸費用太貴。2.人力資源素質不高。3.學術機構和企業建教合作的研發太少。4.人民儲蓄率低，由十年前的 6% 降至現今的 1%，迫使工商界必須從海外借高利率貸款。5.政府只鼓勵農牧初級產品，缺少高級工業產品，造成出口逆差。6.過於重視環境安全（如反核政策）和非經濟項目（如體育成就），與世界脫節。7.市場壟斷，無法激勵競爭以提升品質。8.缺乏開發基金以獎勵新興事業，貪安全、怕風險。因此，紐西蘭仍靠「傳統產品」（如奶製品、肉類、羊毛等）賺錢（共 119 億紐元，占 76%）；「成長產品」（如漁獲、蔬果、林業等）其次（共 34 億紐元，占 22%）；「新興產品」（如美酒、花卉、鹿肉等）最少（僅 4 億紐元，占 2%）。過去二十幾年來解決經濟危機只靠津貼農牧、貶值紐幣和舉籌外債，卻為了選票而不敢降低生活品質、削減福利。辛苦賺來的外匯有三分之一用來還債，以致國際舉債信用下降，甚至被預測可能無法如期償還。在「經濟合作發展組織」(OECD) 國家中排名由第四名降至第二十名。所以波特在〈報告〉中提出下列九點建議：

1. 紐西蘭必須改變目前有第一流的生活享受卻只有第三流的經濟實力的整體結構。

2. 工資必須大幅降低（可分十年逐步執行）。

3. 減省社會福利津貼一半的支出（從預算中分五年遞減）。

4. 取消全民享有的退休金計畫，改為根據個人貢獻多寡為給付的

標準。

5.制定防止壟斷條例，開放市場自由競爭。

6.降低利息所得稅以鼓勵儲蓄。

7.修訂教育政策，多開設技術、商業和管理的課程。

8.警醒國民新意識，改變目前安逸優閒的生活方式。

9.提高紐西蘭產品的國際競爭力。

　　這些振聾發聵的警世諍言，使紐西蘭人如夢初醒，不敢再冥頑不靈地墨守成規。薄總理大膽起用兩位女強人當部長，由芮釨蓀推行沒有羅傑的「羅傑經濟」政策，提升競爭力，衝出太平洋，與世界接軌；席蒲妮甘冒千夫所指、萬民所罵，也要大砍福利津貼，削減醫療補助，以維持收支平衡。結果 GDP 成長率在 1993 年上升 5%，1994 年 6%，1995 年 3.5%，1996 年和 1997 年各 3%，1998 年 –0.5%，1999 年 3.6%，除 1998 年外都沒有出現負成長。工黨蔻麗可總理在 1999 年 12 月 10 日贏得政權後，也努力推行自由競爭的經濟政策。2001 年 8 月 3 日紐西蘭政府又再敦請波特蒞臨指導，他發表了另一篇重要報告：《紐西蘭的競爭力：下一議程》(New Zealand Competitiveness: The Next Agenda)，他提示了三個方向：1.提升國內金融市場；2.改進人力資源發展系統；3.邁向「創新經濟」(Innovation-Driven Economy) 的轉型。經過大師耳提面命，蔻總理從善如流，積極提升競爭力，輔導企業轉型，推銷自創品牌，以致收入大增。2002 年國民平均所得升為 13,154 美元，GDP 成長率達 4.4%，是近年來表現最佳的成績。失業率也降至十四年來最低點 4.9%；消費者物價指數僅上漲 2.7%。本

來巧婦難為無米之炊，但蔻麗可戰戰兢兢，營營役役，上任三年以來，竟使政府收支有 12 億紐元的盈餘，擺脫了歷年政府赤字的魔咒。2002 年的大選，眾望所歸，人民仍然選擇蔻麗可（工黨獲五十二席），讓她連任總理。財政部長庫倫 (Michael Cullen) 預估往後三年的財政收支盈餘將持續增加，至 2005 年將達 39 億紐元。經濟政策改弦易轍之後，已漸上軌道了。2013 年基伊則推動稅制改革，降低稅率，並改善經商環境以刺激經濟成長。

四、經貿成就

　　紐西蘭近年透過努力生產、積極創新之後，經濟與貿易都大有起色。茲將各行業的成就臚陳如下：

1. 畜牧業：以羊（三千一百一十九萬頭）、肉牛（三百七十三萬頭）、乳牛（六百四十六萬頭）和鹿（一百零四萬頭）為主。2013 年乳製品出口外銷金額達 134 億紐元；肉品 52.8 億紐元。以國際市場占有率計，則乳製品占世界 31%，奶油和全脂奶粉皆位居世界第一，乳品最大輸出對象為中國大陸，占 18.6%；羊肉占 57%，牛肉占 5%。鹿肉除以美味知名而遠銷歐洲外，鹿茸亦以名貴藥材銷往亞洲，產量占世界 30%。

2. 精緻農業：以品種優良的水果和花卉為主，其中以奇異果的獨特品牌最出色。原來其品種源自中國大陸的獼猴桃，1904 年由華僑（一說由紐籍女校長 Isabel Fraser）引進紐西蘭，1952 年以 Chinese Gooseberry 外銷英國，後於 1959 年改名為具有紐西蘭特色的「奇異果」(Kiwi fruit)，因為紐西蘭國鳥名 Kiwi，紐

西蘭人也自稱 Kiwi。後來又於 1987 年引進中國大陸品種，經改良後培育成黃金奇異果，行銷全球。世界奇異果市場有三分之一來自紐西蘭，而且價格最高。此外特殊種類和高品質的花卉（半數為蘭花）遠銷日本、美國、荷蘭和港、臺。

3. 皮毛業：紐西蘭是全球最大雜交羊毛生產國和出口國，第二大各類羊毛製造國，占世界羊毛生產總量 25%，僅次於澳洲，粗羊毛則是世界第一。除了牧場的牛皮、羊皮和鹿皮外，野獸如負鼠（即果子狸）、栗鼠、野兔和雪豹皆可捕殺剝皮出售，每年外銷約二百萬張。

4. 釀酒業：紐西蘭以葡萄酒品質香醇而馳名國際，贏得許多世界級大獎。1990 至 1999 年迅速發展，葡萄園面積加倍至 9,000 公頃，酒廠增加三倍至三百三十四家，共生產 6,020 萬公升。2000 年葡萄酒出口 2,000 萬公升 (30.48%)，金額達 1.95 億紐元。由於紐產酒質漸有口碑，單價水漲船高，預估日後仍會繼續成長。

5. 林業：紐西蘭擁有 810 萬公頃林地，覆蓋全紐 29% 的土地。其中天然林地 630 萬公頃，人工造林約 180 萬公頃，有 91% 為輻射松。輻射松易種快大，用途廣泛（如用來製薄木板、纖維板、紙漿、板材和造紙等）。2013 年林業出口總收入達 38.59 億紐元，占出口總值 7.2%，是第三大出口項目，其中 60% 出口到亞洲。

6. 漁業：紐西蘭具有二百海里的經濟海域，名列世界第五位，享有巨大的漁業資源。2013 年的漁品出口額為 13.28 億紐元。除

了天然海產外，還有新投資的水產養殖業。主要養殖品有綠唇淡菜、太平洋牡蠣和大鱗鮭魚，其次是扇貝、鮑魚和龍蝦。在全球海產市場交易中，冷凍魚片出口占世界總出口量的 5.6%，冷凍全魚占 3%。紐西蘭力倡反核防污的環保政策與措施，舉世聞名，海產潔淨衛生無污染的品質為海鮮老饕所喜愛。產量沒有暴增反而是維持生態平衡的一種道德與承諾，比起早期濫捕濫殺（鯨魚和海豹）的不科學、非人道、破壞海洋生物生態平衡的舉動文明多了，無意中也豎立良好的品牌與形象。所以，外國來紐投資漁業的資金或股份限制在 25% 以下，怕他們取得主動權後又重蹈覆轍；但水產養殖業則不在此限，因為養殖是無中生有，可越養越多；而海中濫捕則會影響魚類存活量。

7. 製造業：三十年前製造業不發達，產品外銷僅占總出口量的 10%。之後努力發展，無論產量、質量和價值都大為提高，如把豐富的自然資源的製成品也計算在內，在出口商品總值的比重已達 41%。2001 年製造業銷售值為 663.27 億紐元，其中肉製品和乳製品占 25.3%，石油及化學產品占 15.7%，食品和菸酒產品占 13.8%，木材與紙類製品占 9.9%，機械設備占 8.8%，金屬製品占 5.7%，紡織成衣品占 5.5%。近年則致力高科技產業，2012 年相關產品及服務出口總值有 16 億紐元，其中以電子零件、醫療儀器、安全系統為主要出口項目，金額高達 5.7 億紐元。

8. 服務業：範圍廣泛，包括運輸、旅館、通訊、金融、政府服務、文化教育服務、電腦軟體、電影製作、研究與科學服務、觀光

旅遊服務等等，約占國民生產毛額三分之一左右，極具發展潛
力。(文化、教育、電影、旅遊等資訊可見本書第八章第三節與
第五節)

至於貿易方面，2013 年紐西蘭外貿總額為 964 億紐元，其中
出口總值 481 億紐元、進口額 483 億紐元。主要進口石油、機電
產品、汽車、電子設備、紡織品等，出口乳製品、肉類、林產品、
原油、水果和魚類等。主要貿易對象為中國大陸 (出口 99.57 億，
進口 82.62 億)、澳洲 (出口 91.33 億，進口 64.24 億)、美國 (出
口 40.75 億，進口 45.3 億)。

第二節　民胞物與──社會福利事業

紐西蘭由 1853 年 3 月成為自治殖民地 (self-governing
colony) 之後，於 1856 年 5 月成立責任政府 (responsible
government)。從此，真正管理政府的負責人就是總理 (1856–
1893 年稱 Premier，1893 年迄今稱 Prime Minister)，原來的總督
(1841–1917 年稱 Governor，1917 年 6 月 28 日迄今稱 Governor-
General) 僅是國家元首英王的代理人。從前總理的出身非富則
貴，直至大胖子總理薩當 (任期 1893–1906) 才算是平民出身。
他曾任牧場助手、工廠學徒和礦場工人，深知民間疾苦。當勞動
力不足，為吸引英、歐移民來紐時，曾誇稱紐西蘭是「勞工的樂
園」(workers'paradise)。紐西蘭的確是環境好、氣候佳、工資高、
衣食足，年輕的勞工不管在牧場或礦場工作都是快樂一族。但到

了年老體弱無人僱用時，假如沒有積穀防饑、養兒防老的準備，誰來照顧他們呢？因此，愛民如己的「狄克王」薩當在 1898 年 11 月破天荒推行世界上第一個全國性的 「老人年金」 (old-age pension) 制度。凡六十五歲以上、在紐居住滿二十五年 （中途離紐累積不超過二年） 者 （亞洲人及部分毛利人除外），每週可獲六先令十一便士 （約等於最低工資三分之一） 或年得十八鎊。由「老人年金部」 （1904 年由 Old-age Pension Office 升格為 Old-age Pensions Department） 負責業務，財源來自 「固定基金」 (Consolidated Fund)。 此制的執行讓紐西蘭成為世界福利國家 (Welfare State) 的先鋒。

美中不足的是，此制仍未達到無條件地福澤全民。在嚴格審查 (means-testing) 之下，年齡、資產、居住期和種族都成為排除條件。毛利人所得僅是白種人的三分之二；亞洲人 （主要是中國人、印度人、敘利亞人、黎巴嫩人等） 在 1908 年的《補充法案》 (*Old-age Pensions Amendment Act*) 中明文規定不許支領。1910 年開放給猶太人申請，1911 年准紐、亞混血兒支領。1936 年對亞洲人的禁令解除，華人等亦可申請。經嚴格審查之後，即使白種人在 1901 至 1902 年僅有 43% 的老人合格；1903 至 1904 年更降至 27% 的老人合乎條件。可見經過排除條款的過濾後，白種歐裔也非人人可領。

1911 年華爾德 (Ward) 政府把年金範圍擴大至寡婦。人老了，無依無靠，值得同情；夫喪了，攜著孤兒的遺孀更是可憐。政府於是通過 《寡婦年金法案》 (*Widows' Pensions Act*)。寡婦沒有年

齡限制，守寡就行，如帶著一個十四歲以下的小孩相依為命，每年可領十二鎊；多一個小孩，可額外多領六鎊；最高可算至四個小孩。此制由 1912 年 1 月 1 日開始執行。1915 年政府推行的《礦工肺癆法案》(Miner's Phthisis Act) 和 1918 年的「傳染病津貼」(epidemic allowance) 對國民的健康問題也有保障。

第一次世界大戰時 (1914–1918) 紐兵傷亡甚眾（傷 41,300 人；亡 16,700 人），梅塞總理 (Ferguson Massey) 發放「戰爭給付」(War Pensions)，在 1917 年 3 月 31 日以前共給付 180,389 鎊；迄 1918 年底共給付 515,445 鎊。至 1920 年底戰爭給付是老人年金總數的兩倍。為國捐軀或致殘，政府對遺孀、孤兒及傷患的照顧是義不容辭的，也是福利國家應盡的本份。

1926 年改革黨政府 (Reform Government) 通過世界第一個全部由國家支付的《家庭津貼法案》(Family Allowance Act)，每週收入低於四鎊的貧苦家庭，自第三個小孩開始計算，每週補貼每孩兩個先令。多生小孩，補貼愈多。特色是，錢不會發放到一家之主（男家長）手中，而是由家庭主婦直接領取。從此無業媽媽手中有錢，也可以有理財自主權了，毋須事事伸手、仰賴丈夫。受惠家庭於 1929 年有三千七百六十三家，1930 年有三千八百六十八家，每年支付約 61,008 鎊左右。在世界經濟不景氣的日子裡 (1929–1935)，國家財政的支出也要節流，削減全國公務員薪資十分之一；翌年（1932 年）老人年金和寡婦年金也削減十分之一。總共每年可省 599,925 鎊。幸好當時物價低廉，兩先令（十分一鎊）可買到三磅羊肉，或一磅牛油，或四條兩磅重的麵包，尚未

至影響人民的基本生活。國難當前，因此自 1927 年實施「家庭津貼」之後，迄 1935 年都沒有新的社會福利計畫。

　　出身寒微的工黨領袖米奇・沙維區率領一群也是貧苦階層的社會改革者，如李強（John Lee，父離家出走，母挖煤維生）、那樞（Water Nash，父為酒鬼，母獨立持家）、帕瑞（Bill Parry，生長在十三個兄弟姐妹的貧苦家庭）等，在 1935 年 12 月贏得大選。翌年（1936 年）初即由社會福利部長帕瑞提出改革，建議老人年金每週由十七・五先令提高至三十先令；後被妥協為二十二・五先令。同年 9 月通過的《年金修訂法案》(*Pensions Amendment Act*) 也有很大的進步。首先，消除種族歧視條款，毛利人領錢不會打折扣，亞洲人同樣可領年金。另外，兩種人也可領取給付，一是傷殘人士，一是棄婦 (deserted wives)。棄婦不同於寡婦，因為丈夫還活著，可是丈夫離家出走或犯罪入監服刑，棄婦必須獨力養家，如兒女幼小，打工不成，則形同無依無靠，政府亦應扛起責任。怕的是假棄家、真領錢的情況，那只好靠嚴格追蹤了。

　　財政部長那樞（財長任期 1935–1949；總理任期 1957.12.12–1960.12.12）成立一個「跨部委員會」(Interdepartmental Committee) 討論一種代替老人年金的全民養老金 (superannuation) 和健保 (health) 制度。經過充分討論和提案，米奇政府在 1938 年 9 月 8 日經國會三讀通過一個劃時代的《社會安全法》(*Social Security Act*)，成立「社會安全基金」(Social Security Fund)，基金的財源來自全國國民薪資和公司企業收入

5% 特別稅。此外，全國十六至五十四歲的女子和十六至二十歲的男子每人每年須繳五先令；二十至五十四歲的男子每人每年須繳二十先令（即一鎊）的註冊費。如入不敷支，即由全國總稅收補足。全國所有男女年齡達六十五歲即可領取全民養老金，每人每週三十先令（即一‧五鎊）；寡婦扶養在學的兒女年齡由十四歲提高為十六歲，或經專門委員審查核可至十八歲；棄婦待遇與寡婦同。無孩寡婦、孤兒、傷殘、重病患者等，在新的《社會安全法》下都獲得保障。每週收入少於五鎊的貧戶，從第三小孩起每人給付加倍至四先令。全國社會安全業務由新成立的「社會安全部」(Social Security Department) 綜合辦理。自從 1898 年薩當總理首次推行《老人年金法》，他夢寐以求能顯於世的「上帝的國度」，經過四十年之後，由米奇總理推廣的《社會安全法》在紐西蘭桃源裡開花結果，讓紐國全民（含毛利人與亞太族裔）享受到世界一流的社會福利。

至於免費醫療和教育方面，仍然有些修正。醫生不同意全免，每次看病酌收十‧五先令。1941 年政府願意代病人付七‧五先令，其餘由病人自付（如三先令不等，視醫生是否加收或不收）。原來教育免費至十四歲，1944 年改為十五歲。不久之後又宣布中學學費全免。因此，中學入學率在 1939 年僅 65%，到了 1940 年代末期上升至 97%。貧戶小孩的給付自 1939 至 1944 年間，由四先令逐步加至十先令；貧戶資格放寬為週入六‧五鎊。1945 年第二次世界大戰剛結束，繼承米奇總理的傅利澤總理（Peter Fraser，任期 1940.4.1–1949.12.13）修訂《社會安全法》，對家庭補助又是

一大突破。自 1926 年的家庭津貼 (Family Allowance) 到 1938 年的家庭補助 (Family Benefit) 都是經過嚴格審查的貧戶才有資格領取。1945 年的「全民家庭補助」(Universal Family Benefit) 是毋須審查、家家共享的新政策，每名孩童十先令比英國同期的五先令多了一倍。1946 年第一年實施時受惠的小孩共有 485,000 人，占了當時人口 1,702,298 （1945 年 9 月 25 日數據） 的 28.5% 以上。十先令是男子基本工資的十分之一，是女子的六分之一，所以三個小孩所領的給付就等於母親的半份薪金了。這種慷慨給付造成日後媽媽不找工作 ， 只在家裡帶孩子 ； 或更進一步演變成 1960 年代以後的婦女解放運動中有些女子不去正式結婚，盡情濫交生個孩子來做單親媽媽，白領「補助」過日子。

在黃金歲月 (1945–1967) 的年代，人人有工做，政府幾乎沒有失業金的支出。整體的社會福利支出占全國總收入的百分比不算高：1946–1947 年度占 10%，1948–1949 年度占 10.2%，1953–1954 年度占 8.6%，1960 年度占 7.5%，1965 年占 6.3%。政府主計長貝加 (J. V. T. Baker) 認為支付社會福利輕而易舉，財政絕無問題。怎料 1968 年突如其來的失業潮 （7,000 人）把承平日久的國家黨政府嚇了一跳。 1970 至 1971 年通貨膨脹更令老朽昏庸的賀理育總理手足無措，於 1972 年 2 月急流勇退。繼任的馬紹爾總理把社會安全部與教育部的兒童福利局 (Child Welfare Division) 等部門合併為 「社會福利部」 (Department of Social Welfare)。結果同年 12 月還是輸給大打福利牌的工黨。工黨上臺才一年，社會福利支出由 3.27 億上升至 4.44 億，兩年後（1975 年），國家黨牟

爾敦為了奪回政權也來一個福利競賽，互拋大餅，引誘選民。

　　1972 年以前的養老金採雙軌制：一是貧苦老人金 (age benefit)，給付居紐十載、年屆六十之貧苦老人（須經資產調查）；一是全民養老金 (universal superannuation)，給付居紐二十載、年屆六十五之一般老人，並無排富條款，人人有份。兩者相加，是全部社會福利支出的 55.4%（1972 年）。工黨在 1973 年將全民養老金更名為「紐西蘭養老金」(New Zealand Superannuation)，給付年齡降為六十歲，是一種公積金制度。雇員自薪資扣除若干，雇主付出同數，二者相加稱為「公積金」。政府可代為投資，使公積金賺錢膨脹，越積越多，退休時可回饋更多。國家黨奪回政權後，牟爾敦更慷慨，於 1977 年將雙軌制改為單軌制，改稱為「國民養老金」(National Superannuation)，無論男女，只要年屆六十，不用審查資產，一律可以支領。一對退休夫婦合領的「國民養老金」，大約可獲相當於普通薪資平均值的 80%，還可以隨薪資上漲而按比例加給。

　　牟爾敦（任期 1975–1984）為了連任保住政權，從不敢削減福利。工黨（執政 1984–1990）朗怡總理（任期 1984–1989）一向以福利與環保為榜樣，更是福利大方送。因應 1986 年新增的間接稅「商品服務附加稅」（GST: Goods and Services Tax，亦可譯作「消費稅」，初為 10%，1989 年加至 12.5%），國民養老金又多送 5%。因此造成自前任工黨執政以來十八年 (1972–1990) 社會福利長期擴張，例如「安家給付」(DPB: Domestic Purposes Benefit) 原意是支持單親家庭，無奈婦女為了拿津貼而刻意變為單親（比

方假離婚，或產子而不婚），使支領人數由 1975 年的一萬七千人上升至 1991 年近十萬人。碰上經濟風雨飄搖的歲月，失業人數由 1970 年近萬人增至 1990 年近十四萬人，使失業給付總額達 14 億紐元（1990 年）。「意外賠償」(accident compensation) 賠得寬鬆，不管有無過失都得賠，結果 1990 年就賠了 10 億紐元。由於社會老化，「國民養老金」受惠人數由 1980 年的 405,834 人增至 1991 年的 506,047 人；支出由 1960 年的 0.85 億紐元暴升至 1990 年的 47.8 億紐元，占 GDP 的百分比由 3.3% 升至 6.8%。社會福利總支出由 1960 年的 1.95 億紐元飆高至 1990 年的 95 億紐元，占 GDP 的百分比由 7.5% 升至 13.6%。

1990 年 4 月工黨又把「國民養老金」(National Superannuation) 更名為「退休收入保證」(GRI: Guaranteed Retirement Income)，目的在改革養老金制度，並想將開始支領的年齡提高到六十五歲。可惜為時已晚，同年 11 月 2 日大選輸給國家黨，由薄爾格總理收拾殘局。薄總理任命兩位女強人匡扶國政，財政部長芮釵蓀負責整頓經濟，社福部長席蒲妮負責削減福利。芮釵蓀的經濟哲學原則是：有工作的報酬應高於不工作的人，不能僅相差 20% 左右；不工作的人不應享有工作者同等的生活品質。紐西蘭這個福利國必須重整。因此她推動《聘雇合同法》(Employment Contract Bill) 取代百年之久的《勞工仲裁法》，讓雇主與雇員簽訂合約，提高工作效率，增強競爭力。席蒲妮大刀闊斧，將傷病給付 (Sickness Benefits) 減 3% 至 10% 不等；寡婦與棄婦而無子女者減 16.7%，有子女者減 8% 至 10% 不等；成人失業

金減 7% 至 10% 不等 ； 青年失業者年齡提高為十八歲至二十四
歲， 並大減 25% 。 唯一不敢動之分毫的就是殘障人士的給付金
額。1992 年又進一步提出老人年金支領年齡提高至六十五歲，由
2001 年開始實施。因為戰後（1946 年）嬰兒潮有二十幾萬人，到
了 2006 年就滿六十歲，可領老人年金了。如果押後五年，就要到
2011 年才可支領。所謂十年生聚，讓政府多儲幾年錢，屆時財政
有盈餘，方可正常地、健全地推廣福利。

　　1997 年政府又想推出 「強迫性私人退休儲蓄計畫」
(compulsory private retirement savings scheme)，同年 9 月舉辦公民
投票來決定。公投的結果有 92.4% 反對。紐西蘭人民要求原有的
養老金制度由政府繼續維持，費用由國稅支付，而非由本人儲蓄
來解決。這個「養老原則」自 1898 年薩當總理提出以來已有一個
世紀，是人民畢生工作和獻身國家所應得的回饋。雖言之成理，
但與實情不符。紐西蘭的經濟實力❷不足以那樣慷慨地給付近乎
豪華奢侈的福利，好比國會議員韋廉臣 (Maurice Williamson) 的形
容 ： 紐西蘭是個只有啤酒收入卻享受香檳福利的國家 (a
champagne welfare state with a beer income)。經濟大師波特也對紐
國政府提出肺腑之言 ： 社會福利政策應視乎經濟生產力而策劃
(Social policies must be aligned with productivity in the economy)。

　　事實上，根據對近五十年的觀察，紐國早在黃金歲月時就應

---

❷　國民所得在 1980 年代下跌至 OECD 國家第十七名 ； 1999 年更滑落至
　　第二十二名。

未雨綢繆，當國家大賺外匯和人民充分就業時，官民雙方都有能力採用公積金（政府）和強積金（企業）的辦法，平時預繳福利預備金，有難時或退休後就獲得充裕的救助金與回饋。其次，政黨不應在大選時就濫開福利支票來換取選票，雖獲一時之勝利，但後患無窮。再者，發放救助與福利金時，未能嚴格把關，致有假棄婦、偽單親、懶就業、冒傷殘等社會現象，層出不窮，增加福利負擔。今於福利大改革之時，國人仍未體諒家道中落，已非昔日富貴榮華，猶以福利原則和政府承諾等藉口頑抗而不知改進，拒絕勤奮自救。終有一日，豈止不配開香檳，更可能無錢買啤酒，甚至只有喝白開水的地步了。

第三節　平權先進——女權與婦運

談起女權 (women's right) 與婦運 (women's movement) 大多以為倡導自由、平等與民權的美國得風氣之先。美國是世界超強，地大人多，任何舉動都會聲名遠播。反觀紐西蘭小國寡民，加上地處南陲，即使有驚天地、泣鬼神的壯舉，也會沒沒無聞。本節試圖從歷史上的事實還原紐西蘭的女權與婦運先進地位的本來面目。

早年聯合王國 (The United Kingdom) 的自由移民，富有的多半去美、加，經濟能力次一等的會去澳洲，最窮的才去紐西蘭，尤其是那些「搖民階層」（"Yeoman"，可譯作「自耕農」或「小牧民」），儲蓄足夠的小本錢，攜帶妻小，遠涉重洋，希望能在「天堂」購地務農，置產立業。因此，紐西蘭的婦女與丈夫合力打拼，

早已養成支撐半邊天的能力。在丈夫出差（運售農牧產品和採購日用品）或出征（南非的波爾戰爭和兩次世界大戰）時，必須獨力持家；萬一不幸發生意外或戰死沙場，頓時遺孀變成一家之主和經濟支柱時，更須意志堅強，把家中小孩養育成人，所以紐西蘭出現不少敢作敢為的女強人。

　　在紐西蘭英裔移民族群中以蘇格蘭人較多。不同於英格蘭人的地方是蘇格蘭人比較有平等的傳統，無論對性別與階級皆如是。英格蘭採長子繼承制，遺產只給長子一人。蘇格蘭人會把家產分給眾子女，長幼男女皆有份，也鼓勵女兒受教育。既有知識也有資產，所以蘇格蘭女子比較獨立自強。在紐西蘭昔日二十一位女權運動領袖 (feminist leaders) 中幾乎半數是蘇格蘭人。 紐西蘭女

圖25：紐西蘭婦女受教育比例高，圖為但尼丁英王愛德華技術學院部分女生合照。

子受教育的比例相當高。1891 年共 118,000 位公立小學生中，48.7% 是女生。但在私立小學中女生比男生多 1,700 人。於 1886 年約有 40% 女生唸中學，1900 年上升至 45%。令人驚訝的是，1893 年全國大學生中女生人數超過一半。紐西蘭早期女權運動高漲很可能跟高學歷有關。

國際女權運動發軔於十八世紀法國的啟蒙運動，美國曾於 1848 年開過一次婦女大會 (Seneca Falls Convention of Women)，1869 年繆爾 (John Stout Mill) 出版《婦女的征服》(*The Subjection of Women*)，主張提升婦女的權力與自由，重估與加強妻子與母親的傳統角色。這些女性主義的風潮雖是國際性的，卻很早就吹到紐西蘭境內，並根植在這塊土地中。同年，梅娜女士 (Mary Ann Muller) 在奧克蘭印刷一本有關女權運動的小冊子，廣為派發。此後婦女團體先後相繼成立，1870 年代僅有五個，1880 年代增至十六個，1890 年代上升至四十四個。紐西蘭的男子飲酒風氣甚盛，醉後毆打家人，以致妻兒受害；買酒耗費，家計告罄，也難為巧婦無米可炊。因此 1885 年「婦女基督禁酒聯盟」(Women's Christian Temperance Union) 成立，鼓吹禁酒，禁止售給青少年。其中一位基督城的女權婦運領袖雪珀女士 (Kate Sheppard) 認為如果婦女有投票

圖 26：女權領袖雪珀成功爭取到世上第一個全國婦女投票權

權，名正言順，聲勢浩大，將禁酒提升到政治層面，可能更為有效。於是由 1890 至 1893 年在報紙上撰文鼓動，也得到老政客如何爾爵士 (Sir John Hall)、葛芮爵士 (Sir George Grey) 和史託特爵士 (Sir Robert Stout) 的同情。1892 年各地先後成立「婦女投票權同盟」(Women's Franchise League)。雪珀進行了五次請願活動，最後一次在 1893 年獲得 31,872 位婦女 （接近當時全紐女性人口的十分之一）簽名支持，結果 1893 年 9 月 19 日國會通過了婦女投票權 (Women's suffrage) 的法案 ， 使紐西蘭成為世界上第一個成年婦女有投票權的國家，比英國和美國（1920 年）早了二十幾年。雖然婦女投票權在局部地區也曾施行過，例如在 1838 年南太平洋一個英屬小島碧坎 (Pitcairn Island)，1869 年在美國的懷俄明州 (Wyoming) 和 1870 年美國的猶他州 (Utah) ， 但全國婦女同時都享有投票權還是數紐西蘭先領風騷，獨步全球。當年合乎資格的婦女有 78% 參加註冊，其中 83% 真正行使她們的投票權，比起全國平均投票率 75% 還高。此外，1884 年的《婚姻財產法案》(Matrimonial Property Act) 和 1898 年的 《離婚法案》 (Divorce Act) 對婦女的婚姻和財產都有保障。在地方政治方面，葉慈女士 (Elizabeth Yates) 於 1893 年成為大英帝國及其屬地中第一位紐西蘭女市長（Onehunga 市）。在中央政治方面，1919 年准許婦女參選國會議員 ， 可惜票源不足 ， 屢選屢敗 ， 直到 1933 年麥孔絲 (Elizabeth McCombs) 女士才成功獲選為第一位女性國會議員。

　　在婦運鼓動下產生女權 (right)；獲得部分女權之後，又推動更多的婦女權益 (benefit)。雪珀在成功爭取婦女投票權的三年後，

圖 27：1896 年第一屆「全國婦女議會」在南島基督城開會

於 1896 年又獲得政府准許成立 「全國婦女議會」 (National Council of Women)。有了正式的政治舞臺後，婦運領袖發表言論更為激烈，要求也越來越高。譬如要在法律上規定丈夫一部分的薪水要發放到妻子的戶口，由妻子自行理財。這些提案雖然言之成理，但很難在男性議員占絕大多數的國會裡通過。可幸的是在 1926 年通過的《家庭津貼法案》(*Family Allowance Act*)，津貼按規定由家庭主婦直接領取，這也算是母親理財權的實踐。從此家裡要添購些什麼，小孩要買文具或零食，媽媽有錢也等於有權說話，爸爸不再是一言堂了。

　　在二十世紀的前半葉 (1900–1945) 經過兩次世界大戰和經濟大蕭條，全國上下齊心合力忙於應付困境，婦運適當地沉寂起來。

第二次世界大戰之後，女權運動 (Women's Charter Movement) 又重新崛起。她們爭取的重點不在政治權力，而志在於社會權益，譬如婦女工作權、補助安親班、同工同酬、受訓機會、升遷待遇、停止剝削女工、已婚婦女工作權等等。除了白人婦女爭取權益之外，毛利婦女也隨之覺醒。1951 年第一屆「毛利婦女福利同盟」(Maori Women's Welfare League) 在首都威靈頓開會。她們的重點在栽培婦運領袖並與白人婦運合作，尤其重要的是衝出毛利重男文化的藩籬，先在毛利社會中獲得解放。

戰後婦運最有成就的要算 「男女同工同酬」。從前同樣的工作，女子的薪資是男子的四分之三或五分之四。理由是體質和工作效率有差距，女子有分娩假期等等。1957 年政府成立「薪酬與機會平等議會」(Council for Equal Pay and Opportunity)，以討論和調查女子就業機會與薪酬。1963 年政府的公務員系統開始實施。民間企業發展較慢，1972 年才通過《同工同酬法案》(*Equal Pay Act*)。禁止工作上有性別歧視，待遇上有性別差異。

1970 年代風靡世界（主要是美、英、法和北歐）的「婦女解放運動」(Women's Liberation Movements) 如火如荼的展開。婦解比女權更為前衛，「泡酒吧」（有些只招待男性的酒吧禁婦女進入，因此她們提出"de-sexing bars"）和「焚胸罩」（婦女既受傳統束縛也受胸罩束縛， 因此解除束縛就要"burning bras"） 是婦解分子 (women's libbers) 的口號。紐西蘭婦女不甘後人，於 1971 年先後有六個婦解團體 (Women's Liberation Groups) 出現，1972 年成立「全國婦女組織」 (National Organization of Women) 之後， 翌年

（1973 年）來自各方的婦團共聚一堂，出席第一屆「聯合婦女大會」(United Women's Convention)。1970 年代中期，婦團分成激進派與自由派，尤其是那些激進的女同性戀者 (lesbians) 和異性戀者 (heterosexual feminists) 被保守的婦團（如 Born-again Christian）抨擊她們任意墮胎乃屬不人道之行為。雙方爭論不休，迄無定論。

　　婦運中也有別的訴求。如 「威靈頓婦女解放運動」(Wellington Women's Liberation Movement) 要求政府出資設立全天候二十四小時免費服務的安親中心，因為帶孩子的責任不應只由婦女承擔。很多有前衛思想的新潮媽媽不想做這種「無酬」又「無聊」 的工作。 1988 年政府 「社會政策皇家專門委員會」(Royal Commission on Social Policy) 提出一種 「照護工薪資」(carer's wage) 給予在家看顧小孩的人（包括孩子的媽或保姆），因為單親媽媽在家帶孩子有 「安家給付」 (Domestic Purposes Benefit) ，已婚媽媽在家也做同樣帶孩子的工作 ， 為什麼不給分文？當時正值經濟不景氣和政府財政絀支的苦日子，工黨雖有心福利，但無力買單，連總理朗怡都被迫下臺了。繼任的帕爾瑪總理在婦運高漲的時刻，應景起用女衛生部長蔻麗可為紐西蘭史上第一位女性副總理。在此前一年 （1987 年）國會 99 名議員中有 14 位女性議員，占 14% 強。其中一位荻莎德 (Catherine Tizard) 做了幾年奧克蘭市市長後，在 1990 年成為紐西蘭第一位女總督（紐西蘭第十六任總督，任期 1990.12.13–1996.3.3)。隔了一任之後，另一位女性卡華蒂 (Silvia Cartwright) 也在 2001 年被任命為第十八任總督 (任期 2001.4.4–2006.8.4)。卡華蒂學法律出身，也贏了

幾個女性第一，她是第一位女法官（1981 年），第一位地方法院
女性首席司法官（1989 年），第一位高等法院女法官（1993 年），
也曾代表紐西蘭出席 「聯合國消除歧視婦女大會」 (UN
Convention to Eliminate All Forms of Discrimination Against
Women) 並擔任執行委員會委員。當她在 2001 年 4 月 4 日就職總
督那天，和檢察總長葦爾蓀 (Margaret Wilson)、總理蔲麗可、首
席大法官艾麗絲 (Sian Elias) 等合照留念，可惜當時在野的國家黨
女黨魁席蒲妮不在場，否則主宰紐西蘭的五位女性同時出現，會
是世界女性政治史上一個難得的鏡頭。當年 120 位國會議員中有
37 位是女性，約占全體議員的 30.8%，僅次於瑞典 (43%)，而與
丹麥、荷蘭、德國和南非等屬同一類女性參政高比例 （30% 以
上）的國家。

圖 28：2001 年 4 月 4 日紐西蘭女總督（右二）就職時與女總理
（左二）、女檢察總長（左一）和首席大法官（右一）合照

第四節　涵濡眾生──人口與移民政策

　　1880 年代以前，紐西蘭的移民雖以英裔為主，但相對來說，政策比較寬鬆。韋克非型（Wakefieldian，長於土地開發）和沃格爾型（Vogellian，長於融資建設）的殖民主義者為了開發殖民地，不惜向北歐人（挪威和丹麥等）和南歐人（義大利和前南斯拉夫等）招手。韋克非曾表示，不管天主教徒還是回教徒，只要是有組織性的移民團體，合乎條件，都可以整批移來。1865 年奧達哥 (Otago) 礦區勞力不足時，曾邀請華人來幫忙。1871 年移民專門委員會討論到華人移民時也說沒有問題。華人聞風而至，到了 1873 年比之前增加三倍（4,816 人）。自 1871 年 11 月至 1880 年間抵紐的十萬移民中仍以英國人占絕大多數：一半來自英格蘭，近四分之一來自愛爾蘭，近五分之一來自蘇格蘭，餘數來自歐洲；亞、太移民微不足道。況且，紐西蘭對英國移民給予全部或局部資助的優渥待遇。政府資助移民的開銷由 1871 年的 17,000 鎊增至 1873 年的 142,000 鎊、1874 年的 426,000 鎊，以及最高峰的 1875 年達 447,000 鎊。1858 年時全紐白人只有 59,413 人，到了 1871 年猛增至 256,393 人，資助移民十年後（1881 年）更狂增至 489,933 人。反觀原住民毛利人不增反減。1840 年紐西蘭殖民地初建時，毛利人有 114,890 人，英人僅得 2,000 人。1858 年毛利人因戰爭與疾病遞減至 56,049 人，首度低於英人。1881 年毛利人再降至 46,141 人，1896 年降至歷史最低的 42,113 人，占全國人

口 5.67%。不到英裔人口的十分之一。弔詭的是，紐西蘭的白人
政府並沒有正視毛利人口下降的問題，反而心中竊喜：如能自然
淘汰更妙。白人政府處心積慮的人口政策是設法增加白種移民，
尤以英裔為目標，想製造一個「南方不列顛」(Britain in the
South)。自 1880 年代開始，紐西蘭的移民大門緊閉。移民數量和
速度永遠沒有超越 1840–1880 這四十年的黃金期（白人由 2,000
人激增至近 500,000 人）。雖然殖民地政府沒有在憲法上明文制訂
「白紐政策」(White New Zealand Policy)，但它的個別條例卻有
「白紐」行為，例如 1881 年向入境華人徵收「人頭稅」(poll tax)
每人十鎊，船每百噸限載華人一名；1896 年變本加厲，人頭稅增
徵十倍至一百鎊，船每二百噸限載華人一名。這種苛稅直至 1934
年才停止徵收。

　　歧視性的移民政策自 1881 年開始，初期只針對華人。1897
年開始針對所有非英語國家的人，利用「語文測試」(language
test) 的方式來刁難他們。從前有錢即可移民（納人頭稅），現今要
有學識（懂英文）才可移民。自 1908 年開始，移民官更賦予特權
可拒絕任何移民入境。這個制度到 1950 年才終止，但在 1974 年
以前沒有鬆綁。這種嚴厲的做法被史家譏稱為沒有法律規範的「白
紐政策」，其種族歧視的程度不亞於澳洲、加拿大和美國。因為紐
西蘭對接納不同種族的移民，暗自有一個優先順序排列的取捨等
級。第一等級當然是來自聯合王國 (United Kingdom) 的英裔（內
裡又優序順排為信奉基督教的英格蘭人、蘇格蘭人，其次是信奉
天主教的愛爾蘭人）；第二等級是北歐人（含斯干的納維亞半島的

挪威、丹麥和瑞典）和西歐人（德、荷、法）；第三等級是南歐人
（含大馬遜人 Dalmatian（原居裏海 Adriatic Sea 東岸、屬前南斯
拉夫的克羅西亞 Croatia 種），義大利人和希臘人）和東歐人（波
蘭、匈牙利、捷克、羅馬尼亞等）；第四等級是亞洲人（含華人、
印度人、敘利亞人、黎巴嫩人）。

　　第一等級的英國人在踏入二十世紀之後有兩次來紐移民潮。
第一次是在 1903 至 1914 年間，人數超過 100,000 人；其中有
30,000 人 (1905–1914) 受到紐西蘭政府資助。第二次是在 1920 至
1927 年間，人數大約是 80,000 人；受到資助的高達 60,000 人
(1920–1926)。他（她）們主要來自英格蘭和蘇格蘭。

　　第二等級的北歐移民在 1911 年達 8,000 人，還不到當時白人
人口 1,005,589 的 1%，但若加上自 1840 年以來移紐並與當地人
通婚產下的北歐後裔就不止此數了。西歐移民中德裔人數不少，
估計迄今有 100,000 至 200,000 人之間，但紐隨英、澳在兩次世界
大戰中都與德為敵，戰爭期間都不會接受德國移民，戰後（1950
年後）也只准德國婦女移入。次於德裔的西歐人中以荷裔最多，
紐、荷戰後簽約，荷民大量移紐，迄今發展已逾 100,000 人。北
歐移民中的丹麥人、挪威人和瑞典人雖然不是同文同種但同色
（白），彼此團結，於 1983 年在挪士活 (Norsewood) 開會時使用
地名而放棄族名，稱為「斯干的納維亞大會」(Scandinavian
Convention)，是不同族群和諧共處的典範。

　　第三等級的南歐人中最早來到紐西蘭定居的是義大利人，於
1870 年有 300 人受紐政府資助而來。與後來的希臘人都愛聚居威

靈頓。大馬遜水手曾於 1850 年代隨船來紐，到了 1880 年才有移
民定居。1892 年有九位大馬遜男子合購彩票贏了一千英鎊，回國
炫耀一下，鄉親以為紐西蘭遍地黃金，引起一陣移民潮，計自
1890 年代至 1920 年代來了 8,000 人；迄今發展至 60,000 人至
70,000 人。此外，來紐的南歐人有奧地利人和南斯拉夫人。1940
年代至 1950 年代甚受紐西蘭政府重用的移民顧問羅卓瑞 (R. A.
Lochore) 毫不諱言重北歐而輕南歐，因為英人多與北歐人聯姻，
所以英裔視北歐人為表親。歷史學家史柯菲 (Guy Scholefield) 形
容大馬遜人是粗鄙無文的斯拉夫種。第一次世界大戰時他們的忠
誠度被懷疑，因此不准他們從軍。二戰後，1953 年有官員公開建
言終止南斯拉夫移民。1970 年代一份研究報告指出有證據顯示紐
西蘭政府曾有歧視性的移民政策：寧要北歐，不要南歐。至於東
歐，主要是政治難民，而不是有配額的移民。

　　上述三類移民自 1947 至 1968 年間，淨移入數共 225,000 人，
平均每年移入 11,000 人，其中 17% 獲得政府的資助。但戰後出
生率 2.6%（比戰前 1.6% 高）造成嬰兒潮，同期在紐出生人數是
移民數的兩倍多。人口由 1954 年的 1,702,298 人升至 1966 年的
2,676,919 人；增加近一百萬人。

　　第四等級的移民是亞洲人，十九世紀以前數量微不足道。移
民來源可分三股。一股來自西亞的黎巴嫩和敘利亞，合計 1,400
人。一股來自南亞的印度，約 1,500 人。雖然印度人在 1810 年已
有居紐的紀錄，到了 1896 年仍僅有 46 人而已。1900 年代有小部
分來自蓬遮普 (Punjabis) 省的錫克人 (Sikh)，大部分來自蘇拉特

(Surat) 省的古查拉迪人 (Gujaratis)，有些卻從太平洋的斐濟 (Fiji)
移居過來。1920 年以後政府禁止他們的家人以團聚的名義來紐，
因印度人大家庭成員眾多，也搞不清楚是真是假。另一股是來自
東亞的華人。紐人與華人早有交往，1790 年代紐人將海豹皮運往
廣州出售，因而結緣，後以貿易停頓而中止交往。1865 年華人受
僱來南島奧達哥淘金，人數漸多，1881 年高達 5,004 人，是當時
繼英、蘇、愛、毛利之後的第五大族群。加徵人頭稅後，舊華人
陸續離去，新華人也不敢來，人口漸少，1896 年降至 3,700 人，
1906 年僅得 2,570 人。工黨總理傅利澤比較同情華人，尤其是抗
日期間 (1937–1945) 准許華人妻兒來紐團聚，但只發二年期簽證，
得申請延期，但丈夫要替她（他）們先付二百鎊保證金，萬一政
策改變要她們離境時可作回程船費。這批團聚配偶和子女以及在
紐做生意的華裔（93 人）與留學生，一共有 1,323 人，在「但尼
丁長老教會公聽委員會」 (Dunedin Presbytery Public Question
Committee) 的斡旋下，政府破例發給她 （他） 們永久居留簽證
(Permanent Residence Visa)。這個決定可能跟 1943 年開羅會議時
中華民國與英、美、法、蘇並列五強有關，也可以說是國際地位
超越了種族界限的表現。不過，「永久居留身份」的塵埃落定還是
在 1949 年中共崛起，華人有家難歸，政府對華人永居政策才真正
落實。並且，在 1952 年更進一步，給予有永久居留權的華人以紐
西蘭公民的身份。

　　相對來說，亞裔中的印度人和太平洋的島民被歧視的程度較
小。主要原因是華人來勢洶洶、人多勢大、謀生能力又強、很容

易發財致富。金礦淘盡就去種菜、洗衣、開餐館。商人張朝用錢收購木耳，吸引大批歐、毛婦孺的剩餘勞動力為他採摘，自 1868 至 1898 年間為他賺取 300,000 英鎊的豐厚利潤，成為大財主。印度是大英帝國的殖民地，獨立 （1945 年） 後仍為大英國協 (The Commonwealth of Nations) 的成員，與紐西蘭是表兄弟之邦。太平洋島民原是毛利人的遠親，加上技能與知識偏低，競爭力弱，背後又沒有強大祖國作後盾，毫無威脅可言。華人龐大的族群令人有壓力感，因此「恐華症」(Sinophobia) 在 1880 年代至 1920 年代之間最流行，那些「白種聯盟」(White Race Leagues) 與「反亞聯盟」 (Anti-Asiatic Leagues) 也隨著政府聞雞起舞；1930 年代以後減緩，反亞團體也隨之鳴金收兵。

在 1950 年代中期以前， 太平洋島民各自生活在自己的樂園裡，沒有多少人有興趣去紐西蘭，1921 年全紐島民僅得 1,000 人左右，因而政府制訂移民政策的限制條款中從來沒有顧慮到島民問題。第二次世界大戰的太平洋戰爭時期 (1942–1945)，有些島民為了躲避戰亂而移居紐西蘭，也不過 3,000 人而已。真正開始大量移民來紐的是 1950 年代中期，正值紐國的黃金歲月，勞力不足，來者不拒，1956 年已增至 8,000 人。何況這些島民也不是外人，反而大多是紐國統轄下的子民哩！事緣庫克群島早在 1890 年就有紐西蘭派來的駐箚官管理。1901 年庫克和紐威 (Niue) 同時歸屬紐西蘭為託管地；1914 年的西薩摩亞 (West Samoa) 和 1925 年的托克勞 (Tokelu Islands) 也先後加入紐西蘭大家庭。甚至為了覬覦諾魯 (Nauru) 的鳥糞 （可作磷肥）， 在 1919 至 1967 年間也與

圖 29：居住在紐西蘭的太平洋島民與白人共度聖誕佳節

英、澳共治，共分一杯（臭）羹。庫克人、紐威人和托克勞人算
是紐國公民，不用簽證就可來紐。西薩摩亞人可獲六個月簽證，
得逐次延期至五年 ; 1962 年獨立後 , 每年獲移民配額 1,500 名
（近年減為 1,100 名）。早期他們來紐打工，僅作短暫停留，賺夠
了錢就回家過日子。後來住慣了紐西蘭，加上社會福利的吸引，
就賴著不走了。1966 年島民居紐僅 26,271 人，1971 至 1976 年間
共有 24,000 名島民從四方八面湧進，以致島民人口在 1976 年上
升至 61,354 人。政府猛然覺醒已為時太晚了，加上失業率上升，
唯有使用強硬手段 , 採取凌晨突擊搜查 (dawn raids) 島民住家的
行動，把「逾期居留者」(overstayers) 從睡夢中帶走，驗明非正

身，即遞解出境 (deportation)。這種激烈作為果然奏效，1976 至 1981 年的五年間來紐島民減至 5,000 人，僅及上一個五年期的五分之一。1982 年 7 月 19 日英國樞密院 (Privy Council) 判決 1924 至 1948 年間出生於西薩摩亞的人都是英國公民，因此也自動成為紐西蘭公民，估計享此待遇的薩人共 100,000 名（相當於薩國人口的五分之三），皆有權移居紐西蘭。紐、薩兩國於同年 8 月 21 日簽署《友好條約》(Treaty of Friendship)；9 月 14 日《紐西蘭公民（西薩摩亞）法案》(New Zealand Citizenship (Western Samoa) Act) 通過，也使目前居紐的薩人立刻成為紐國公民。1983 年東加人和斐濟人的工作簽證由三個月改為一年；來自基里巴蒂 (Kiribati) 與圖瓦魯 (Tuvalu) 的移民可獲十一個月的工作簽證。1986 年居紐的島民已達 127,906 人，其中薩摩亞人占 50%，庫克人 25%，紐威人 11%，東加人 10%，托克勞人 5%（百分比加起來是 101%，應是約數，精準待考）。而 1988 年的「逾期居留者」仍有 1,200 人。在 2013 年的人口調查中，住在紐西蘭的庫克人有 61,839 人，是其家鄉人口的三倍；紐威人有 23,883 人，是其家鄉人口的十四倍；托克勞人有 7,176 人，是其家鄉人口的近五倍。

　　在太平洋戰爭中，日軍曾轟炸達爾文和布隆美 (Broome)，後來登陸新幾內亞，進行血腥殘殺，使近在咫尺的昆士蘭不寒而慄。澳洲政界認為必須充實人口方可強國，否則會漸趨消亡。"Populate or Perish" 就是戰後人口政策的名言。移民政策因此不變，大開方便之門。澳洲鍾愛英裔，其次是北歐人；紐西蘭亦如是。澳洲地大，需求量亦大，既然求過於供，就退而求其次，

在 1950 年代和 1960 年代轉向南歐伸手。1973 年解除「白澳政策」後，1970 年代和 1980 年代又轉向亞洲。紐西蘭也隨著澳洲鬆綁，既無「白紐政策」，就沒有必要宣布解除，自 1974 年以後就不再堅持原有的嚴厲把關，但仍躊躇不前，迄 1986 年才正式立法開放。

也許由於亞洲的日本與四小龍（新、港、臺、韓）的崛起，有意移民的人比較富有；或由於更直接的原因，是 1984 年《中英聯合聲明》宣布香港將於十三年後回歸大陸而引起的移民潮，於 1986 年紐西蘭隨著澳、加、美的步伐，重新修訂《移民政策法案》(Immigration Policy Act 1986)，一改過往偏重「來源國」的白紐思維，標榜以「金錢」和「頭腦」掛帥的「商業／技術 (economic/occupation) 移民政策」，以致 1986–1990 年間大批移民來自亞洲，尤以香港、臺灣、新加坡三小龍為主。1991 年「商業／技術移民」採用「計分法」(points-based selected system)，第四條小龍南韓也加入移紐的行列。除了「商／技移民」之外，還有一個類別稱「家庭團聚」(family reunification)。假如一個成功移民的人士，就可以一人得道，雞犬升天。因為他可以透過家庭團聚的方式把直系親屬（妻子、兒女、父母）移紐團聚。以後妻子的父母以及雙方父母的其他子女又可利用另一系列的家庭「團聚」過來。這種開枝散葉式的家庭團聚，以幾何級數的累積擴張，逐漸成批移入。才不過十年的光景，1996 年使得傳統的白種移民由絕對多數 (90%) 下降為相對多數 (40%)；居住在紐西蘭的亞洲人已增至 173,000 人，占全紐人口 5%。

　　1996 年紐西蘭大選時,「紐西蘭優先黨」(New Zealand First,
1993 年成立) 喊出「亞洲人入侵」(Asian invasion) 的聳人聽聞的
口號,以反對亞洲移民為大選主軸,一舉拿下十七席,僅次於國
家黨的四十四席和工黨的三十七席而成為第三大黨。以致執政的
國家黨要請它共組聯合政府 (coalition government),才能在國會過
半數 (44+17=61 席,比 120 席的半數僅多一席)。遇上 1997 年亞
洲金融風暴,移民稍緩。世紀末金暴過去,經濟悄悄復元,另一
波亞裔移民潮又高漲起來。2001 年的全紐人口調查中,居紐的亞
裔已達 237,459 人 (占 6.6%),首度超過太平洋島民的 231,798 人
(占 6.5%)。2002 年 6 月「移民服務部」(Immigration Service) 批
准的移民數額近 53,000 人, 其中華人 8,700 名居首, 印度人
8,400 名居次,來自聯合王國的英裔 6,600 名居第三,南非 4,300
名居第四。當年新移民中有 54% 來自亞洲。此外,獲得工作許可
證 (working permit) 共 64,000 人,其中 37% 來自亞洲;獲學生簽
證 (student visa) 的共 78,000 人,其中 82% 來自亞洲。亞洲人在紐
西蘭繼白人和毛利人之後成為第三大族群。而 2013 年全紐居民中
有 25.2% 是海外出生的,前三個國家分別為英國 (215,589 人,
21.5%)、中國大陸 (89,121 人,8.9%) 和印度 (67,176 人,
6.7%)。

　　在 1986 年的新移民政策中,移民分三種類別,第一類的「商
業/技術移民」和第二類的「家庭團聚移民」已如前述。第三類
是「人道與難民」(humanitarian/refugee),在紐西蘭的移民史中由
來已久。1944 年當二戰仍在進行中,傅利澤總理夫人珍納 (Janet

Fraser) 在紐西蘭建立收容所，自歐洲戰場上把 733 名波蘭孤兒和
105 名成人接收過來。1951 年紐西蘭參加了聯合國在日內瓦會議
通過的《難民公約》的簽署，由「聯合國難民總署」(UNHCR:
The United Nations High Commission for Refugees) 安排接收了六
千名歐洲難民。後來 1956 年的匈牙利難民（約一千名）、1968 年
的捷克難民（約數百名）、1975 年的印支（越、棉、寮）難民
（1977–1992 年共超過一萬名）、1990 年的索馬利亞難民（一千
多人）陸續先後來紐定居。計自 1944 年迄 2001 年的五十七年來
共接收二萬五千名難民。此外，紐西蘭政府又接受 UNHCR 的分
發，每年接受七百五十名難民配額。難民中還包括智利人、俄國
猶太人、東歐人、緬甸人、阿富汗人、衣索比亞人和波斯尼亞人等。

　　2001 年 8 月下旬有 433 名阿富汗難民經人蛇集團擺佈由印
尼乘船出海，待挪威籍貨船「坦白號」(Tampa) 經過時故意泡製
沉船遇難，被救起後脅迫船長送往澳洲屬地聖誕島。在澳洲總理
何華德 (John Howard) 不顧世界輿論指責拒收難民之際，紐西蘭
女總理蔻麗可卻義氣干雲，與另一小島國諾魯共同接收這批非法
的走私難民，經鑑別身份，符合聯合國難民條件者即可在紐西蘭
居留。這種義舉當然獲得國際人權關懷人士的掌聲，但將來會否
成為人蛇販子偷運假難民的目的地？移民部長丹絲 (Lianne
Dalziel) 認為只要在審查時嚴格把關即無問題，如 2000 至 2001 年
間 1,703 名申請者中僅 311 人獲居留權。但在審查期間支出法律
援助和發放救濟金等項費用，已花掉納稅人五千萬紐元了。

　　此外，還有一種「環境難民」(environmental refugee，或稱

climate refugee)。因溫室效應 (greenhouse effect) 以致海平面上升，過去十年來已使太平洋島國圖瓦魯 (Tuvalu) 的土地被海水侵蝕不少；估計五十年後圖瓦魯九個小島將全部沒入海中。圖國政府曾考慮去鄰國購買土地，建立國中之國，可惜太窮買不起，即使買得起也沒有國家會肯這樣做。唯一可行的辦法就是舉國移民。鄰國中國土最大的是澳洲，不幸遇著吝嗇成性的何華德，一口拒絕圖國的要求。愛民如己的蔻麗可義不容辭，伸出援手，迄 2001 年已接收了約 1,500 名圖瓦魯人在紐西蘭安家立命。圖國人口僅剩 10,991 人，蔻麗可已準備照單全收。有人譏稱，這些圖人感恩圖報的方法就是在紐西蘭大選時把選票投給蔻麗可。紐西蘭採小選區一人兩票制，這一萬票可能是很關鍵性的哩！

　　紐西蘭地狹人稠，要「充實人口還是生氣全無？」(Populate or Languish?) 這是紐西蘭鼓勵移民的口號。要充實人口只有兩途：一是增加生育；一是吸收移民。紐西蘭的人口增長率是 1.7%，其中 1% 是移民輸入。但要把人民出走的數字減去才是真正的「淨移民」(Net migration)。紐西蘭以牧立國，工商業並不十分發達，找工作不易。人民遇著不景氣時便往外跑，最理想又最近便的地點就是澳洲。事緣早年在黃金歲月時，紐、澳之間有雙邊協議，名為《紐澳居民互訪協定》（原名為 *Trans-Tasman Travel Arrangement*，《跨（塔斯曼）海旅行協定》），原是為了兩國公民旅行的方便，互相免簽證，條件十分寬鬆慷慨，可以到對方境內定居、就業、醫療、受教育及享用同等福利。在 1970 年代石油危機之後，紐人赴澳不是去旅行而是找工作，找不到就領失

業金，等候機會。漸漸紐人就有去無回，變成當地居民，以致1978 至 1979 年度首次出現移民負數（即移出的比移入的多）。近年自 1999 年又再出現負數 （1999 年負 6,000 人；2000 年負10,000 人；2001 年負 12,000 人）。迄 2011 年 11 月定居在澳洲的紐國公民已達 50,115 人，不過這股人口外流澳洲的風潮在紐西蘭較澳洲經濟前景可期的情況下，趨於和緩，也有移往澳洲的紐西蘭人返回紐西蘭。

　　但意外的是，2019 年澳洲總理莫里森 (Scott Morrison) 獲得連任後，使得澳洲的人民積極詢問紐西蘭的移民事宜，甚至對紐西蘭總理阿德恩給予強烈的支持與信任，可見澳洲人民對移民紐西蘭的念頭也持續增加。

第八章 | *Chapter 8*

文化風貌

　　紐西蘭是一個移民國家,迄今共有來自二百一十七個國家／地區的民族聚居一堂,文化風貌從一元、二元到多元,可謂兼容並包,多彩多姿。教育是掃除文盲、培育文化人的根本,語言和文字卻是表達文化不可或缺的工具。文學、藝術、音樂和電影是文化深度的呈現,既有一國之特色,亦有世界之視野,推諸四海則是跨越國界的文化成就,同時也可融匯為人類共有的資產。宗教是個人信仰的選擇,在自由的國度裡可以同時存在,而且並行而不悖;各民族的風俗習慣雖不盡相同,但文明禮儀與交際規矩也有某些共同典範。入其國觀其貌,紐西蘭的瑰麗河山和潔淨環境,為外來人士所驚嘆與欽羨,因而吸引眾多的旅人過客絡繹不絕來觀光旅遊;政府藉此推廣文化教育事業,也引進不少莘莘學子來紐學習與進修。本章將分五節介紹紐西蘭的文化風貌。

第一節　色彩繽紛──從一元、二元到多元文化

　　從人類文化發展的歷程來觀察，紐西蘭文化可以說從無到有，從一元文化到二元文化，又從二元文化到多元文化。毛利人登陸之前，紐西蘭沒有人類，所以沒有文化。自毛利人定居至 1840 年喪失主權之前，紐西蘭只有一元文化，那就是毛利文化。1840 至 1970 年代中葉是二元文化時期，也就是毛利文化和英式文化並存時期。1970 年代中葉迄今是多元文化時期，涵蓋毛利文化、英式文化、美式文化、歐洲文化、太平洋文化和亞洲文化。如果從文化植被所及的「面」來說，英式文化仍占絕對優勢；其他國別文化只能占據一些「點」而已（如威靈頓的「小義大利」）。威靈頓有一條很長的古巴街 (Cuba Street)，街上歐、亞、太商店食肆林立，是多元文化的櫥窗，但仍是個「點」，充其量也只算一條「線」罷了。以下把一元、二元以及多元文化的特徵和現象分別介紹。

一、一元文化 (monoculturalism)：1840 年代以前

　　當毛利人定居「歐提羅噢」（Aotearoa，這個毛利語地名比荷文 Nieuw Zeeland、拉丁文 Nova Zeelandia 和英文 New Zealand 還早，因有語無文，後來借用英文字母拼寫而成）之後，在這塊「白雲之鄉」的土地上就只有毛利文化，經過近千年的孕育與發展，漸漸鞏固了根基、豐富了內容，成長為一套原始而又獨特的文化，

與後來英、美、歐、亞的移植文化截然不同。

　　西方航海家用「發現」(discovery) 的方法去宣示和擁有土地的主權，毛利人用創造神話的方式去製造一塊自己的土地，比「發現」 更具 「擁有」 (ownership) 的涵義。 神話開始稱眾神之父 Rangi 是天，母 Papa 是地，天地合一未能分開，四下漆黑一片。兒神渴望光明，其中森林之神坦尼 (Tane) 成功推父往上是為天，固母於下是為地。又以紅土捏造第一個女人，與她產下曙光少女 (Dawn-maid)。曙光少女下凡至地界 (Underworld)，產下後代，名馬烏衣 (Maui)。某日，馬烏衣外出垂釣，在深海釣到一條大魚，就是今日紐西蘭的北島。毛利人的遠祖古丕把北島砍成數段，就是今日紐西蘭的島群。古丕從夏威基 (Hawaiki) 把族人帶來「白雲之鄉」定居，從此成為「歐提羅噢」這塊土地的主人。毛利人生息其間，繁衍後代，漸漸形成「毛利文化」。

　　毛利人以漁獵維生，輔以種植塊根植物。在飲食文化中有其獨特的烹飪方法，利用地熱將石頭烤熱，以新鮮葉子包好食物（海鮮、鳥肉、蔬果根莖等），放在名為「烘熱」(hangi) 的土窯上，利用石頭的熱氣燜烤而成。既天然又健康，與現今流行的石頭火鍋和懷石料理有異曲同工之妙。

　　毛利人有語無文，除了口耳相傳外，尚有唱吟傳誦的歌唱文化。他們平日唱歌、集會唱歌、婚宴喜事唱歌、喪葬祭祖也唱歌，尤其是毛利婦女多擁有天賦的歌喉，因此產生了一位舉世知名的歌劇天后卡娜娃 (Kiri Te Kanawa)。不過她是歐化了的劇院式古典抒情女高音，是國際級的巨星，在米蘭認識她的人可能比奧克蘭

還多。毛利年輕歌者近年結合流行音樂創作一些本土化的樂曲，更能保存一些毛利特色，不像卡娜娃那樣被全然歐化。

毛利人跟太平洋南島語系的原住民一樣也流行刺青文化，代表他（她）們在毛利社會的身份地位，例如已婚婦女在唇部或下巴刺上花紋；男子因在部落的身份和地位的不同而在臉上、胸脯、大腿和臀部刺上線條或漩渦花紋。歐洲水手來到紐西蘭也受到毛利刺青文化的影響，返回歐洲後還可以炫耀一番。

毛利人的交際文化也很特別。見面時互相以鼻子碰鼻子兩次，是最親切的打招呼方式，與西方人的擁抱或接吻不同。另一種很陽剛氣的歡迎儀式是男子「嚇卡」(Haka) 戰舞，在舞中吐舌、瞪眼、號叫、拍手臂、擊大腿，聲音宏量，節奏齊一。這種戰舞文化經常在公眾場合（尤其是橄欖球比賽開始前）表演，是國際舞臺上常見的毛利特徵。

毛利的雕刻文化舉世聞名，無論木雕、骨雕、石雕或玉雕都產生很多不朽的作品。木雕最普遍，在獨木舟、會館、儀杖、住宅都會雕上圖騰或精靈。用軟玉（green stone，綠石）精雕細琢成飾物最為普遍，從酋長、祭司、戰士、婦女都愛戴玉雕作為裝飾；同時也最為海外遊客所鍾愛。

毛利雖為封建世襲的社會，但也有民主的一面，其表現在於傳統的集會文化，稱為「輝」 (hui)，通常在部落的「馬雷」（marae，是村前空地或「集會廳」(whare runanga) 前的廣場）舉行。「輝」開始時由女子吟唱「卡蘭加」(karanga) 的歌聲中進會場，齊集後為往生者吟唱「坦怡」(tangi)，然後由長老主持「蜜

喜」(mihi) 演說，跟族人討論部落公私事務。集會上同時也準備
供眾人享用豐富的「烘熱」佳肴，讓族人大快朵頤一番。未完事
務由長老們繼續討論至天明。「輝」的全部過程包含宗教儀式，歌
吟、演說、議事、用餐等，是凝聚族人、發揚眾見的頗為開明的
集會文化。也許由於有這種集思廣益的傳統，後來在 1970 年代中
期至 1990 年代毛利人能團結一起、萬眾一心，向白人政府成功地
討回公道，爭取道歉與賠償。（見第十章第一節）

二、二元文化 (biculturalism)：1840 年代至 1970 年代中葉

在 1840 年 2 月 6 日毛利代表簽署《瓦湯頤條約》的當兒，英
方代表賀卜遜向在場的代表說：「我們今後是一個民族了」("We
are now one people")。是賀卜遜言不由衷？一廂情願？還是為了
拉攏毛利人的外交辭令？毛、英怎會是一個民族呢？我把 1840 年
以後劃分為二元時期，一是由於《條約》的簽訂宣示了紐西蘭主
權的更迭；二是由於毛、英二元社會的形成。當時毛利人口最保
守的估計有 114,890 人，而英人僅得 2,000 人（1,400 人在北島，
600 人在南島），比例是 57：1，眾寡懸殊。這個二元社會雖然一
大一小，不成比例，可是，兩個民族分地而治，各自修行，卻是
事實。毛利五百多個部落散居南北二島，窮鄉僻壤，山巔海角，
無處不在。而英人泊寄沿岸，以貿易為宗。史家稱此時社會為「兩
個世界」("two worlds") 或「兩領領域」("two spheres：the British
colony and independent Aotearoa")。英、毛雙方在 1847–1860 年間
尚能和平共處，合作無間（尤以貿易為然）。1860 年 3 月 7 日爆

發的「塔蘭納姬戰爭」和 1861–1863 年間的「韋嘉渡戰爭」後，從此二元社會起了衝突，勢成水火，互不相容。

事實上二元社會在 1858 年已起了一個很大的變化。人口由 1840 年的眾寡懸殊 (57：1)，經過毛利內戰與疾病傳染，十八年後，於 1858 年英裔人口達 59,413 人，首度超過了毛利銳減後的人口（56,049 人）。三年之後，1861 年英人暴增至 100,000 人左右，而毛利仍維持 60,000 人。購得土地的英國移民深入內陸，發展農牧，打破了從前分地而治的兩個世界。英、毛雜居，喧賓奪主，已達不分畛域的地步了。在比較集中聚居的五萬毛利人的地區內，同時卻有二萬五千英人插居其間，如犬牙交錯；另外七萬五千英人深入不毛，與散居偏遠的一萬毛利人毗鄰雜處。分地而治的兩個世界合而為一個世界，卻呈現兩種不同民族的不同文化。

毛利文化已如前述，英式文化由一萬二千英里外的英倫三島移植過來。雖然都是聯合王國的子民，共尊英王為元首，但由於族群的不同，宗教派系的分歧，也有分地聚居的現象。例如英格蘭人定居北島的奧克蘭、威靈頓、汪嘉雷、新普利茅斯，以及南島的納爾遜和基督城；蘇格蘭人在南島建立了但尼丁和開發了奧塔哥；愛爾蘭人為了淘金而去了南島的西海岸。他們衣著英式，生活英化；說的是英語（雖各有腔調，但文法相同，溝通絕無問題），吃的是英餐。幸好紐西蘭畜牧業發達，牛、羊排餐正是桌上佳肴。用餐禮儀與座次安排十分講究（父母與子女，主人與客人，都不會坐亂），與毛利人不管坐著或站著，「烘熱」就吃，截然不同。英人平日工作，星期天上教堂，生活甚有規律。雖然三個族

群上的教堂都不一樣：英格蘭人和蘇格蘭人同信基督教，但前者是聖公會，後者是長老會；愛爾蘭人則沒有皈依新教，但仍然遵奉天主。

教堂是英人的公所，出生、受洗、結婚、喪禮等等都任教堂一手包辦，由牧師或神父主其事。毛利公所也有同樣的功能，但宗教性不強，因無文字，所以也沒有《聖經》之類的經典；萬物唯靈，也不同於英人的一神論說。二元文化各異，特徵與內容都有顯著的差別。因此，1934 年國家元首代理人、總督畢迪魯（Bledisloe，任期 1930.3.19–1935.3.15）曾明確表示，紐西蘭「一國兩民」("two peoples, one nation")。第二次大戰期間，城鎮工廠缺乏勞力，吸引大批毛利男女離鄉背井，入城謀生。1951 年 19% 的毛利人定居城市，1956 年增至 24%。1970 年代中葉約有 75% 毛利人居於城鎮，近年增至 80%。豈止「一國兩民」而已，早已晉階為「一城兩民」了。總之，在城鎮裡，目之所睹，非白即棕，色澤分明。到了 1960 年代，歐、毛通婚的現象非常普遍，剩下的純種毛利人僅 20%。《胡恩報告》（*Hunn Report*，1961 年出版）指出：異族通婚已把兩個民族融合起來了。

由於文化的強烈差異，人口的眾寡懸殊（毛利人口占全紐人口最低紀錄是 1916 年的 4.61%，最高是 1996 年的 14.23%，與白人 80% 相比，仍相差四倍以上），以及英式教育制度完善等種種因素，毛利人要出人頭地，只能以高學歷與專業走向仕途。混血的政治人物卡勞爾（James Corrol，1867–1926，父為愛爾蘭人，母為毛利人，曾任原住民部部長）曾說，若要與白人競爭，就先

要贏過白人。他先做了六年保障名額毛利議員，後來進軍國會，
打敗了白種候選人而取得白人議席。純毛利種的薄馬力 (Maui
Pomare, 1875–1930) 以專業醫師的資歷當過醫官，競選議員連選
連任十九年，曾任衛生部長和內務部長，也說：我們別無選擇，
只能做白人「政權」的一分子。這些由二元變一元的想法，在年
輕專業的純毛利或混血毛利中十分普遍。所以在《胡恩報告》仍
建議採用「同化政策」(assimilation policy)，企圖使「一國兩民」
變為「一國一文」。毛利人起初也不抗拒，反而爭相送子女入學。
到了 1970 年代才猛然覺醒受英化的下一代連毛利語都不會說了。
因此要建立「語言巢」(詳第二節)，拍攝「黥騎士」(詳第三節)，
以喚起族魂，維護毛利文化。

三、多元文化 (multi culturalism)：1970 年代中葉迄今

多元文化（毛、英、美、歐、太、亞）在紐西蘭孕育已久，
只是自 1970 年代中葉以後由於移民政策的改弦更張而擴大發展。
除毛、英二元文化之外，最早大規模攻入紐西蘭的是美式文化。
第二次世界大戰期間，因日寇南侵而引發的太平洋戰爭 (1942–
1945)，紐國政府曾向英國要求調回歐洲的紐軍返國防守，以保衛
家園，但被英方蠻橫拒絕，反而建議請美方協防。在整體戰略的
考量下，美方義不容辭，紐方也欣然接受。美、澳、紐組成聯軍，
以墨爾本為基地，與日軍週旋。平日無戰事，美軍便會來紐度假，
自 1942 至 1945 年前後共約十五萬至二十萬人次。他們雖然與英
人同文同種，但自 1776 年獨立以來，也漸漸形成一種美式文化，

加上好萊塢電影和流行音樂經媒體的傳播，紐人爭相模仿學習。
這種美式文化在戰後亞洲的港、臺、日、韓、菲都風靡一時，異
文異種的亞裔尚能如此瘋狂地接受薰陶，同文同種的紐人更是理
所當然地如魚得水，樂在其中。戰後曲終人散，美軍沒有留下來，
可是，美式文化已經深植人心，揮之不去了。

　　除上述三種文化之外，第四種是歐陸文化。英、歐毗鄰，但
歐洲眾國林立，又非英語系統，無論北歐、南歐、西歐或東歐各
說各話，各彈各調。雖然移民政策仍有重北輕南、取西捨東的傾
向，但在第二次世界大戰之後的黃金歲月，人力不足，正是來者
（白種）不拒。白人膚色相同，樣貌酷似。如肯接受英式教育，
尤其是年輕一代，假以時日，很容易同化，變成只會說英語、寫
英文的白紐。因此，在歐陸文化進入紐西蘭時，不若美式文化那
種狂風掃落葉式的氣勢，反而因背景不同而顯得勢孤力弱，能保
存自身的文化就很不錯了。所以，在大城小巷中才偶然發現小義
大利或小希臘的聚居群 (diaspora)，以及由南斯拉夫同鄉開設的俱
樂部 (club)，流露歐陸文化的點點滴滴。1980 年代旅遊事業發達，
歐人來紐漸眾，才在市場上大力推廣歐陸風味的餐飲文化和歐陸
韻味的音樂文化。

　　第五種是太平洋文化，隨著島民移居紐西蘭而來。本來島民
在太平洋群島自由自在的生活，和紐西蘭人沒有什麼兩樣，所以
引不起他們移紐的興趣。太平洋戰爭期間因避難而來的島民加上
原有的一千人，也不過三千而已。後來有兩波移民潮，讓他們成
千上萬地湧過來：第一波是 1950 年代至 1960 年代的黃金歲月，

總共來了八千人；第二波是 1970 年代，尤其是 1971 至 1976 年間
一下子就來了二萬四千人。他們主要來自薩摩亞、東加、庫克、
紐威、托克勞、圖瓦魯和斐濟，順便也帶來了各具特色的藝術、
音樂和舞蹈，泛稱為「太平洋文化」。手工藝家的藝術製品各有本
國的特色，例如庫克人製拼布、紐威人編籃子和帽子（1999 年紐
威人 Matafetu Smith 榮獲「太平洋藝術家獎」(Pacific Island Artist
Award)）、托克勞人用手鑿獨木舟等。美術家們包括繪畫、雕塑、
裝飾等，各具特色，例如薩摩亞美術家斑尼素拉 (Johnny
Penisula) 和費烏 (Fatu Feu'u)，作品反映薩國習俗；東加雕塑家陶
希 (Filipe Tohi) 長於石雕和木雕，反映了東加的歷史與文化；薩
摩亞與毛利的混血兒黎韃 (Lily Laita) 集繪畫與雕塑藝術於一身；
多國混血兒（薩摩亞 + 庫克 + 歐裔）媒體藝術家杜飛瑞 (Michael
Tuffery) 以雕塑和表演藝術聞名，經常藉表演的機會來刻畫環保
的議題。

　　島國有語無文，所有文學作品都通過英文來表達。薩摩亞的
文德 (Albert Wendt) 和飛趙（Sia Figiel，1997 年「聯邦文學獎」
(Commonwealth Literature Prize) 得主）、庫克群島的甘葆（Alister
Te Ariki Campbell，1998 年「太平洋藝術家獎」得主）、紐威的布
樂（John Pule，曾著有《吃掉太陽的鯊魚》(The Shark that Ate the
Sun)）等，題材都是太平洋的島國傳統與島民生活，形成一股太
平洋文學的風潮。

　　舞蹈與音樂更是島民的特長。雖然舞蹈配以打鼓、擊棍與木
管樂器，但沒有非洲人的急速與激情，也沒有毛利人戰舞的伸舌

嚇人，卻是突出音樂與舞蹈的和諧與共鳴；她們舞姿曼妙，盡情流露南國佳麗的溫柔與嫵媚。音樂無國界，所以島民音樂家和音樂愛好者沒有墨守成規，反而將傳統與現代結合，既用舊式原始樂器，也兼用新式的吉他與西洋組鼓；既蘊含玻里尼西亞的曲與調，也混合現代搖滾 (Rock and Roll) 的歌與詞；既具太平洋風味，也有歐、美的音樂元素，演化成一種獨特的太平洋音樂系列。

　　第六種是亞洲文化，它的特色是博大精深又古老。世界古代四大文明有三個在亞洲（東亞的華夏文明、南亞的印度文明、西亞的兩河文明）。亞洲移民自 1986 年紐西蘭移民方針大變革之後才大量來紐。以 1996 年和 2001 年人口調查的出生地資料來考察，出生於亞洲的人數由 1996 年的 117,915 人增加至 2001 年的 177,948 人；淨增人數達 60,033 人，淨增率是 50.9%。其中在中國大陸出生的淨增率最高 (99.6%)，其次是西亞（68.2%，含北非），印度居第三 (63.1%)，南韓居第四 (47.2%)，菲律賓第五 (44.8%)，日本第六 (32.6%)，臺灣第七 (14.2%)。而在 2013 年的居紐人數來計，出生海外的紐西蘭人中，有 31.6% 來自亞洲，其中以中國大陸最多 （124,494 人），其次依序為印度 （117,204人）、東南亞 （62,547 人）、菲律賓 （34,356 人）、南韓 （26,613人）、日本 （10,059 人），臺灣則有 4,824 人。這些亞洲人除了新加坡和香港曾受英國統治、英語流利、易於融入紐西蘭社會外，其餘亞裔對原有文化根深蒂固，難以捨棄。

　　由於在亞洲出生後才移民過來的占 75%，可見挾持固有亞洲文化的勢力多麼龐大。同化政策只可改變在紐西蘭出生的 25% 的

亞裔。新移過來的 75% 的亞洲人就很自然而然地以亞洲文化的面貌呈現在紐西蘭的社會。他們各說各的母語（如中、日、韓、越、棉、寮、泰、菲、印、緬等）不在話下，優越的飲食文化卻凌駕眾族之上。桌上的珍饈百味，無論中華料理、日本壽司、韓國泡菜、印度咖哩、東南亞香料、黎巴嫩烤肉等等，飄香四溢，無遠弗屆。不僅亞裔迷戀，遊客愛嚐，連當地紐人也加入饕客的行列；不分黑、白、棕、黃各路人馬全都被亞洲飲食文化所征服了。

由於語文分歧的因素，亞洲文學無法在紐西蘭的英語世界開花結果，落地生根。音樂的調子怪異，不若同屬玻里尼西亞文化圈的太平洋音樂容易和合。反而電影製品可以用視覺欣賞與評斷，只要有英文字幕的輔助，還可受到歡迎 （尤其是功夫或動作影片）。總而言之，亞洲文化只能給予紐人大飽眼福與滿足食慾。若要探討亞洲文化的博大精深，唯有通過英文著作的介紹才能領略個中的奧妙。

第二節　兼容並蓄──教育制度與語文問題

教育是百年樹人的大計，文明國家自古以來都很重視。紐西蘭的教育體制比較單純，沒有草創與摸索的階段，將母國那套教育制度全盤照搬過來就是了。不像中國清末民初時對「中體西用」或「全盤西化」議論紛爭，擾攘多時。可是，紐西蘭為什麼會產生語文問題呢？這就是由於原住民對維護毛利語的訴求。為了族群和諧，紐西蘭政府採取了兼容並蓄的態度，將英、毛同列官方

語文，並納入教育制度的架構之中。

一、教育制度

紐西蘭的教育體制設計優良，從幼稚園到終身學習，麻雀雖小，五臟俱全。政府規定，國民從六歲到十六歲必須上學，公立學校不收學費。全國約有六十六萬中小學生就讀於二千八百多間國立中小學；其中約 8% 的中小學生沒有英語文化背景，學校為他們提供英語文的補習。政府也鼓勵成年人終身學習，可上中學、大學或專項技能培訓課程。

以下介紹紐西蘭四個階段在學年齡與考試標準：

1. 第一階段——由五歲至十歲：小學 (Primary School)，按年級分為 Year 1 到 Year 6。完成這一段的學習後通常也稱為 Junior 1 或 Form 1。

2. 第二階段——由十一歲至十二歲：高小 (Intermediate School)，按年級分為 Year 7 到 Year 8。完成這一階段的學習後通常也稱為 Form 2。

3. 第三階段——由十三歲至十八歲：中學 (Secondary School)，按年級分為 Year 9 到 Year 13。完成這一階段的課程，並通過考試後，通常也稱為 Form 3 到 Form 7。從這一階段的 Form 5 開始，每一學年都需要通過紐西蘭國家標準資格考試 (National Qualifications)，名稱如下：

Form 5——學校證書考試 (School Certificate Examination)

Form 6——中學證書考試 (Sixth Form Certificate)

Form 7——高中證書考試 (High School Certificate) 和／或大學
入學資格考試 (University Entrance, Bursaries and
Scholarships Examinations)

4.第四階段由十八歲以上：高等教育學校 (Tertiary Institutes)。學
生在完成了 Form 7 的資格考試後就可以直接進入高等教育學
校。高等教育學校主要分為：大學 (Universities)、理工學院
(Polytechnics)、教育學院 (Colleges of Education)、私營教育機
構 (Private Training Establishments)。

以下為臺灣與紐西蘭就學年齡對照表：

臺　灣		年　齡	紐西蘭	
博　士 碩　士	研究生	25+	研究所課程 博士學位（3 年以上） 碩士學位（1 至 2 年） 碩士文憑（1 年）	
		24		
		23		
		22		
大　學	二專	21	學士後文憑（1 年）	
		20	大學（3 年）	教育學院 技術學院
		19		
		18		
高　中	高三 五專	17	Form 7	Year 13
	高二	16	Form 6	Year 12 　中　學
	高一	15	Form 5	Year 11

國　中	國三	14	Form 4	Year 10		
	國二	13	Form 3	Year 9		
	國一	12	Form 2	Year 8	高　小	
小　學	六年級	11	Form 1	Year 7		
	五年級	10	Standard 4	Year 6		
	四年級	9	Standard 3	Year 5		
	三年級	8	Standard 2	Year 4	小　學	
	二年級	7	Standard 1	Year 3		
	一年級	6	Junior 2	Year 2		
幼稚園		5	Junior 1	Year 1		

紐西蘭有八所綜合大學，依創建年份順序臚列如下表：

次　序	年　份	學校名稱	所在城市
1	1869	University of Otago	Dunedin
2	1873	University of Canterbury	Christchurch
3	1882	University of Auckland	Auckland
4	1897	Victoria University	Wellington
5	1964	University of Waikato	Hamilton
6	1964	Massey University	Palmerston North
7	1990	Lincoln University	Christchurch
8	2000	Auckland University of Technology	Auckland

　　這些大學都設有文科、理科、商科及其他專業，例如法律和會計，其中一些大學還開設農業、建築、牙科學、機械、美術、食品技術、園藝、醫學、體育和獸醫等。以下是各大學的簡介：

1. 奧克蘭大學 (University of Auckland)：為紐西蘭最大、專業設置最全的一所綜合大學。

2. 奧克蘭科技大學 (Auckland University of Technology)：以科學、工藝、技術為主，是最新成立的科技大學。

3. 坎特伯里大學 (University of Canterbury)：以提供優質的工程、法律、美術等專業而廣受讚譽的一所綜合大學。

4. 梅西大學 (Massey University)：是紐西蘭在校人數最多的一所綜合性大學，側重航空、技術、農業、園藝和獸醫等。

5. 懷卡托大學 (University of Waikato)：為紐西蘭最具藝術氣息的學院，學校設有毛利文化宮以保存毛利人的手工藝品。

6. 奧塔哥大學 (University of Otago)：紐西蘭最古老的一所綜合性大學，側重健康科學、醫學、藥學和體育教育等。

7. 林肯大學 (Lincoln University)：著重於農業和園藝專業。

8. 維多利亞大學 (Victoria University)：在建築、公共管理和社會事務方面最為專精。

　　所有大學都提供從學士到博士的各級課程。大部分學士學位需要三年。學士學位完成後，再修讀一年，可以獲得研究生證書 (postgraduate diploma)。碩士學位通常需要兩年完成。博士學位通常至少需要三年全日制訓練和研究。除了主要的綜合大學之外，紐西蘭還有理工學院、技術學院及師範學校、語言學校、藝術學

校，以及毛利人自行管理的學校。

二、語文問題

　　毛利人本來有語無文，後來英國傳教士為他們用英文字母將毛利語拼寫出來才有所謂「毛利文」。毛利文的用處只局限於簽條約（1840 年）或說明福利金的小冊子（1939 年）。毛利人仍只用毛利語進行溝通、開會、傳達訊息、吟唱詩歌等，很少用毛利文作為寫作之用。二戰以後毛利人口城市化，如上文所述，迄今已有 80% 毛利人居住城市。小孩子上學，成年人打工，說的都是英語，寫的都是英文。到 1970 年代，發覺只有 23.3% 的毛利成人會說毛利語，而且都是四十歲以上。五歲的學齡兒童會說毛利語的不到 10%。毛利語已差不多成為瀕臨滅亡的語言 (endangered language)。1981 年毛利的集會文化「輝」起了作用，有人在會上建議設立完全使用毛利語的幼稚園來保存母語。翌年（1982 年），第一個幼稚園「語言巢」(Kohanga Reo = "language nest") 誕生了。1984 年 1 月有一千多人在杜蘭加威威的馬雷 (Turangawaewae Marae) 參加第一屆「語言巢」會議。當年全國先後建立了一百八十八個「語言巢」，到了 1990 年已擴充至五百五十個。這僅到幼稚園階段，小學又如何呢？1984 年「毛利教育發展研討會」(Maori Educational Development Conference) 建議試辦「毛利語小學」(Kura Kaupapa Maori School)。迄 1990 年有六間私立和六間公立的毛利語小學建立。此外，有些白人就讀的公立小學也增加毛利語課程。

圖 30：「語言巢」：毛利語幼稚園

除了年輕學子有機會接受母語教育之外，毛利人又透過社區課程推廣成年人的毛利語學習，敦請會毛利語的祖父母和曾祖父母輩來教成年人說母語。期使毛利語在各種情境中經常使用，包括日常生活到部落會議。後來母語運動又和家庭發展計畫結合，以承傳和發揚毛利人傳統的家庭和文化價值觀——譬如親和好客、相互關懷、重視分享、慎終追遠等。

　　配合國際重視原住民母語的氛圍（1975 年 Quechua 成為祕魯官方語言，與西班牙語地位平等；1985 年瓜地馬拉承認馬雅語為國家文化傳統，准許在印第安區施行教育）和國內《瓦湯頤條約》的索償運動（見第十章第一節），紐西蘭國會在 1987 年通過《毛利語法案》(The Maori Language Act 1987)，將毛利語正式列為官方語言，任何人都有權在法律程序中以毛利語發言；並且成立「毛利語專門委員會」(Maori Language Commission) 負責執行和監督毛利語的推行。由於官方的立法，加上政府教育部門的協助下，到了 2000 年已有六百九十個 「語言巢」 幼稚園 ，前後共有 40,000 位小朋友（包括毛利、混血和白種）通過語言巢的測驗，成績斐然。這仍只是「語」的部分，從瀕臨滅亡中經過三十年的

努力挽救過來。根據 2001 年 「毛利發展部」 (Ministry of Maori Development) 的 《毛利語使用狀況調查》，顯示有 9% 常用毛利語；33% 有聽、讀、寫的能力。在 2013 年人口普查中，使用毛利語者達 125,352 人。至於「文」的部分，還是在草創階段，迄今表達毛利文化、文學和電影的作品，仍是英文的天下，尚未有毛利文學作品登上大雅之堂。這要看六十萬的毛利族群是否有能力成為毛利文學的讀者，進而建立一個毛利文學的王國。看來還有一段相當遙遠的路途哩！

第三節　百花齊放──文學、藝術、音樂與電影

人們在世外桃源享受豐盛的物質生活外，還渴望能在文化領域中獲得精神上的慰藉。文學、藝術與音樂等是精神生活不可或缺的重要項目，近世發明的電影科技更能將人類文化史上各項領域從活動的畫面呈現在觀眾的眼前。由於對文字的運用與科技的掌握，文學與電影在紐西蘭是白人的天下。原始藝術（以雕刻為主）與音樂是毛利人和太平洋島民與生俱來的天分，歐陸藝術（以繪畫為主）與音樂是白人移植與發揚的結果，各擅勝場。茲分別介紹如下：

一、文　學

在紐西蘭的文學領域中有三種類型的文學家：第一種類型是僑外派，第二種類型是崇英派，第三種類型是本土派。

　　僑外派人在江湖（海外），心存魏闕（紐西蘭），其中最著名的是女作家曼絲菲 (Katherine Mansfield, 1888–1923)。她出生於威靈頓，十五歲時跟隨兩位姐姐赴英國倫敦求學，十八歲學成歸國。與文明古都倫敦相比，威靈頓顯得枯燥乏味，獲得老父的同意，兩年後重返倫敦。結過兩次婚，第一次與擔任歌唱教師的丈夫只做了一日夫妻便告離異；第二任丈夫是個文學編輯，同居多年後與他在 1918 年結婚。她的文學生涯就在此時發展，寫作不輟，擅長短篇小說，多刊登在倫敦各大雜誌。弟弟在 1915 年探訪她後死於赴法途中，令她常憶起兒時紐西蘭的童年生活，成為她日後撰寫小說的題材。她本人也英年早逝，三十四歲在法國死於肺結核。遺作有《序曲》(Prelude)、《海灣》(At the Bay) 和《花園派對》(The Garden Party) 等。同期的作家有艾當士 (Arthur Adams)、懷瑞特 (David McKee Wright) 和荻文妮 (Jean Devanney)，長期旅居澳洲。戰後小說作家柯瑞屈 (James Courage) 和戴溫 (Dan Davin) 雖旅居英國，但心愛紐西蘭。居英詩人蒙托克 (Geoffrey de Montalk) 卻與紐西蘭漸行漸遠，幾乎遺忘這塊土地。

　　崇英派，這派作家都是英國迷，凡事捧英，訪英如朝聖。牟爾根 (Alan Mulgan, 1881–1962) 就是個代表，力作《回歸祖國：紐民奇遇記》(Home: A Colonial's Adventure) 描述 1920 年代後期他在倫敦所見所聞。喝一杯下午茶都覺得很有詩意；看一場慢調子的木球賽卻說「像一位美婦在採花一般」。有人諷刺地說，如果他被倫敦警察打在地上並尿在他身上，他也會站起來與警察握握手，極盡諂媚之能事。另一位唐納利 (Ian Donnelly) 著有《歡樂的

朝聖者》(*The Joyous Pilgrimage*, 1935)，描寫他求見英國大文豪蕭
伯訥 (Bernard Shaw) 和威爾斯 (H. G. Wells) 被拒，還沾沾自喜，
到處向人出示他們的親筆婉拒信函。人們嘲諷這些紐西蘭人如同
鄉下小童入大城，誠惶誠恐地聆聽神祕大叔講故事。假如真的學
海無涯，他們回到祖國就像靠了岸似的。牟爾根相信「英人是上
帝的選民」(the chosen people)，他自己身為海外英人，也應算是
上帝的選民。唐納利自稱「倫敦是我的一部分，我也是倫敦的一
部分」。好像一登龍門，身價十倍。牟爾根的兒子牟根強 (John
Mulgan) 也是位作家，著有《孤男》(*Man Alone*, 1939)，描寫英、
紐關係如一家人，能同甘共苦，一致對外。跟老爹一樣，也可歸
類為崇英派。

　　本土派，亦稱「文學民族主義者」(literary nationalists)。詩人
柯爾勞 (Thomas Allen Monro Curnow, 1911–2001)，著有《詩集：
1933–1973》、《新舊詩選集 1972–1988》，並編輯《紐西蘭韻文集
1923–45》(*A Book of NZ Verse 1923–45*)。他對文學民族主義者的
定義是：「有文化自信，熱愛人民，並透過本土的文學與藝術來表
達民族的認同。」他們強烈反對崇英派，1930 年代的文學雜誌
《明日》(*Tomorrow*) 和《鳳凰》(*Phoenix*) 以及 1940 年代的《陸
沉》(*Landfall*) 都是他們發表的園地。本土派對紐西蘭的文化環境
也有微言，如女作家蠻黛兒 (Jane Mander)、女詩人杜紺 (Eileen
Duggan)、音樂史家湯遜 (John Thomson)、小說家沙屈參 (Frank
Sargeson) 等。她（他）們恨鐵不成鋼，沒有遠走他鄉，寧願留在
本土努力耕耘，企圖使文學廢墟變成文化之都。

　　屬於本土派的女作家有蠻黛兒、花瑞美 (Janet Frame, 1924–2004) 和蕭妃雅 (Sylvia Ashton-Warner, 1908–1984)。其中花瑞美成就最高，由 1951 年出版《礁湖》(*Lagoon*) 之後著作不斷。她將三本自傳小說 (1983–1985) 合編成一卷，名為《我桌上的天使》(*An Angel at My Table*)，後來由女導演珍康萍 (Jane Campion) 拍成電視劇。花獲獎無數，著名的有「紐西蘭文學獎」(NZ Scholarship in Letters)、邱屈獎 (Hubert Church Award) 和邦恩斯獎 (Robert Buns Fellowship)。1958 年蕭妃雅年屆知命（五十歲）方才開始寫作，她的作品兩次成為美國《時代》(*Time*) 雜誌的十大暢銷書，其中一部《老處女》(*Spinster*) 拍成由莎莉·麥克琳 (Shirley Maclaine) 主演的電影。她曾教過毛利小學，發明「有機教學法」(organic teaching)，並出書《教師》(*Teacher*, 1963) 說明，獲得多國教育界重視。她的自傳《我走過的路》(*I Passed this Way*) 於 1986 年在紐西蘭拍成電影。

　　本土派的男作家有兩類，一類是「同志組」(homesexual group)，有《陸沉》的主編白勒殊 (Charles Brasch)，小說家沙屈參以及文學評論家麥康蜜 (Eric McCormick)。他們是 1940 年代至 1960 年代的文壇三霸，占住《陸沉》這塊發表園地，加上老麥這枝如刀之筆，後生晚輩都畏懼三分。另一類是「男人幫」(Masculine group)，包括詩人費邦 (Rex Fairburn)、高羅佛 (Denis Glover)、詩人兼史家冼克拿 (Keith Sinclair) 和小說家兼出版人達文恩 (Dan Davin)。這批李白之徒，聚而狂飲，醉中吟詩。但曲高和寡，懂詩的人不多。冼克拿另闢蹊徑，成為紐西蘭史的專家，

圖 31：女作家花瑞美　　　圖 32：詩人巴詩達

在史著中表達他的文化民族主義 (cultural nationalism)。另一位狂狷詩人巴詩達 (James K. Baxter)，他的文壇地位如花瑞美，可惜嗜酒成狂，風流倜儻（既癖斷袖，又好漁色），結果死於英年（1972，時年四十六歲）。

　　紐西蘭文壇有一個特色，就是女性作家人數既多，出名的也多。1904 至 1943 年間，莉桃桐 (Edith Lyttleton) 出版了十四本書和很多短篇，暢銷紐、澳、英、美、加各地，其中三本拍成好萊塢電影。蓓嘉兒 (Louisa Baker) 和裴珂凱 (Isabel Peacocke) 共出版了五十五本浪漫小說和兒童文學。1920 年代至 1960 年代的四十年間，女作家如李絲 (Rosemary Rees)、史坎蘭 (Nellie Scanlan)、卡爾蔓 (Dulce Carman)、奎恩鈿 (Dorothy Quentin)、文恩黛 (Mavis Winder) 和史可蒂 (Mary Scott) 等共出版小說約二百本。其中瑪爾妤 (Ngaio Marsh) 是世界知名的偵探（推理）小說家，出版

三十一本小說，行銷數百萬冊。同類體裁的女作家還有伊甸 (Dorothy Eden) 和美仙綴 (Elizabeth Messenger)，前者出版五十本，後者十本。荷兒丹 (Anne Holden) 的《證人》(*The Witnesses*) 不但遠銷英語國家，譯成德文後在德國賣出二十五萬冊。1960 年代以後超過十位紐西蘭的國際暢銷書作家全都是女性，以森瑪絲 (Essie Summers) 為首的女作家共出版五十本作品，總共銷售一千七百萬冊。兒童文學也是紐西蘭文壇的強項，除了曾任總理的馬紹爾（John Marshall，任期 1972.2.7–12.8）著有五十篇兒童短篇外，其餘全是女性作家，如二十世紀前半葉的裴珂凱、賀葦絲 (Edith Howes)、崔瑞齊 (Mona Tracey) 和華絲蒂 (Joyce West) 等共出版百餘種；二十世紀後半葉的柯蕾 (Joy Cowley)、杜荻 (Lynley Dodd) 和麥喜 (Margaret Mahy) 等共出版五百種左右。

除了白人作家之外，毛利和島民作家如鳳毛麟角，只有受同化的一代才能用英文來創作。毛利女作家葛瑞絲 (Patricia Grace, 1937–) 已是一位七個孩子的母親，職業是學校教師。著有《電城》(*Electric City*, 1989)、《表親》(*Cousins*, 1992) 和《天人》(*The Sky People*, 1994)，以及一些兒童故事書如《手推車》(*The Trolley*, 1993) 和《阿瑞達和小鳥》(*Areta and the Kahawai*, 1994) 等。另一位混血毛利女作家胡安美 (Keri Ann Ruhi Hulme, 1947–) 是一位詩人兼小說家，名著《刻骨銘心》(*The Bone People*) 於 1985 年榮獲英國文學最高榮譽的「布克獎」(Booker McConnell Prize)，是描寫女主角凱瑞溫 (Kerewin) 和孤兒啞子 (Simon) 與毛利鰥夫 (Joe) 的三角故事，隱喻對過往民族歷史的療傷止痛。男性

毛利作家伊希馬拉 (Witi Ihimaera, 1944–) 於奧克蘭大學畢業後專心寫作，1972 年的短篇小說集《玉石》(*Pounamu*) 和 1973 年的長篇小說《哭聲》(*Tangi*) 雙雙獲獎。1992 年的《鯨騎士》(*The Whale Rider*) 是一部保存毛利傳統文化的故事，在十年 (2002 年) 後被拍成電影。影片女主角是一位十一歲的毛利小女孩，於 2004 年奧斯卡金像獎成為史上最年輕的女主角被提名者。最後，值得介紹的是一位太平洋島民男作家文德 (Albert Wendt, 1939–)，首部作品《赤子回鄉》(*Sons for the Return Home*) 是一部自傳式小說。他本人生於薩摩亞，十三歲獲獎學金赴紐西蘭就學，完成碩士學位後回國教書，曾任薩摩亞書院院長，後重返奧克蘭大學擔任英文系教授。長篇小說《榕樹葉》(*Leaves of the Banyan Tree*, 1979) 曾獲當年暢銷書獎。近作有詩集《莫大於心死》(*Inside Us the Dead*) 和短篇小說集《自由樹上的飛狐》(*Flying Fox in the Freedom Tree*) 等。

二、藝　術

　　繪畫藝術是歐洲傳統的強項，隨著白人的移民也因此而落籍紐西蘭。其中女畫家賀荊絲 (Frances Hodgkins, 1869–1947) 最為傑出。出生於南島但尼丁，受教於義大利籍畫家拿理 (G. P. Nerli)，擅長人像與山水油畫。1901 至 1903 年遊歷英國與歐洲，畫藝大進。回國後搬往首都威靈頓，設帳授徒。1913 年後旅居英國，除了 1926 年因奔母喪回紐外，老死英倫。畫作為英、澳、紐各地畫廊或博物館收藏。老父 (William Mathew Hodgkins, 1833–1998) 原

業律師，創辦藝術協會後也醉心藝術，以水彩畫聞名於世。

　　1950 年代抽象畫派 (abstractionism) 傳入紐西蘭，挑戰保守畫派。名家如安古絲 (Rita Angus)、伍拿斯頓 (Toss Woollaston) 和韋克時 (John Weeks) 的畫作風靡一時。另一個象徵畫派崛起，名畫家如裴芝 (Evelyn Page) 和馬根泰 (Peter McIntyre) 的畫作也廣受歡迎。最受爭議的名畫家是麥卡洪 (Colin McCahon, 1919–1987)，畫風特別，作品難以理解，包涵了前現代、後現代、宗教、抽象以及對土地的熱愛等複雜成分，令賞畫的人有很大的想像空間。他的畫很難歸屬於任何主義或畫派，卻很有影響力，畫作為各國美術館爭相收藏 。 與他同時期的華臺士 (Gorden Walters, 1919–1995) 另闢蹊徑，用歐洲抽象風格來詮釋毛利人的符號，使得他的畫作很有紐西蘭本土的風味。 1960 年代另一批寫實主義 (realism) 畫家，如賓尼 (Don Binney)、白羅兵 (Robin White) 和黃布郎 (Brent Wong) 等，以紐西蘭的雀兒、山水、海景等入畫，令人一望而知身處紐西蘭 。 毛利畫家馬切蹄 (Para Matchitt) 手繪先知德古堤 (Te Kooti) 的人像（1967 年），被毛利同胞所不屑，責以不用毛利傳統而採歐洲畫技與風格。

　　紐西蘭的雕塑藝術中，塑像是白人的專長，雕刻卻是毛利人的絕活。塑像重寫實，雕刻重神似。所以豎立全紐大城小鎮的塑像都是白人的傑作，而毛利大至會所、舟船，小至儀杖、飾物，無論木、骨、玉、石等各種雕刻，都具毛利傳統特徵，精工細琢，堪稱一絕。太平洋島民精陶藝、工編織，在紐西蘭藝術世界中聊備一格，並非主流。這在紐西蘭六大毛利博物館中可見一斑。

　　舞臺表演藝術是歐洲文化的傳統，不論歌劇、話劇、芭蕾、單口相聲 (talk show) 都從歐洲移植過來。淘金時期 (1861–1888) 演員也來參加賺錢的行列，他（她）們不是淘礦坑的金，而是淘觀眾的金。1870 年代至 1880 年代最為熱鬧，光是 1870 至 1871 年間劇團在奧克蘭表演的劇目就有六百一十一種，共演出一千四百零九場。自從十九世紀末葉電影的發明以及二十世紀中葉電視的流行之後，舞臺藝術日漸式微，幾至無人問津了。

三、音　樂

　　無論古典音樂或流行音樂在 1950 年代與 1960 年代都必須向海外取經、受訓，甚至要在海外打響知名度，回國才有舞臺。亞洲人評定人們的資歷或經歷時，會考究一下有沒有喝過洋水；紐西蘭人也會注重有沒有喝過海水。前文提到文學作家也要赴倫敦朝聖，回國後還可向讀者和同儕炫耀一番。何況聽眾與觀眾，他們也無意中會對音樂工作者作類似的要求。紐西蘭歌唱家納子克 (Oscar Natzke, 1912–1951) 留英深造，成名後穿梭英、美，偶然返紐僅作短暫停留，成為後輩藝術家的榜樣。韋雅達 (Inia Te Wiata)、麥根臺 (Donald McIntyre)、卡娜娃 (Kiri Te Kanawa) 等皆步他後塵。芭蕾舞星如杰克遜 (Rowena Jackson)、葛蘭德 (Alexander Grant) 和艾斯橋 (Bryan Ashbridge) 等都前往倫敦發展。紐國地處南陲，人口稀少，散居各地，觀眾又不如維也納的奧地利人那麼熱愛音樂，當然容不下這些國際巨星了。因此紐西蘭的國家交響樂團遲至 1946 年才勉強成立。芭蕾舞團和歌劇團分

別在 1953 年和 1954 年建置，熬至 1971 年，但最終經營不善，還得要合併。

至於流行音樂方面，年輕人透過電影和電視的觀賞，他們的偶像是美國搖滾之王皮禮士利（Elvis Presley，綽號「貓王」）、金童子奇里夫李察 (Cliff Richard)、影子樂團 (Shadows) 以及英國的披頭四 (Beatles) 和滾石 (Rolling Stones)。近年來電臺仍以播放外國流行歌曲為主，但本地歌手力爭上游，配合本土的色彩，發展自己的樂團，如 Crowded House，Big Runga，Headless Chicken，Moa Hunters 等，歌手有 Pauly Fuimana 和 Annie Crummer 等。

四、電　影

從電影工業的規模來觀察，首推美國好萊塢 (Hollywood)；東亞則以香港獨占鰲頭，日本、臺灣和南韓也曾風光一時；南亞則以印度為電影大國，論影片和觀眾數量，皆首屈一指。從水準來比較，看影展的舉辦國即可知份量，美國的奧斯卡、金球，英國的電影學院，法國的坎城，德國的柏林，義大利的威尼斯，亞洲的亞太，甚至臺灣的金馬等等，都是舉世知名的電影賽場。唯獨小國寡民的紐西蘭鮮為人知。自從 1993 年珍康萍執導的《鋼琴師和她的情人》(The Piano) 榮獲坎城最佳影片獎和被提名奧斯卡最佳導演和最佳影片等強項之後，透過鏡頭令人對紐西蘭迷人的景色頓生驚豔，也對珍康萍的大師級導藝發出讚嘆。可惜碰上世界級的大導演史匹柏 (Stephen Spielberg) 的黑白片 《辛德勒名單》(Schindler's List)，未能獲獎，但拿到原著劇本，外加最佳女主角

（美國女星 Holly Hunter）和最佳女配角（1982 年出生於加拿大，四歲移居紐西蘭的小朋友安娜‧柏坤 (Anna Paquin)，八歲拍該片，十一歲獲獎，成為奧斯卡史上最年輕的最佳女配角）等總共三個獎項，既予珍最大的安慰，也使紐西蘭電影獲得最高的殊榮。

　　所謂「好戲在後頭」，紐西蘭的電影成就還不止此。沉睡了近半個世紀的牛津大學文學教授托爾金 (J. R. R. Tolkien, 1892–1973) 的經典魔幻小說　《魔戒》 (*The Lord of the Rings*, 1954–1955)，在紐西蘭甦醒過來了。怪導演彼得‧傑克遜 (Peter Jackson, 1961–) 獲得美國「新線」(New Line) 二億七千萬美元的資金，由 1997 年籌備，1999 年 10 月 11 日開拍，花了二百七十六個拍攝工作日，在紐西蘭完成後製作業，2001 年 10 月 31 日才完成首部曲《魔戒現身》(*The Fellowship of the Ring*)。翌年（2002年）首部曲在英國電影學院獎中大獲全勝，拿下最佳影片和導演等五項大獎，在美國雖獲奧斯卡十三項提名，但僅獲四項技術獎。同年 12 月二部曲《雙城奇謀》(*The Two Towers*) 上映，盛況不減

圖 33:紐西蘭著名女導演珍康萍　　圖 34 :《魔戒》導演彼得‧傑克遜

首部，可惜六項奧斯卡提名僅得音效與視效二獎。2003 年 12 月
大結局三部曲《王者再臨》(*The Return of the King*) 上演，甚獲好
評，翌年（2004 年）的奧斯卡十一項提名全部獲獎，為電影史上
最高的全獎紀錄（比 1958 年的《金粉世界》和 1987 年的《末代
皇帝》的九項還多）。

　　《魔戒》的成就當然直接歸功於導演傑克遜個人的才華和他
的工作團隊（Weta 公司三百五十名專家）。而間接的功臣，除了
美國的金主之外，就是紐西蘭政府。自 1970 年代在紐西蘭電影局
的補助下，電影工業得以發展，也造就了不少電影人才。這次為
了《魔戒》的順利拍攝，蔻麗可總理還特別任命一位「魔戒部長」
協調舉國上下各部門、甚至是軍隊全力協助。除了幾位明星演員
來自英、美、澳等地外，全部工作人員（二千多人）和臨時演員
（二萬多人）都就地取材，連高科技的電腦後製作業全都在紐西
蘭完成。就像從懷胎到分娩，全在紐國母體內完成，可說是 100%
made in New Zealand。由於這些電影工藝已臻成熟，不亞於世界
級的電影王國，加上紐西蘭的瑰麗河山，也引致外資電影舉家出
走，來紐拍攝或後製。其中最著名的是美、日合作由湯姆克魯斯
(Tom Cruise) 主演的《末代武士》(*The Last Samurai*)（2003 年）。
2011 年彼得‧傑克遜於紐西蘭開拍同樣改編自托爾金作品《哈比
人歷險記》(*The Hobbit, or There and Back Again*, 1937) 的 「哈比
人三部曲」:《意外旅程》(*An Unexpected Journey*, 2012)、《荒谷惡
龍》(*The Desolation of Smaug*, 2013)、《五軍之戰》(*The Battle of
the Five Armies*, 2014)，紐西蘭電影再次成為國際影壇之佼佼者。

　　由於政府輔助和鼓勵電影工業的發展，栽培了不少電影人才，上至導演、下至演員。男導演除了傑克遜外，還有 Roger Donaldson、Geoff Murply、Vincent Ward、Harry Sinclair 和 Lee Tamahori（毛利人）等；女導演除了珍康萍外，還有 Meratam Mita（毛利人）、Gaylene Preston、Alison McLean 和 Niki Caro 等。演員方面有山姆尼爾（Sam Neil，1947 年生於愛爾蘭，七歲移民紐西蘭，主演《侏儸紀公園》等名片）、羅素克洛（Russell Crowe，1964 年出生於紐西蘭，六歲移居澳洲，主演《神鬼戰士》並榮獲奧斯卡金像獎）、安娜‧柏坤和毛利新童星凱莎‧卡素－休絲（Keisha Castle-Hughes）。《鯨騎士》就是由凱莎主演，在 2004 年初獲「美國影評人協會」(American Broadcast Critics' Association) 頒發最佳年輕女演員獎（拍片時僅十一歲，提名時十三歲），同年 3 月的奧斯卡成為史上最年輕的女主角提名人，可惜不敵《女魔頭》(*Monster*) 的南非女演員 Charlie Theron，否則可與安娜並列為世界電影史上最年輕的女主角和女配角金像獎得獎者。不過，電影界常說：被提名等同被肯定。安娜由童角到青少年到成人各階段接片不斷，已成國際影壇（加廣告界）小紅人，凱莎會否步她後塵呢？看官只好拭目以待了。

第四節　交輝互映——宗教、風俗與民情

　　毛利人以萬物唯靈，奠基於神祇和祖靈的普遍信仰，迷信超自然力量會留駐自然界諸物之中。神聖 (taper) 和靈力 (mana) 是毛

利社會的重要概念，與一般宗教信仰不同。紐西蘭有宗教自移民開始。英國的移民帶來了基督教和天主教，傳教士企圖給毛利人灌輸宗教的信仰，購土地來蓋教堂比移民蓋房子還早。在主權轉移的過程中，傳教士既奉獻出力量，也作了見證，在場有基督教的牧師和天主教的神父。

在抗英鬥爭中，毛利人吸取了傳教的經驗，卻聰明地利用民族宗教（信仰）向族人進行宣導。十九世紀中葉，由郝曼尼 (Te Ua Haumene) 創辦的「珀瑪麗瑞」(Pai Marire)（意即「美好與和平」），表面以宗教為名，實質上進行抗爭，稱為「吼吼運動」(Hua Hua Movement)。在二十世紀初另一位宗教人物瑞塔拿 (Tahupotiki Wiremu Ratana) 熟讀《聖經》(*Bible*) 和小冊子《毛利人的健康》(*Health for the Maori*)，自稱為神的代言人。由 1922 年起進行「瑞塔拿運動」(Ratana Movement)，曾獲得三萬毛利人連署，要求修改《瓦湯頤條約》；同時又懂得利用選舉拉票，鞏固毛利人的議席。這些都是毛利人利用宗教來進行的政治活動，並非真正的純宗教。

西方宗教在紐西蘭落地生根以基督教最早，信奉英格蘭聖公會 (Anglican) 和蘇格蘭長老會 (Presbyterian) 的教徒最多。天主教徒以愛爾蘭人最先來紐，後來義大利人、法國人、西班牙人、南斯拉夫人等也加入天主教的行列。希臘人、羅馬尼亞人和東歐人的東正教堂也先後建立。1970 年代中期以後，隨著亞洲移民的增加，佛教、印度教、回教和猶太人的五旬節教 (Pentecostal) 等也相繼傳入。信仰自由的紐西蘭漸漸變成世界宗教博物館。

　　隨著時代的演進，複雜的移民社會不像從前二元社會那麼單純，信奉宗教的人越來越有更多的選擇，甚至有人選擇不信教。首先由信奉基督教或天主教的人數下降可見一斑。在 1966 至 1996 年這三十年間，參加聖公會的由 33.7% 降至 18.4%，長老會由 21.8% 降至 13.4%，衛理公會 (Methodism) 由 7% 降至 3.5%；連比較堅定不移的天主教徒也由 15.9% 降至 13.8%。較為特別的是猶太人的五旬節教徒由 1966 至 1981 年增加五倍。這可能與猶太難民人數的增長有關。

　　近年變化更大，根據 2001 年的人口調查數據，無任何宗教信仰 (1,028,051) 加上祕而不宣 (239,241) 或尚未釐清 (211,638) 的人共 1,478,931 人，占總人口 (3,841,932) 的 38.49%。信奉聖公會 (584,793) 的占 15.22%，天主教 (486,012) 占 12.65%，長老會 (417,453) 占 10.87%，衛理公會 (120,708) 占 3.14% （以上皆比 1996 年下降），浸信會 (51,426) 占 1.34%，瑞塔拿 (48,975) 占 1.27%，佛教 (41,664) 占 1.08%，摩門 (39,915) 占 1.04%，印度教 (39,876) 占 1.04%，五旬節 (30,222) 占 0.78%，回教 (23,637) 占 0.62%，其他宗教共 478,320 人，占 12.45%。可見多元的社會，宗教也五花八門，信徒（逾六成人口）各得其所，不信的人也自得其樂。

　　紐、澳都是移民國家，但民族比例不一樣。澳洲土著僅占人口 1.5%，亞洲人也不過 5%，因此一白獨大，風俗民情也一片白，亞裔的色彩要在民族節慶或唐人街才展露光華。紐西蘭的原住民毛利人占 14.9%，亞洲人占 11.8%，太平洋島民占 7.4%，其他占

1.2%，共 35.3%。白人只占 64.7%。毛利人八成居住城鎮，亞洲
人幾乎全部住在大城市，島民居大城邊緣。因此大城小鎮的多元
景象比澳洲來得明顯。亞洲人（尤其是占 75% 的新亞洲人）喜往
街上蹓躂、逛百貨公司、上館子、擺龍門陣；毛利人與島民愛聚
眾唱歌跳舞，甚至穿上民族服裝，戴上頭飾。但是，白人仍占多
數，英語流行；休閒生活中，運動、燒烤、喝酒、聊天，仍十分
普遍。各民族各有自己的宗教、風俗與民情，在自由的國度裡，
各適其式，愛其所愛，彼此之間，互相尊重，和諧共處。

　　假如只有毛利人的歐提羅噢是個不受外來干擾的世外桃源，
那麼白人入主後的紐西蘭就變成水手或勞工的人間樂園。1986 年
以後，政府由選擇「上帝的選民」改為選「錢」（商業移民）與
「能」（技術移民），紐西蘭成為民族大雜燴，越來越像個交輝互
映的嘉年華 (carnival) 了。

第五節　相輔相成──環保、旅遊與文教服務

　　紐西蘭諸島猶如幾葉扁舟安詳地停泊在南半球的藍天白雲之
下和碧海綠波之中，也許上蒼情有獨鍾，經過造物主鬼斧神工的
恣意雕琢，無論江、泉、湖、瀑或山、峽、林、谷等構成了多姿
多彩的地理環境，尤其是那沒有污染的自然生態，令人悠然神往。
包括芸芸旅客與莘莘學子，皆趨之若鶩。因此，環境保護、旅遊
事業和文教服務，皆相輔相成，缺一不可。

一、環境議題

　　天然的淨土還需人間的扶持。首先對生態維護平衡的是毛利人，他們對江、河、湖、海的魚類不加濫捕，也沒有關山伐林來作大規模的種植，因此湖光山色依舊，沒有斧鑿過的疤痕。白氓初至，殺鯨獵豹、伐木採麻，以致碧海嫣紅，牛山濯濯。白人政權立足之後，漸漸瞭解到自然資源的重要性，於 1887 年成立紐西蘭第一個屬於世界級遺產 (World Heritage) 的唐嘉瑞洛 (Tongarino) 國家公園 (National Park)，1900 年又成立第二個，以後陸續成立，迄今已有十三座。1980 年還為國家公園立法 (*National Park Act 1980*)，加強管理，將破壞者繩之以法。另外又在全國劃分十九座森林公園 (Forest Parks)，可讓喜愛戶外活動的人進入園區紮營度假，策馬奔馳或溪邊垂釣，但仍先要取得入園許可。紐西蘭也有林木工業，但砍伐的樹林是人工再造林，約有 170 萬公頃，占全國森林面積 21%，不會影響到原始森林（640 萬公頃）的自然生態。為了規範生態旅遊，政府提出《環保責任旅遊準則》(*Principles for Environmentally Responsible Tourism*)，要求業者推廣生態之旅時要負責保育，如在「企鵝保護區」和「奇異鳥天堂」等處皆有守則。

　　紐西蘭另一個環保貢獻就是反核。紐西蘭水力與地熱能源豐富，從不用核能發電，本身已經是一個無核家園。但核污是放射性的，它可以隨著空氣吹到你的後院，也可以混合海水流到你的岸邊。因此自 1966 年法國在太平洋的大溪地試爆核武時，紐西蘭

政府就提出嚴重抗議。1972 年「紐西蘭綠色和平組織」派小船前往核試地點示威，工黨總理寇克也派一艘巡防艦助陣，並把法國告上國際法庭。

另一個環保大動作更是震驚天下。1984 年另一位工黨總理朗怡為了謹慎保衛乾淨的家園，要求來紐訪問的美國戰艦表白是不是核艦，美方以機密為由不願明言。朗怡當機立斷，拒絕美艦來訪。1987 年更進一步，將工黨的反核政策通過國會制成法律，不准所有核艦，包括核子動力和攜載核武的，連英、美、法等國在內，都不可以靠岸。當 1990 年英女王為慶祝紐西蘭立國一百五十週年而來訪問時都不敢乘坐極具意義的 「不列顛尼亞號」(Britannia)，怕發生被拒絕靠岸的尷尬場面。朗怡活在人心，退休十四年後（2003 年）仍然獲頒相當於諾貝爾獎的「公義營生獎」(Right Livelihood Awards)。

二、旅遊發展

紐西蘭官民合力經過三十多年的環保努力，聲譽卓著，名震全球。這無疑為紐西蘭的旅遊觀光事業登了一支為時超長的大廣告，向世人宣示紐西蘭先天潔淨，後天環保。觀光旅客大可放心來紐旅行小住，甚至計畫退休，安享晚年。

由於環境潔淨，生態自然，紐西蘭政府在 2000 年推出一個觀光口號：「百分百純淨紐西蘭」(100% pure NZ)。旅人除了可以入林賞鳥、進園觀花、登山滑雪、沐浴溫泉之外，還可到海邊看黃金企鵝漫步岸邊，抹香鯨遨遊碧海，信天翁（albatross，世界最

大的海鳥）飛翔藍空。還有各處的平湖飛瀑、雪山孤崖、奇岩曲岸、火山噴泉等奇景，經過《魔戒》如詩如畫的立體呈現，引起世人無限的嚮往。

　　紐西蘭的旅遊服務是多元化的，年輕人可以爬山、滑雪、騎車、衝浪、或到皇后鎮玩「高空彈跳」（bungee jump，可譯作「笨豬跳」　或　「硼極跳」），或去凱庫拉 (Kaikoura) 半島「與海豚共泳」，或去急流險灘坐噴氣飛船。饕客可在各地觀光區享受歐、亞、太各地美食，到漁人碼頭吃龍蝦、嚐淡菜、或品嚐毛利人的「烘熱」石頭料理。尋幽訪勝的好奇探險家，可以去參觀螢火蟲洞、鐘乳石洞或低於地面三百公尺的深淵 (The Lost World)。想強身健魄或改善體質的人可去硫磺溫泉泡浸或試個有美容療效的火山泥漿浴。想體驗農莊生活可在農宿住上一二天，晨起飲杯直接從乳牛擠出來的牛乳。想嚐新鮮水果可到果園參觀並摘而食之。想飲醇酒可往葡萄園產酒區試飲不同品種和年代的葡萄酒，並配上當地的美食。想「拈花惹草」的愛美一族，不妨去首都植物園瀏覽玫瑰花圃和香藥草花圃，在植物芬多精的薰陶中，享受一杯美容養生的藥草花茶，其樂無窮。

　　各種旅遊服務的等級也很多元，以滿足不同預算的旅客，從前以廉價吸引，現在除了自由行的背包族，由民宿、農宿到星級旅館外，更有一晚收費 1,500 紐元（約 26,000 臺幣）的頂級度假莊園 (Super Lodge)，嘗試享受如同王公貴族一般的奉承與侍候。

　　紐西蘭在發展觀光業的過程中悟出一個重要的待客概念，就是不把外來旅遊人士稱為「觀光客」(tourist)，怕被誤為待宰的肥

羊,而親切地稱他們為「客人」(visitor),當作遠方來探親的朋友一般,誠摯接待。因此,皇后鎮有一種由當地家庭組成的團體,每週安排一二天把旅客接到家中和家人用餐,嚐嚐家常便飯,從閒聊中讓客人瞭解民情,也讓家人尤其是小孩有機會接觸外面世界的人。如此營造一個友善的旅遊環境,也可廣收口耳相傳的宣傳效果。

為了確保旅遊服務的品質,從 2002 年開始,各種旅遊景點或活動,如博物館、美術館、禮品店、遊船、公園、高爾夫球場等,皆可申請認證,通過標準後可頒證書,作為品質保證的標誌,讓旅客放心。 2003 年總理蔻麗可曾偕夫婿彼德充當旅遊大使, 她(他)們夫婦倆坐直升機遨遊上空,介紹各地名勝,並且親自爬雪山、下涵洞、探民宅、與人民閒話家常。這個影碟在世界地理頻道和發現頻道都曾播放,比俊男美女的廣告片更有效。

經過政府與民間的努力,旅客人數由 1991 年不足百萬人次,到 2002 年已突破二百萬人次 (2,044,962),翻了一倍,2013 年則達 2,717,695 人。今日每年有近二百八十萬人次赴紐觀光旅遊,每年為紐西蘭賺進 98 億紐元的外匯,是僅次於乳品業的第二大創匯產業。旅客來源地順序為 1.澳洲; 2.中國大陸; 3.美國; 4.英國; 5.日本; 6.德國; 7.南韓; 8.加拿大; 9.新加坡; 10.印度; 11.馬來西亞; 12.香港; 13.法國; 14.斐濟; 15.臺灣。前 15 名中亞洲地區占 8 名,預估將來會更多,可與歐、美旅客平分秋色。

三、文教服務

　　在「經濟合作發展組織」(OECD: Organization for Economic Cooperation Development) 的三十個國家或地區肄業的學生共有一千五百萬人，其中有二百萬人赴國外留學。留學生市場總值三百億美元，約占 OECD 國際服務貿易總值的 3%。未來二十年預估留學／遊學人數會突破五百萬。紐西蘭在 1973 年加入 OECD，並於 1975 年參與 「教育研究與創新」 (Educational Research and Innovation) 計畫。開放性的移民政策在 1986 年才推行，所以吸收留學生的起步較晚。 不過， 在 1990 年代突飛猛進， 自 1990 至 1999 年這十年中，紐西蘭是 OECD 國際留學生增加速度第三快的國家，僅次於英國和澳洲。

　　紐西蘭氣候溫和、環境舒適，是讀書的好去處。空氣清新、水質潔淨、留學生的健康有保障。紐人純樸謙和、友善好客，留學生會減低人地生疏的不適感。學制沿襲英國，擁有高水準的教學品質，學歷獲國際承認。交通便利，三大城市（奧克蘭、威靈頓和南島的基督城）皆有國際機場，學生初出國門，一機直達，毋須轉機，可免路途波折而致驚惶失措。國內政治穩定、族群相處融洽、犯罪率低、社會秩序井然。有了安全的學習環境，泯除家長牽腸掛肚的憂慮。自從紐幣在 1980 年代貶值以來，相對英、美、加、澳各地，學費和生活費顯得比較低廉。自 1999 年起採取了一系列的優惠措施，包括免英語成績（可先入當地英語學校）、降低存款金額、取消簽證配額等，總之，來者不拒，多多益善。

　　文教服務也多元化，觀光者有文化之旅，如參觀博物館、藝術村、瞭解毛利文化的特別安排等。讀書的有短期遊學，也有為學位／學程而留學。目不識丁可來讀基礎英文班，小朋友可入小學或幼稚園，青少年上中學或大學先修班，已在原居地畢業的可來申請研究所。還有一種「跨國課程」(Offshore Programmes)，不用來紐也可接受「跨國教育服務」(Offshore education services)，利用遠距（函授）或在海外設校，也可獲同等學歷。

　　總的來說，紐西蘭政府強力推廣文教服務，大有創造利潤的潛力，海外留學生的學費 (FFP: Foreign Fee Paying)，學生及其陪讀或陪遊父母的旅費和生活費，加上文化交流的其他收入，使文教業在 2002 年為紐西蘭創匯 41.67 億紐元，僅次於觀光業成為服務業的第二大收入。

對外關係

　　紐西蘭雖然處於南半球的偏遠位置，地理上很孤立 (isolate)，政策上採隔離主義 (insulationism)，但隨著第二次世界大戰結束加入聯合國（1945 年）並完全成為一個主權獨立的國家（1947 年）之後，再不能自囿於一隅，必須與世界其他地區或國家交往。鄰近地區如澳洲和南太平洋諸國（或殖民地），同文同種的世界強權如英國和美國，北半球龐大而複雜的亞洲諸國等，無論基於經濟議題或安全考量，皆須面對參與並解決之。至於世界性事務如限武、裁軍、維和、反核、援外以及難民安置等問題，紐西蘭幾乎無役不與。以三百萬人口小國所盡的世界公民道德與義務，使得一些號稱文明大國或以經濟成就自豪的國家為之汗顏。以下從澳、太、英、美、亞洲等地分別論述。

第一節　敦邦睦鄰——與澳、太關係

　　從地緣上來看，紐西蘭與鄰近的澳洲和南太平洋諸國最近，

關係也最密切。尤其是在二戰時期的太平洋戰爭中，更形成一個龐大的生命共同體。茲分別陳述如下：

一、紐、澳關係

1.國防合作

紐、澳是兄弟之邦，自殖民地時期 (1840–1900) 以來即出生入死，共同進退。十九世紀末應母國之召雙雙前往非洲打波耳戰爭。二十世紀又為母國效勞，遠赴歐、非、亞參與兩次世界大戰，並且在第一次世界大戰中的加里波里之役建立牢不可破的「澳紐軍魂」(ANZAC nationalism)。第二次世界大戰還沒有結束時，兩兄弟在 1944 年私底下結盟，簽署《澳紐防衛條約》(*Australia New Zealand Security Pact*)。1951 年又把盟友美國拉進來，簽署《澳紐美安全條約》(*ANZUS Security Treaty*)，以期鞏固南太平洋的區域安全。

1960 年代後期，英國宣稱將自蘇彝士 (Suez) 運河以東的地區逐步撤退駐軍。紐、澳這雙已經長大了的兄弟不可能再依賴母國的蔭庇，於是合作發展兩國的國防工業。1969 年雙方國防部長擬定一個《國防合作供應瞭解備忘錄》(*Memorandum of Understanding on Co-operation in Defence Supply*)，目的在強化 1944 年兩國簽訂的《防衛條約》。1970 年兩國總理會談並同意把國防計畫、軍備採購、統一標準、軍事訓練與合作等的溝通作為兩國國防的首要任務。

1970 年代冷戰 (Cold War) 又趨緊張，蘇聯戰艦經常巡弋太平

洋。1976 年紐、澳兩國總理宣布要加緊國防合作。1977 年雙方國
防部長在兩國國防合作諮詢委員會內成立「紐、澳國防政策小組」
(ANZ Defence Policy Group)。1983 年兩國政府設立「國防供應合
作工作組」以強化軍備補給。怎料 1985 年紐西蘭朗怡政府反核,
拒絕美艦入港,激怒美國單方面中止 1951 年簽署的《澳紐美安全
條約》(ANZUS)。澳洲總理郝克 (Hawke) 左右為難,紐為兄弟之
邦,美是戰略伙伴,兩者之間取捨不易。為彌補紐西蘭失去美國
的軍事協助,遂提升澳紐的國防合作,包括軍事演習、軍隊訓練、
軍情交換,以及軍備的提供等。在 1980 年代後期,兩國簽訂了大
約二十個雙邊國防合作的協議,其中一個最著名的就是建造巡防
艦的合作計畫。

　　購艦比較簡單,但造艦計畫非常龐大而昂貴。全數共十二艘,
紐負責買下四艘,總價超過二十億紐元。其中約兩成的合約分給
紐西蘭,即建材或零件由紐方製造,價值五億紐元。因此造艦計
畫對紐國的工業發展和就業率增加有幫助,對提升澳、紐兩國的
政治、經濟、國防、區域安全與雙方的國際地位等饒有意義。

　　1991 年雙方國防合作進行良好,紐方國防部長提議雙方建立
「密切國防關係」(CDR: Closed Defence Relation)。1992 年雙方同
意並加強 CDR 的內涵, 例如由海軍的巡防艦到空軍的天鷹
(Skyhawks) 計畫,以及對方受攻擊時如何協防等問題。

　　回顧 1986 年的國防民調中,有 68% 紐民主張跟澳洲結盟,
52% 跟美國,只有 35% 跟英國。到了 1991 年的民調中,如澳洲
遇難有 81% 紐民主張全力援澳 ; 如紐西蘭受攻擊有 75% 紐民有

信心澳洲會伸手相助。

2.經濟往來

　　雖然紐澳毗鄰，但在 1960 年代只有 4% 的出口到對方。兩國
主要的外貿市場都在萬里迢迢的英國和歐洲。由於地緣的關係，
兩國的航運路線不但分道揚鑣，而且是背道而馳的：紐西蘭向東
北經巴拿馬運河前往英國和歐洲；澳洲向西北經蘇彝士運河入地
中海抵歐、英。1965 年紐、澳同意簽訂《自由貿易協議》
(*NAFTA: New Zealand Australia Free Trade Agreement*)，有一百種
商品互不抽稅。到了 1974 年增加至一千七百六十種，但只占紐西
蘭關稅名單的 37%，仍未達到全面互免。

　　1973 年英國加入歐洲共同市場之後，澳、紐先後轉向亞、太
地區發展經貿。雙方覺得《自由貿易協議》不足以使紐、澳合作
擴大，不利於插足亞、太，邁向國際貿易的坦途。經過多年的會
議諮商與協定，終於在 1982 年 12 月 14 日簽訂《更緊密經濟關係
協定》(*CER: Closer Economic Relations Trade Agreement*)，並自
1983 年元旦開始實施。由於經貿內容廣泛，刺激兩地商品出口，
1983 至 1985 年間自紐西蘭出口至澳洲增加一倍，由澳洲出口至
紐西蘭增加 30%。

　　CER 分別在 1988 年和 1992 年檢討後再加修訂。1988 年的修
訂擴大了自由貿易的範圍至國內航空、郵政、廣播、銀行、建築、
工程、電腦軟體、衛星轉播等等，致使商品貿易在 1990 年達到全
面自由。1992 年的修訂使服務業在 1995 年也達到全面自由。總
的來看 *CER* 的成果有目共睹，紐西蘭的貿易由 1970 年代的

13.9% 升至 1985–1993 年期間的 18.2%，澳洲方面則由同期的 4.1% 升至 7.1%。紐西蘭獲利較多，商品出口至澳洲由 1983 年的 20 億紐元飆升至 1991 年的 180 億紐元，達九倍之多。

3. 外交與政治

從前紐、澳領袖只能在大英帝國會議上碰面，自 1944 年兩國簽署防衛條約以後，私下協商都毋須透過英國。自 1905 年以來紐、澳外交層次僅達領事級。1943 年在澳洲首都坎培拉建立大使館 (New Zealand High Commission) 才有大使 (High Commissioner，高級專員在英國國協諸國等同大使) 級的來往。直至 1980 年代末期，紐西蘭駐澳外交人員有 47 名，比駐美的 36 名和駐英的 33 名還多。

紐、澳外交事務合作愉快，而且互相照會，共同進退。如參與世貿 (WTO) 的前身關協 (GATT) 的協商、馬來亞剿共、韓戰和越戰的軍援、大英國協、聯合國、紐澳美三國聯防、以及東南亞條約組織 (SEATO) 等的參與，可倫坡計畫 (Colombo Plan) 和太平洋島國的經援等等，紐、澳合作無間。即使紐西蘭小弟反核反過頭，得罪了老美，澳洲身為大哥，也挺身而出，跑到華盛頓為小兄弟緩頰，答應美艦隨時可來澳洲度假；並力勸老美息怒，不要用經濟制裁紐西蘭。2003 年澳洲不肯接收阿富汗難民，紐西蘭二話未說就代收過來。

這對唇齒相依的兄弟之邦既有 *CER* 的經濟往來，也有 CDR 的國防合作，政治外交又能互相照顧，兩者之間的關係可謂融洽與和諧。早年兩國簽署《紐澳居民互訪協定》（即《跨海旅行協

定》(*Trans-Tasman Travel Arrangement*)），兩國公民可自由前往對方境內旅行、居住與就業，不用簽證。迄 2001 年 10 月定居在澳洲的紐國公民已達 356,000 人，而澳人居紐也有 56,300 人。短期互訪每年超過一百萬人次。可謂你中有我，我中有你，紐澳關係血濃於水，濃得化不開了。

二、與太平洋諸國關係

自從英國在 1960 年代撤離遠東、1973 年加入歐市、以及美國在 1985 年與紐反目而中止澳、紐、美三國聯防條約之後，紐西蘭才猛然覺醒自己不歐、不美、不亞、也不非，而是一個太平洋國家。1989 年朗怡總理宣稱 "We are a South Pacific Nation"。因此，紐西蘭與南太平洋諸國關係比別國來得密切與和諧。

1950 年代以前，紐、太關係處於「託管」(mandate) 的階段；1960 年代和 1970 年代，是紐西蘭幫助託管地區走向 「脫殖」(decolonization) 的階段。

1901 年 6 月 11 日原為英國保護國的庫克群島和紐威 (Niue) 改為歸屬紐西蘭。第一次世界大戰結束後，1919 年巴黎和會同意國聯 (League of Nations) 的託管計畫，紐西蘭受命託管西薩摩亞 (West Samoa)。至於諾魯，雖名由澳洲託管，但它的鳥糞（phosphate，可作磷肥）卻由英、澳、紐三國依 42：42：16 的比例分取。1925 年受英所託，紐西蘭又代管托克勞 (Tokelau，只有三個珊瑚島)；1948 年正式把它合併了。

圖 35：1901 年紐西蘭合併庫克群島

　第二次世界大戰之後，聯合國容許託管地自治 (self-governing)。於是西薩摩亞申請在紐西蘭的保護下成立自治政府，然後逐步發展成一個責任政府 (responsible government) ；最終在 1962 年 1 月 1 日宣告獨立，成為南太平洋第一個脫殖成功的獨立國家。但它只出口香蕉、可可和乾椰肉（可榨油製肥皂），收入不足以維持，人口又多，還得靠紐西蘭幫助。因此獨立八個月後就來求救，與紐訂立《友好條約》 (*Treaty of Friendship, 1 Aug. 1962*)，由紐提供三年援助計畫，包括培訓公務員，提供獎學金和農業貸款等；並且接納薩國移民。

　在脫殖的過程中，庫克和紐威不同於西薩摩亞要求全然獨立，只要求自治，分別在 1965 和 1974 年成立自治政府，並成為大英

國協的成員。可是兩地居民卻擁有紐西蘭公民權,並可自由進出
紐西蘭;因此有四分之一的庫克人和一半的紐威人都住在紐西蘭。
人口僅千餘人而分居三個珊瑚島的托克勞更妙,它不肯和鄰近的
庫克合組聯盟,又不肯獨立,卻又有自己的村長和村代表,三島
議會每半年聚在「大議會」(General Council) 開會一次。它的公務
員、教師和護士的薪金幾乎都由紐西蘭政府補助。紐國每年向聯
合國報告近況,而聯合國專員三訪托克勞 (1976、1981 和 1986
年),也尊重托、紐的特殊關係。

在太平洋的諸強勢力中,美、法仍然很鴨霸,迄今仍各有殖
民地(如美屬薩摩亞 (American Samoa) 和法屬玻里尼西亞 (French
Polynesia),含大溪地等),英、澳仍有屬地 (分別擁有 Pitcairn
Is. 和 Norfolk Is.),紐西蘭卻秉著睦鄰和護小╱扶弱的態度而讓它
的託管地或屬地分別獨立或自治。在芸芸太平洋諸國,如西薩摩
亞、庫克、紐威、諾魯、新幾內亞、所羅門、圖瓦魯、基里巴蒂、
萬那度等,紐西蘭都與它們平等對待,並伸出援手(如經濟援助、
農業貸款、技術訓練、難民接收等。見本章第四節)。

為了處理南太平洋事務, 紐、澳兩國在 《澳紐協定》
(Australian-New Zealand Agreement 1944) 的基礎上,於 1947 年成
立 「南太平洋專員公署」 (South Pacific Commission)。1950 年有
十八個地區代表來參加 「南太平洋會議」 (South Pacific
Conference),由 1967 至 1968 年開始,定期每年召開,討論南太
區域事務,尤其是法國在大溪地的核子試爆,激起眾怒。1971 年
紐西蘭以地主國主持會議,成立「南太平洋論壇」(South Pacific

Forum)。由於脫殖的結果，很多島區都獨立成國了，迄 1988 年共有十五個國家參加了論壇。1999 年更名為 「太平洋島國論壇」(Pacific Islands Forum)，成員增加為十六個。

這些「論壇」國家中有十國在 1977 年合組一個航運企業，名為 Pacific Forum Line。1979 年為了二百海里經濟海域捕魚，又成立一個漁業公司稱 Forum Fishery Agency。為了將漁獲與其他產品運銷澳、紐這兩個巨大市場，在 1980 年共同簽署了《南太平洋經貿合作協議》 (*SPARTECA: South Pacific Regional Trade and Economic Cooperation Agreement*)，南太平洋小國的產品可獲免稅 (duty-free) 的優待。為了共同反核的立場，諸國在 1985 年簽署《南太平洋無核區條約》 (*SPNFZT: South Pacific Nuclear Free Zone Treaty*)，同時並鼓吹法屬的新客里當尼亞 (New Caledonia) 獨立，可惜沒有成功，迄今仍為法國屬地 (dependency)。

在教育和培訓方面，紐西蘭對南太平洋區域也提供援助。1967 年將斐濟首都蘇伐 (Suva) 一個紐西蘭空軍基地捐出作為建立「南太平洋大學」(UPS: University of the South Pacific) 的校址。另外在西薩摩亞、東加、庫克、斐濟、基里巴蒂、所羅門等地所建立的農業學校、研究中心、大學預科以及教師、行政、會計等課程，都給予經濟上的援助和派遣專家指導。對來紐升學的島國學生也提供獎助學金。

紐西蘭是島國最佳的貿易夥伴。1970 年代後期，諾魯的鳥糞和斐濟的蔗糖合計占了紐西蘭自南太平洋進口原料的 75%。運銷到島國的加工食物占出口太平洋總數 45%，家具製品占 39%。其

中占庫克進口量的 67%，東加的 40%，西薩摩亞的 29%，斐濟的
16%。總計起來，紐西蘭的貿易盈餘約三與一之比（2000 年 6 月
間，紐出口值 4.9 億紐元，而入口值僅 1.3 億紐元），對紐來說，
十分有利。本來紐西蘭有意在島國利用廉價勞力以發展工業，有
一個 「太平洋島嶼工業發展計畫」 (PIIDS: Pacific Islands
Industrial Development Scheme)，可惜成效不彰，反而引起大批島
民移紐打工。1945 年居紐島民僅 2,159 人，但 1976 年已增加至
65,694 人，二十年內激增三十倍。十年後，即 1986 年，人數飆升
95%，達 127,906 人（其中薩摩亞人占 50%，庫克人占 25%，紐
威人占 11%，東加人占 10%，托克勞人占 5%）。島民貪圖福利，
以紐為家，成為第三大族群（直至 2001 年才以 0.1% 的些微差距
落後於亞裔）。紐、太一家親，因此有人倡議組「南太平洋聯盟」
(South Pacific Federation)（見第十章第二節）。2001 年紐、澳與太
平洋諸國簽署 《太平洋緊密經濟關係協議》 (*PACER: Pacific
Agreement on Closer Economic Relations*)，進一步加強紐、太關
係。將來會像歐盟的前身一樣，先組織一個 「太平洋共同體」
(Pacific Community)。

第二節　若即若離──與英、美關係

紐西蘭與英、美同文同種，曾經是英國的殖民地以及美國的
盟友，關係非比尋常，但既有忽熱忽冷的時刻，也有若即若離的
階段。

　　在政治和軍事上，三國立場相同，步驟一致。無論在聯合國
或其他重大會議上，都非常團結。不管在對抗冷戰中的蘇俄及其
共產集團，抑或在聯合國表決重大事項（如韓戰、越戰或中共加
入聯合國的迎共排臺的投票等），都共同進退，表裡如一。

　　軍事上如 1951 年的《澳紐美安全條約》(*ANZUS: Australia,
New Zealand, the United States Security Treaty*) 和 1954 年的「東南
亞條約組織」(SEATO: South-east Asia Treaty Organization，含英、
美、紐、澳、法、巴、菲、泰等國)，1950 至 1953 年的韓戰和
1965 至 1972 年的越戰，紐西蘭都跟隨美、英的步伐，形影不離。
爭吵的案例不是沒有，例如第二次世界大戰時，紐方要求英方遣
送紐軍回國保衛家園就遭到百般阻撓，最後以美軍協防作交換才
解決爭端。比較大的齟齬是 1985 年美方因紐方拒絕核艦訪問而片
面中止《澳紐美安全條約》，迄今（2004 年）十九年仍未恢復。
美方拒與紐方聯合軍事演習，互相交換情報，武器汰舊換新等合
作項目。幸好南太平洋區域仍處於太平盛世，否則，如果太平洋
戰事重演，美軍坐視不理？見死不救？還是有條件出兵？1993 年
國家黨的薄爾格總理嘗試打開僵局，建議紐、美兩國可尋求雙軌
政策：在安全軌道上雙方探討核艦問題；在政治軌道上雙方恢復
交往。紐方釋出善意，並在擔任聯合國安全理事會的非常任理事
國期間，支持美國為首的維持和平行動（如西奈半島、柬埔寨、
安哥拉、索馬利亞和波斯尼亞）；兩國在前蘇聯問題，亞太安全對
話、亞太經濟合作組織 (APEC) 等都採取了合作的態度。終於，
1995 年美國總統克林頓在白宮接見了薄總理並舉行會談。會談內

容相當廣泛，包括禁止核子擴散條約、聯合國維和行動、北韓核
子武器研發，以及貿易和投資問題，唯獨美艦訪紐卻因紐方反核
而無法解決，連累 *ANZUS* 無法復原，因此紐美的軍事同盟仍是
個僵局。

　　軍事問題要在發生戰爭時才有迫在眉睫上的需要，但經濟民
生問題在太平盛世的日子也必須面對。紐西蘭的經濟一向都受到
英國的長期照顧，自從二戰期間 (1939–1945) 英國全數認購紐西
蘭的牧場產品（主要是羊肉、牛油和乳酪）。迄 1954 年才解除認
購合同 (bulk-purchasing contract)。但又在 1952 年答應紐肉類無限
制進口十五年，1957 年准許紐牛油無限制進口十年，由市場供需
來節制，因此紐輸英貿易又延長至 1967 年。在無限制進口終止前
一年，1966 年雙方又簽署《英紐貿易協定》(*Anglo-New Zealand
Trade Agreement*)，一方面答應紐產無限量輸英，另一方面英國又
保留修訂進口貨物的權力。因為英國已有意加入歐洲共同市場。
到了 1973 年英國正式加入歐市，紐、英的貿易關係跌入谷底，害
得不懂改弦易轍的小國紐西蘭度過了一段風雨飄搖的漫長歲月。

　　紐西蘭與美國的經濟關係也好不到哪裡去。本來在太平洋戰
爭中兩國曾並肩作戰，經貿也隨之展開，漸漸也發展為紐西蘭的
第三大貿易夥伴，雙邊貿易額也達六十億美元（1995 年），兩國
在「亞太經濟合作」(APEC: Asia Pacific Economic Cooperation)、
「太平洋經濟合作議會」 (PECC: Pacific Economic Cooperation
Council)、「太平洋盆地經濟委員會」 (PBEC: Pacific Basin
Economic Committee)、 以及 「亞洲論壇」 (ARF: Asia Regional

Forum) 等場合都很合作。可是，一觸及美國的貼補農產品政策，雙方就翻臉。自從美國農業部由 1985 年實施「出口加強計畫」(Export Enhancement Program)，對農產品價格進行不同程度的補貼，務必打倒競爭的對手。以農（牧）立國的紐西蘭真是不堪一擊。牟爾敦政府為了保護牧民農夫，只好也跟著補貼，無形中增加了政府財政上的負擔。1986 年 8 月紐西蘭跟澳洲、阿根廷、巴西、加拿大、智利、哥倫比亞、印尼、馬來西亞、菲律賓、泰國和烏拉圭等國家合組成農業出口國的「凱恩斯集團」(Cairns Group of Fair Trading Agricultural Exporters) 以對抗美國的農補政策，迄今幾達二十年都功敗垂成。蠻橫的美國面對十七國集團尚且如此，怎麼會單獨向紐西蘭讓步呢？看來只好自求多福了。

　　雖然紐與英、美在某些議題上，不是百分百的契合，關係因時而異，若即若離；但畢竟同文同種，血濃於水，在面對世界大事時，仍然會槍口一致對外。薄爾格的雙軌理論頗得紐國上下的認同，即是有自我的堅持，如環保反核，有其普世的價值，也獲國際同道的掌聲；而另一方面又保持聯繫，對共同議題表達合作的意願，不會因政見不同而致兄弟鬩牆或反目成仇。

第三節　前倨後恭——與亞洲關係

　　紐西蘭政府對亞洲人的態度，最初是瞧不起，其後是惹不起。十九世紀下半葉在紐西蘭最早接觸的亞洲人是印度人和中國人，前者來自英國在亞洲最大的殖民地印度次大陸，後者來自腐敗無

能的滿清帝國；而且二者都屬於幹粗活的勞動階層。二十世紀初，1905 年傳來令白種紐人驚訝的消息：亞洲黃種的日本人竟然打敗歐洲的白種強權沙俄。 1927 年日本首相田中義一的征服全球的《奏摺》中，澳、紐赫然載入待征服名單之列。初以為口出狂言，說說而已。豈料在 1941 年底日本海、空並進，竟敢偷襲白種美國在太平洋的海上堡壘夏威夷。然後迅速揮軍南下，又把白種英國在亞洲的殖民地香港、星、馬占領，俘虜駐星馬的英、澳、紐軍人。繼續越過赤道，來到由澳洲託管的新幾內亞；進一步既以空軍北炸達爾文（炸死 240 人），又以潛艇南窺雪梨港，戰爭已迫在眉睫。紐西蘭雖隔岸觀火，能無懼乎？傳聞在 1942 年 3 月和 5 月分別有兩架日機飛越威靈頓和奧克蘭上空，但未引起注意。是怕影響民心而祕而不宣？抑或並無其事，傳聞而已？1942 年 9 月真正出現在紐西蘭本土的約有一千名日本人；可幸的是，他們不是登陸的侵略軍而是戰時的俘虜。 1943 年 2 月 25 日其中一名日本軍官因不聽命而被射傷肩部，引起了 240 名戰俘暴動，並衝向 34 名紐西蘭衛兵，在亂槍掃射中有 48 名日俘被擊斃、74 名被擊傷。翌年在澳洲也發生同樣的事件。這個消息很難掩蓋得住，紐人第一次與日本人有近距離的接觸，也領略到日軍頑強不怕死的一面。這種亞洲人惹得起嗎？

1945 年 8 月 6 日和 9 日美國空軍在日本廣島和長崎各投下一顆原子彈，才把這個想征服全球的亞洲民族壓縮回到日本群島去。沒想到 1949 年 10 月 1 日另一位亞洲巨人又站起來，那是擁有全世界人口最多的共產中國（1953 年普查有五億三千萬人，而

紐西蘭僅有二百萬人)。1951 至 1953 年這個亞洲共產強權協助北韓曾把美軍迫退到朝鮮半島的南部；1954 年又協助北越趕走了白種法蘭西；1963 至 1975 年繼續援越抗美，最後把美軍打到落花流水，倉惶撤退美利堅。這些亞洲人（中共、北韓、北越）惹得起嗎？

請勿誤會以為南半球只有澳洲和紐西蘭，南半球也有亞洲人，那就是 1945 年把白種荷蘭人趕走而獨立的印度尼西亞人。印尼軍力強大，人口眾多（接近二億），是澳洲的十倍，紐西蘭的五十倍。1963 年美國為了打越戰而暗中支持印尼兼併了新幾內亞島的西部（West Irian，後改稱 Irian Java），把荷蘭人在亞洲最後一塊殖民地也掠走了。1975 年印尼又兼併了葡萄牙人放棄的東帝汶 (East Timor)，時值越南陷共，美國扶植印尼與越共抗衡，澳、紐也就跟隨美國默認印尼的所作所為。印尼與澳洲北部的達爾文僅一海之隔，它登陸澳洲易如反掌，比日本更得地利之便，也曾有兩次兼併的紀錄。這位亞洲惡鄰惹得起嗎？

在第二次大戰結束後不久，美、英、澳、紐陣營為了不想日本南侵的惡夢重演，採取一個「出擊防衛」(Forward Defence) 的戰略，也就是制敵於境外，防共於亞洲，把戰線北移。1949 年為防止馬共壯大，在英國支持下，澳、紐、馬來亞三國政府簽訂《澳紐馬軍事協定》（*Australia, New Zealand and Malayan Area Agreement*，簡稱 *ANZAM*）。1951 年澳、紐、美三國為了亞太安全也簽定了《東南亞集體防務條約》，由英、美、法、澳、紐、巴、菲、泰等國聯合組成「東南亞條約組織」(SEATO)，表面上

是經濟技術領域的合作，實質是防止越共坐大的對抗組織，後來
成為美國發動越戰的依據。因此，紐西蘭為了醫治「恐共症」，解
除共產勢力的威脅，於是恪守 *ANZAM* 而參加剿共，支持 SEATO
而出兵越南。結果：馬共躲在叢林，終至消頹；韓戰打個平手，
以北緯三十八度為界，南北分治迄今；越南以北緯十七度分南越
和北越，捱到 1975 年南越失守，越南被共黨所統一。但隨著中共
在 1984 年開始經濟改革開放，越南跟隨，共產消弭於無形，僅餘
北韓孤掌難鳴，共禍已難起作用了。

　　日本被原子彈嚇壞了，乖乖地由軍事國走向經濟體，1952 年
簽了《和平條約》(*Japanese Peace Treaty*) 之後，先後加入許多世
界性組織，如 「世界衛生組織」(WHO)、「聯合國教科文組織」
(UNESCO)、「關稅協定」(GATT)、「經合發展組織」(OECD)、
「亞銀」 (ADB) 等等， 由窮凶極惡的軍頭變為鞠躬如也的生意
人。經過 1956 年紐西蘭總理 (S. Holland) 訪日和 1957 年日本首相
(Kishi) 訪紐，成見消除，從此經貿開展。五年內 (迄 1962 年底)
紐產輸日激增 500%，價值三百萬英鎊。1966 年日本成為紐西蘭
第五大海外市場，占出口 4.4%；1972 年升為第三大市場 （僅次
於英、美），占出口 10%；並且是供應紐西蘭的第四大進口國 （僅
次於英、美、澳）。1990 年日本已躍升為紐西蘭第二大貿易夥伴
（僅次於澳洲），接收 18% 的紐西蘭總出口值，雙方貿易額每年
超過 50 億紐元。貿易之外，日本人又成為紐西蘭觀光業的第三大
顧客，有 108,000 日人訪紐，其中 92,000 人為純粹旅遊，其餘都
是為了做生意或探親。日本移民來紐，由 1991 年的 2,970 人激增

至 2001 年的 10,002 人。越來越多的有錢日本人願意來紐退休，安度餘年。而留學生或短期遊學以進修英語的日本青年也成為一大族群。

紐西蘭和韓國最早的交往是貿易，時間是 1950 至 1953 年的韓戰，是第二次大戰之後最大規模的亞洲戰爭之一。朝鮮半島氣候苦寒，人數眾多，包括兩韓軍隊及外援北韓的中共志願軍和支持南韓的美軍，因此需要大量禦寒的羊毛衣物、增強體力的羊肉和補充營養的牛油、乳酪等，紐西蘭的農牧產品正好大派用場。由於供不應求，價格也隨著水漲船高，例如羊毛價格每磅由幾個先令躍升至一英鎊（等於二十個先令）。1952 至 1953 年日本大量進口羊毛，目的也在編織毛衣、毛襪與毛氈／毯以供應韓戰市場。反正大家都一起來大發戰爭財。1980 年代的貿易重點改為食品和木材。

在政治與軍事上，紐西蘭只能說沾一點邊。韓戰是以聯合國的名義開打的。紐西蘭是聯合國成員之一，同時也以英、美為馬首是瞻，所以也跟著出兵，地面部隊沒多少，幾艘小小的巡洋艦也只在外海參加封鎖的行動而已。韓戰結束後，紐與英、美、澳等國共同進退，親南韓而遠北韓。近年的消息最多的是憂慮北韓研發核子武器，因為北韓試射飛彈，射程已越過日本的東部，如果攜帶的是核子彈頭就麻煩了。加上為了與美修好，對北韓的核子防備也就隨美起舞，口頭上是支持的。

昔日紐貨輸韓是單向的 (one way traffic)，今日韓人移紐也是單向的，而且速度驚人。自從紐西蘭的移民政策自 1986 年大開方

便之門，亞洲人移民紐西蘭迅速增加。其中韓人後來居上，由
1991 年的 930 人躍升至 2001 年的 19,026 人，增幅近二十倍，超
過了日本移民（10,002 人）而成為亞裔第三名（僅次於華人與印
度人）。

　　在外交路線上，紐、澳一樣，戰前依英、戰後親美，尤其是
對中華人民共和國的外交關係。英國是最早承認中華人民共和國
的西方國家（1951 年），紐西蘭由國家黨執政，總理何蘭德 (S.
Holland) 一改從前對英國亦步亦趨的作風，跟美國一樣，仍然維
持與中華民國的外交關係。1957 年唱反調的工黨爆冷門，以兩席
之差贏得政權，有意承認中共，怎料 1959 年中共以軍事鎮壓西
藏，達賴喇嘛逃亡印度，舉世譴責中共暴行，工黨就不敢再議建
交了。

　　1971 年是一個轉捩點，美國的國家安全顧問季辛吉 (Henry
Kissinger) 和澳洲的反對黨領袖惠特藍 (Gough Whitlam) 分別先
後訪問中國。1972 年美、中關係正常化，互派聯絡處，但未正式
建交。紐、澳兩國步驟一致，同年 12 月 22 日同時宣布與中華人
民共和國建立正式外交關係，並採取「一中政策」(one China
policy)，立刻與中華民國斷交。其實未與中共建交前兩年，紐西
蘭和中共之間的貿易額（四百萬紐元）已經超過紐臺貿易額（三
百萬紐元）。大陸人口眾多（當時已達七億人），糧食不足，是一
個龐大市場。紐、澳再不登陸，恐怕會瞠目落後，坐失良機了。

　　紐西蘭對東南亞的關係有軟有硬。硬的手段如駐軍星馬和出
兵越南，軟的交往如出錢出力參加「可倫坡計畫」(The Colombo

Plan)。1950 年 1 月，大英國協的外交部長們齊集錫蘭首都可倫坡開會，澳洲外長史賓德 (Percy Spender) 倡議諸國出錢出力獎勵東南亞學生或政府官員前往發達國家就學或受訓，包括教育、衛生、行政、工程等各方面，以改進東南亞落後國家走向文明與富裕。紐西蘭和與會的英、澳、加、印、巴、錫等諸國一致贊同。迄1954 年底，東南亞各國如馬來西亞、新加坡、北婆羅洲、沙勞越、汶萊、緬甸、印尼、泰國、菲律賓、南越、寮國、高棉（即柬埔寨）等先後加入。大國中以澳洲最為積極，提供獎學金給東南亞學生來澳留學。紐西蘭也不甘後人，雖在白紐至上的年代，仍破例讓亞洲有色人種的學生或官員來紐學習或培訓。紐人對這些知識份子另眼相看，不同於戰前來紐幹粗活的勞動階層，而且學成歸國，不會久留。經過雙方互相溝通和瞭解，奠下了日後紐、亞交往的基礎。

　　1970 年代亞洲的日本和四小龍（星、港、臺、南韓）崛起，經濟突飛猛進。到了 1980 年代有不少亞洲人晉升富裕階層，腰纏萬貫。1986 年紐西蘭政府修訂《移民政策法案》，一改白歐優先的舊思維，偏重商業與技術移民，以致 1990 年代湧進大批擁有金錢和智慧的亞洲人。他們不但為紐西蘭增加了財富，也為紐、亞刺激了商機。迄 2001 年 6 月，亞洲地區吸納了紐西蘭出口總值37%，也向紐西蘭提供了 31% 的進口商品。貿易之外，蓬勃發展的旅遊觀光事業和文化教育服務，也吸引了不少來自亞洲發達地區的悠悠旅客與莘莘學子。日本和四小龍的企業家也帶來了豐厚的資金參與投資的行列。紐西蘭外貿局官員對這些亞洲闊客不但

不會拒絕，反而笑臉相迎。2000 年 10 月紐、澳與東盟 (ASEAN) 的經濟部長在泰國清邁開會同意建立 「更緊密經濟夥伴」 (CEP: Closer Economic Partnership) 關係。 2001 年 9 月在越南河內一致同意成立 「紐、 澳－東盟企業組合」 (CER/ASEAN Business Group)。這是邁向五億人口的龐大的東南亞市場不可錯失的良機。至於臺灣，2013 年《臺紐經濟合作協定》(ANZTEC) 的簽署，將有助雙方進行更緊密的經貿交流。

　　為了加強紐西蘭和亞洲的聯繫，政府與贊助商出資建立一個名為 「紐西蘭亞洲千禧基金會」 (Asia 2000 Foundation of New Zealand)，由企業界、 學術界和公營部門的先進領袖組成信託理事會，透過教育、商業、傳媒、文化、體育等與亞洲各國及其人民互相交流。教育方面，提升大專與中學的亞洲課程語文訓練，提供獎學金給學生前往亞洲大學攻讀，贊助有關亞洲的會議和工作坊。傳媒增加亞洲新聞內容，補助記者前往採訪，交換新聞工作者，舉辦有關亞洲時事的研討會等。文化與體育的交流方面，在紐西蘭多舉辦亞洲文化節，亞洲藝人表演，亞洲美術展覽，畫廊與博物館掛上亞洲展品，讓亞洲觀光客看見就會聯想到紐國對亞洲的重視，一掃昔日排亞的不良印象。商業方面會向紐西蘭商界介紹與亞洲人做生意的常識、技巧、經驗與網路，讓企業人士熟悉與不同文化背景的人如何溝通，令生意往來暢通無阻。寇麗可總理在 2002 年的大選中向華人道歉，承認十九世紀向華人徵收人頭稅是不公平的待遇，也可算是一種拉攏亞洲貴客的姿態。

第四節　廣結善緣——參與世界性事務

國小民寡、地處偏遠又不算十分富裕的紐西蘭，身為國際公民和地球村的一份子，所盡的世界義務範圍之廣、時間之長，是舉世罕見的。自 1952 至 2002 年這半個世紀內，它所參加的維持和平與人道關懷的舉動共 55 起，派遣的維和部隊和人道專家駐紮海外，短則一年半載，長則達二十年之久。所及範圍有南太平洋的保根維爾 (Bougainville) 和所羅門群島；東南亞的寮國 (Lao)、柬埔寨 (Cambodia) 和東帝汶 (East Timor)；南亞的印度和巴基斯坦；西亞的黎巴嫩 (Lebanon)、伊拉克 (Iraq)、科威特 (Kuwait) 和阿富汗 (Afghanistan)；歐洲的塞浦路斯 (Cyprus)、南斯拉夫 (Yugoslavia)、馬其頓 (Macedonia)、克羅埃西亞 (Croatia) 和科索沃 (Kosovo)；非洲的剛果 (Congo)、津巴布韋 (Zimbabwe)、索馬利亞 (Somalia)、莫三比克 (Mozambique)、獅子山國 (Sierra Leone) 和安哥拉 (Angola)；以及中美洲的海地 (Haiti) 等等，無遠弗屆，援助唯恐後人。

除了需要救死扶傷、綏靖平亂的動盪地區之外，紐西蘭政府平時也通過「援外計畫」(NZODA: New Zealand's Official Development Assistance) 對落後地區（紐政府幫助別人也用客氣禮貌的名詞，稱為「發展中國家」"developing countries"）伸出援手。援助金額雖然不算多，但從自己的口袋裡掏出來的比例，也就是占全國生產總值 (GNP: Gross National Products) 的百分比，在

世界援外諸國中排名頗高的。1990 年代初期援外金額約 1.4 億紐
元，占 GNP 的 0.21％；逐年遞增至 2001 至 2002 年度約 2.26 億
紐元，占 GNP 的 0.24％，當年在 OECD 列國中排名第九，高過
美國（第十名）。透過「雙邊援助計畫」(bilateral programmes) 前
後共有六十三個國家受惠，金額總計超過一億六千萬紐元（其中
有十九個國家長期接受援助，金額占約一億零六百萬紐元）。透過
「多邊援助計畫」(multilateral schedule)、經由國際組織（如國際
發展協會、亞洲發展基金、聯合國發展計畫和大英國協基金等）
統籌辦理，金額占 NZODA 約六千零九十萬紐元。合計約二億二
千六百萬紐元。

　　紐西蘭是聯合國的創立國之一（1945 年），除了每年繳納會
費（2000 年繳納五百零八萬紐元）之外，額外捐獻給聯合國維和
部隊和國際罪犯法庭的贈款高達一千三百三十四萬紐元，是會費
的二‧六倍。紐西蘭是聯合國人權議案的積極支持者，包括婦女、
原住民、幼童、殘障人士等人權，並且提供財政援助。2001 年
11 月紐西蘭代表修正《兒童權宣言》(*UN Convention on the Rights
of the Child Optional Protocal*) 中的「販賣兒童」、「雛妓」、「少年
色情業」、「童工」等議案，作出貢獻。2002 年紐國代表又參與撰
寫 《原住民權益宣言》 (*Draft Declaration on the Rights of
Indigenous People*)，因為紐西蘭是世界上第一個與國內原住民（毛
利人）達成諒解（包括道歉與賠償，內容見本書第十章第一節）
的國家，由它的代表來撰寫宣言是實至名歸，所用得人。

　　聯合國體系中有十四個特別機構，紐西蘭都是其中的成員。

其中最大的是「糧食與農業組織」(FAO: Food and Agricultural Organization)，對監督農糧安全標準、提升營養水平和生活條件、以及拓展世界經濟很有幫助。其次是「世界衛生組織」(WHO: World Health Organization)，目的在提高衛生水平和關注人類健康。再次是「國際勞工組織」(ILO: International Labour Organization)，尋求改善工作居住環境。最重要和最龐大的是「教科文組織」(UNESCO: UN Educational, Scientific and Cultural Organization)，旨在增強國際教育、科學和文化的交流與合作。紐西蘭還參加其他議題的組織，如反核、難民、環保等，並被選為「聯合國發展計畫」(UN Development Programme) 三年期 (2000–2002) 的執行委員，以及「聯合國環保計畫」(UN Environmental Programme) 三年期 (2000–2002) 的管治委員。紐西蘭前總理莫瑞 (Mike Moore，任期 1990 年 9 月 4 日至 11 月 2 日) 於 1999 年被任命為「世界貿易組織」(WTO: World Trade Organization) 的總裁 (Director-general)。「世貿」總部在瑞士日內瓦 (Geneva)，下轄五百多個祕書處，像個小型聯合國。莫瑞御下有方，並積極幫助小國（如太平洋島國）加入「世貿」。他最大的成就之一，是 2001 年 11 月 9–14 日在中東杜哈（Doha，是 Qatar 的首都）部長級會議中，促成中華人民共和國 (PROC) 和中華民國（以「臺澎金馬 (TPKM) 個別關稅領域」名稱）同時加入「世貿」，結束多年的紛爭。

紐西蘭是「世銀」(World Bank) 成員，1998 年投入 3,200 萬紐元，占 0.12% 股。2001 年 3 月捐出 320 萬紐元給「重債貧國」

(HIPC: Heavily Indebted Poor Countries)；又向「國際貨幣基金會」
(IMF: International Monetary Fund) 捐出同樣數字給 HIPC 信託基
金，讓窮國暫濟燃眉之急。紐西蘭也是 「亞銀」 (Asian
Development Bank) 成員，持有 54,340 股，即 2.6% 的股權，依
2001 年 6 月 30 日市值為 6.77 億美元 (約 13 億紐元)。「亞洲發展
基金」(Asian Development Fund) 是借給窮國用的，紐西蘭政府在
2000 年 11 月批准捐出近 4,000 萬（分七年支付）給「亞發」，等
於間接救濟窮國。

紐西蘭是大英國協 (The Commonwealth of Nations) 的創辦國
（1931 年）之一，國協成員有五十四個，人口總計約十七億。紐
西蘭曾主辦過三次大英運動會 (The Commonwealth Games)。 在
1995 年主辦大英國協首腦會議，鋪下了為斐濟 (Fiji，曾於 1987
年發生政變) 重新恢復民主選舉 (2001 年 8 月) 的道路。1999 年
11 月紐西蘭前任副總理麥金農 (Don McKinnon) 被選為大英國協
祕書長 (Secretary-general)，並於 2000 年 4 月 1 日就職，任內建樹
良多。

紐西蘭是 「經濟合作發展組織」 (OECD: Organization for
Economic Cooperation Development) 三十個會員國之一，OECD 以
巴黎為基地，宗旨是提升經濟成長，協助非會員國經濟發展，以
及在多邊、無歧視的基礎上拓展全球貿易。它的「援助發展委員
會」 (Development Assistance Committee) 經常與紐西蘭的 「援外
計畫」 (NZODA) 攜手合作。紐西蘭同時也是 OECD 內「國際能
源辦事處」 (IEA: International Energy Agency) 的成員，負責監督

石油安全、能源效率、以及再生能源等有關環保議題。

　　紐西蘭在裁軍 (disarmament)、限武 (arms control)、反核 (anti-nuclear) 和掃雷 (demining) 所盡的國際義務貢獻良多。在外務部下設立一個「國際安全與限制武器」小組。提供資訊給政府特別委任的一名「裁軍限武部長」 (Minister for Disarmament and Arms Control)。這位部長代表紐國經常出席國際會議，以表達立場。另外又委任一名「裁軍大使」(Ambassador for Disarmament) 參加日內瓦、維也納和海牙等地的裁軍組織，到處發聲。國內民間的和平反核、裁軍、限武的組織也經常受到官方的邀請，共同討論對策和出席會議，官民一齊努力作出貢獻。1987 年在工黨總理朗怡的環保治國的理念下，國會通過《紐西蘭無核區、裁軍與限武法案》 (*New Zealand Nuclear Free Zone, Disarmament and Arms Control Act 1987*)，並且成立一個「裁軍限武公共顧問委員會」 (PACDAC: Public Advisory Committee on Disarmament and Arms Control)，由裁軍部長和專家等九人組成，提供裁軍、限武和反核的意見給總和外務部長，編印有關議題的文件報告，以及籌設「和平限武教育基金」 (Peace and Disarmament Education Trust) 等。掃雷方面，向「柬埔寨掃雷行動中心」 (Cambodian Mine Action Centre) 和「莫三比克掃雷計畫」 (Mozambique Accelerated Demining Programme) 提供專家、後勤、訓練與其他技術援助。清理因戰爭埋下的地雷，以免傷及無辜。

　　在人道關懷方面，紐西蘭是最早接受難民的國家之一。早在聯合國成立（1945 年）之前已收容歐洲戰場上 838 名波蘭難民和

孤兒，後來又接收來自歐洲匈牙利和捷克，亞洲越、棉、寮，以及非洲索馬利亞的政治難民。並且定額（每年 750 名）接收聯合國分發的難民（包括南美洲的智利、東歐和俄國的猶太人、南歐的波斯尼亞、非洲的衣索比亞、亞洲的緬甸和阿富汗等）。計自 1944 至 2001 年五十七年來共接納 25,000 名難民。2001 年 8 月又收留幾百名「走私難民」（阿富汗人經印尼出海，故意沉船由瑞典貨輪救往澳洲聖誕島，為澳洲政府所拒收的非法難民）。並且開始逐步接收快要沉沒的島國圖瓦魯 (Tuvalu) 的「環境難民」（或稱「氣候難民」(climate refugee)）。美國是全球造成「溫室效應」的罪魁禍首（排出廢氣占全球 25%），卻對環境難民不聞不問。紐西蘭義薄雲天，盡了國際救援的義務，舉世知名。

　　小國寡民非大富的紐西蘭，從維持和平、人道關懷、救災濟貧、維護人權（包括婦、幼、工、原），到裁軍、限武、反核、掃雷、以及收容難民等各種國際義務，幾乎無役不與、無遠弗屆，可以被美譽為世界優等公民、地球村的模範生！

國族認同

前面九章縱論歷史、橫剖世局，對古往今來的紐西蘭已有一個比較全面的瞭解。本章試圖從意識型態和客觀環境去探索紐西蘭的國家民族問題。當下紐西蘭的居民雖來自二百一十七個不同的地區，最主要的族群恩怨仍在毛利人和英國人之間。兩者如何化解，也會影響到其他族群的處境。至於國家的定位和認同，卻是全民的切身問題。想維持現狀？或變更國體？必須有全民的共識和合法的表決，否則難以達成。

第一節　族群和解──劫波渡盡恩仇泯

由於英國人入主紐西蘭後利用《瓦湯頤條約》（1840 年）賦予的優先購買權而攫取大量土地，原住民毛利人百餘年來歷經武裝鬥爭、皇廷請願、宗教活動、柔性訴求、政黨合作、示威遊行等手段，冀能達到土地索償的目的。可惜政府強硬而原住民勢弱，未能成功。1960 年代後期與 1970 年代初期，剛好遇上國際民權

圖 36：1975 年「毛利人土地大遊行」(Maori Land March) 由北島奧克蘭徒步遊行至首都威靈頓

高漲，全球「脫殖民地化運動」此起彼落，加上聯合國對各地原住民的權益日漸關注。在這些國際大氣候的風雷激動之下，毛利人如撥雲見日，更喜獲國內有識之士的同情和支持，索償運動變本加厲，如火如荼，終於爭取到紐西蘭國會於 1975 年通過《瓦湯頤條約法案》(*The Treaty of Waitangi Act*)，並成立「瓦湯頤裁判庭」(The Waitangi Tribunal)，為毛利人調查研究過去因殖民地政府破壞《條約》，不遵守毛利人擁有地權的承諾，甚至採取戰爭手段以達充公土地的目的。無奈「裁判庭」僅有仲裁建言的功能，而無判決執行的權力，調查結果與建議僅供政府參考而已。

　　政府初期態度並不積極，《七五法案》調查範圍有限，裁判庭僅有三位成員，簡直是虛應故事，敷衍蟻民。因毛利人表達強烈之不滿，始有《一九八五年瓦湯頤修訂法案》(The Treaty of Waitangi Amendment Act 1985) 的產生；索償年份可上溯至簽約之時 (1840 年)，增加成員名額至十七人，企圖將陳年舊帳儘快一筆勾銷。1994 年政府希望以有限的金額（十億紐元）於十年之內完成一切賠償。十億紐元僅是當年國民生產總額 (GDP) 的百分之一而已。這個「十年規畫」只是官僚們的夢想，不切實際。因為求償的範圍甚為廣泛，除土地、森林、漁場、物業等硬體外，還有教育、語言以及與傳統有聯繫等文化精神上的層面。自 1992 至 2002 年的十年內，僅通過十四個索償案件（其中一個是漁權、十三個是地權），已用去賠額的六億多紐元。幸好政府越來越通情達理，瞭解到拖延不是最佳辦法，因此坦然面對，於 1995 年正式成立「條約結案署」(Office of Treaty Settlement)，提升效率，鼓勵索償者備齊資料，可以跟政府直接談判。如需調查研究或舉辦公聽會，也可以找裁判庭幫助。索償者可以一案兩投，雙軌並進；庭、署互通聲氣，相輔相成，俾能早日結案，以免費時失事。又怕十億紐元的賠償總額用罄，無以為繼，引起索償者由疑慮變成恐慌，於是政府在 1996 年底宣布取消上限，改為無限；不足之處，可以追加，直至全部結案為止，讓民眾安心。

　　紐西蘭是全世界第一個向原住民道歉及賠償的國家，相對美、加、澳等文明大國來說，紐國顯得更為開明與先進。自 1975 年以來，前二十年仍嫌牛步慢行，近年來轉趨積極。而百分之一的

圖 37：王見王，相見歡。1995 年英王伊麗莎白二世與毛利女王蘭怡出席英國王室向北島塔雷伊族道歉並賠償 1860 年代充公韋嘉渡土地的儀式。

GDP 分十年 (1992–2002) 仍未用完，平均每年不到 GDP 的千分之一，就可以泯除開國百餘年來的兩大種族的恩怨情仇，猶如初春的陽光，把冬雪逐漸溶解。雖然距離全部結案仍有一段日子，但官民戮力以赴，減少雙方的矛盾與衝突，實在功不可沒，也符合「聯合國原住民權益聲明」 (United Nations Declaration on the Rights of Indigenous Peoples) 的精神。 雖然全部結案未能指日可期，但目標明朗，積怨漸消，已是成功的開始。

　　至於太平洋島民，因與殖民地政府沒有歷史恩怨，毋須消仇解恨。他們來紐定居是紐西蘭黃金歲月開始的 1960 年代，正是來

者不拒。紐西蘭政府對島民視如己出，即使長大後獨立（如西薩摩亞）或自治（如庫克和紐威），仍賦予公民資格。紐西蘭自詡為太平洋國家和玻里尼西亞的一份子，對島民眷顧有加。雖然在1976 至 1977 年間曾有凌晨搜捕並遞解逾期居留島民的強硬手段，這只是依法行事，並無發生流血衝突。島民去而復返，政府亦莫可奈何。

1986 年以後移民政策蛻變由選 「種」（安格魯薩克遜） 與「色」（白色歐裔）改為選「錢」與「能」，大批亞洲貴客（商業與技術移民）蒞臨斯土，帶來豐厚的資金與高超的科技，對經濟復甦甚有幫助。昔日排華限亞，今日倒屣相迎。早知如此，何必當初！前倨後恭，莫此為甚。又基於人道立場，紐國對政治難民和環境難民大多照單全收；甚至非法的走私難民也酌量收容，贏得國際的掌聲。從前招攬移民鍾愛在一身（白種歐裔），當下兼容並蓄、畢包並廣，漸令亞、太移民僅次於毛利人（2001 年亞、太合計占全紐人口 19.2%，而毛利占 14.9%），而成為第三大族群。現今紐西蘭種族和解，前嫌盡釋；大家和諧共處，致使環境安全、社會安定、人民安寧、共享詳和安泰的日子。

第二節　國家認同──同舟共濟向前航

紐西蘭是一個什麼樣的國家？這可分兩部分來評說。過去的部分已成歷史陳跡，是不可以改變的。至於將來的部分是未知之數，是可以設計、規劃、討論和選擇的，甚至是可以虛擬、夢幻

和理想化的。

一、君主立憲

　　最早的紐西蘭是無人居住之地，當然不會成國；有人居住之後，又建國不成 (1835–1839)。英國在 1840 年 1 月單方面宣布紐西蘭是澳洲新南威爾斯殖民地的 「屬地」 (Dependency)，雖在 1840 年 2 月 6 日經 《瓦湯頤條約》 的簽訂而獲得主權，但到了 1841 年 5 月 3 日才正式脫離 「屬地」 的身份而成為英國另一塊 「皇家殖民地」。 通過 1852 年的 《紐西蘭憲法法案》 (The NZ Constitution Act 1852) 之後又改為「自治殖民地」。1900 年決定不加入「澳大拉西亞聯邦」之後，在 1907 年 9 月 26 日升格為英國的「自治領」。當 1931 年英國頒佈《西敏寺法規》准許各自治領獨立成國時，紐西蘭並沒有即時採納，延至第二次世界大戰結束兩年後 （1947 年），才欣然接受而成為主權獨立的國家。

　　紐西蘭這個主權獨立的國家是屬於什麼類型的呢?細查之下，它竟然是一個「君主立憲國」(Constitutional Monarchy)。「君」在哪裡呢？原來是萬里迢迢的聯合王國的國王（目前是女王伊麗莎白二世 (Queen Elizabeth II))。根據《大憲章》(Magna Carta) 的精神，英王只是個虛君；在紐西蘭而言，她又是個不在其位的虛君，只任命總督代行職務。 因此， 紐西蘭僅算是個最小程度君主國 (Minimalist Monarchy)。在大英國協中像紐西蘭這種類型的國家竟然有十五個之多， 茲依英文字母順序臚列如次： 1. Antigua and Barbuda ； 2. Australia ； 3. Bahamas ； 4. Barbados ； 5. Belize ； 6.

圖 38：1954 年英女王以國家元
首身分訪問紐西蘭

Britain；7. Canada；8. Grenada；9. Jamaica；10. New Zealand；
11. Papua New Guinea；12. St. Kitts and Nevis；13. St. Lucia；14. St.
Vincent and the Grenadiness；15. Solomon Islands。其中強大如澳洲
（比英國大二十幾倍），頑固如加拿大（如法語區蒙特利爾），完
全不同種族的巴布亞新幾內亞和所羅門群島　（俱屬 Micronesian
種），都奉英女王為國家元首。難道它們真的全都忠心耿耿、忠誠
不二地奉英正朔嗎？

二、共和運動

　　澳洲曾想擺脫君主立憲而邁向共和 (The Republic of
Australia)，可惜保守勢力太大，1999 年公民投票不過關。紐西蘭

對英一向乖順,尚未踏上公投制憲的階段,可是它醞釀共和的歷史卻很悠久哩!早期的移民群中有三種人是有共和思想的,就是美國人、法國人和愛爾蘭人。美國人以《獨立宣言》(1776 年)的天賦人權引為自豪;法國人不會忘懷法國大革命(1789 年)所揭櫫的自由、博愛、平等的精神;愛爾蘭自 1797 年抗英自立,奮鬥經年,終於 1916 年 4 月 24 日自行宣告成立「愛爾蘭共和國」(The Irish Republic)。毛利人最崇拜他們心目中的反抗英人治紐的英雄韓海克 (Hone Heke),他曾於 1844–1845 年間三次砍斷英國國旗的旗竿。相傳美國駐紐領事曾傳授他關於「共和主義」(republicanism) 的思想和教唆他脫離英國的統治。曾參與英軍、因犯罪而於 1857 年離隊的美國人班特 (Kimble Bent),曾助毛利人作戰,並傳授共和思想。1879 年有一小撮白人移民因紐軍鎮壓毛利人失敗而獨自成立「夏威雷共和國」(Republic of Hawera),為時多久,不得而知。如此的雛型共和運動雖只驚鴻一瞥,卻長印紐人的腦海中。直至 1960 年代共和的火花又再重燃。

1966 年反英(皇權)活動家賈遜 (Bruce Jesson) 在南島基督城創立「共和協會」(Republican Association),翌年(1967 年)移師北島奧克蘭,改名「共和運動」(Republican Movement)。1974 年他創辦雜誌《共和》(The Republican) 雙月刊,並兼任主編,以方便傳播共和思想。紐人似乎繼承了愛爾蘭人的傳統,要共和就得先反英;尤其是每當英國皇室人物訪紐,就是最佳抗議示威的時刻。因為英王以國家元首身份大駕光臨就是宣示英國對紐西蘭的主權。共和份子認為要成為完全獨立的主權國家,首先就要選

出自己的國家元首，並且要拒絕承認君臨天下的英女王。1980 年代當英女王訪紐時遭到兩名年輕女子擲雞蛋（二人後來被判坐牢六個月）。戴安娜王妃訪紐期間也曾遭一名男子露屁股羞辱。1990年初英女王再度訪紐時又遭一名女子向她擲汗衫，可是，這名女子卻判無罪釋放。這是否表示法官也逐漸同情民意之所趨呢？

　　前工黨議員、曾任毛利事務部部長的毛利人雷達 (Matiu Rata) 於 1980 年創建「主權分立黨」(Mana Motuhake)，宗旨是要毛利人與英王（或白紐）瓜分主權，尋求自決 (self-determination)之道，並且熱烈支持共和運動，可算是紐西蘭第一個、也是唯一標榜共和的政黨。在 1984、1987 和 1990 年三屆大選中分別獲得 0.3%，0.5% 和 0.6% 的選票。後來與綠黨 (Green)、新工黨 (New Labour)、民主黨 (Democrat) 和自由黨 (Liberals) 等合組成「聯盟黨」(Alliance)，在 1993 年一舉拿下 18.2% 的選票（可惜票不集中，僅得兩席）。1996 年更創下十三席的佳績，成為第四大黨（僅次於國家黨四十四席、工黨三十七席、紐西蘭優先黨十七席）。可惜 「主權分立黨」 的新黨魁李珊卓 （Sandra Lee，任期 1993–2001）為了遷就「聯盟黨」的多元競選綱領，少談共和。因此，紐西蘭的共和運動還不成氣候。

　　澳洲的工黨是共和運動的強力推手，並且迫使執政黨在 1999 年進行公投。剛好相反，在紐西蘭工黨的芸芸黨魁中，無論特立獨行的反核總理朗怡、憲法專家帕爾瑪，抑或頗得民望的女總理蔲麗可，都異口同聲反對共和。至於聯盟黨的領袖、也是前工黨議員的安達敦也認為共和議題會轉移注意力， 間接影響選情。

1996 年「混合比例代表制」(MMP) 的新選舉制度施行後，執政黨的席位都不過半，要拉攏其他小黨組聯合政府，想學將來澳洲共和國總統的選舉辦法（即通過國會三分之二的議席）也很困難。身為愛爾蘭裔的天主教徒總理薄爾格（與強力推動共和的澳洲總理基亭 (Paul Keating) 有相同的民族與宗教背景）曾經開腔提及共和的議題，但唱和者寡，原因是他所屬的國家黨黨員多是農牧階層，對英國有感情（英國曾長期包銷紐西蘭的農牧產品）。1998 年被同黨女強人席蒲妮迫退下臺後，就銷聲匿跡，從此不見蹤影。1999 年工黨蔻麗可上臺，就不提此椿了。反而民間的共和運動 (Republican Movement of Aotearoa/New Zealand) 合併後，由文學家、布克獎得主胡安美 (Keri Hulme) 為贊助人，由古連 (Dave Guerin) 出任會長，希望在第二十一世紀能闖出一片天。同時，也寄望澳洲共和再造，馬到功成，好讓小老弟起而效尤。

三、南盟共主？

紐西蘭人很愛尊嚴，也重視國格。當澳洲欲拉紐西蘭一起成立「澳大拉西亞聯邦」時，就被婉拒。早在 1873 年總理沃格爾就曾想連結南太平洋島嶼合組大型自治領。1883 年紐西蘭國會通過《邦聯與合併法案》(Confederation and Annexation Bill)，欲合法地置島嶼於紐國保護之下。強勢總理薩當（任期 1893–1906）曾想促成斐濟與紐西蘭共組聯邦；又想合併薩摩亞與東加；訪美時逕向麥金萊 (McKinley) 總統直言對夏威夷很有興趣。結果，斐濟不為所動，寧願繼續做英國的殖民地；薩摩亞由德國和美國瓜分；

夏威夷後來也被美國兼併。紐西蘭於 1901 年分得庫克和紐威的託管總算達成了小霸權 (hegemony) 一部分的願望。薩當稱霸不成，唯有努力內政，如批准婦女投票權、推行老人年金、奠定工業仲裁制度等，盡量強化國體。

1950 年代以前，紐西蘭與南太平洋島嶼的關係仍處於「託管」的階段。但在 1960 年代和 1970 年代，紐西蘭卻盡量幫助託管地區邁向「脫殖」的方向。當英、美、法仍不放棄南太平洋殖民地時，紐國卻秉著睦鄰、扶弱與護小的態度讓它們獨立或自治；有急需時更會雪中送炭，加以奧援。

1947 年紐、澳、英、美、法、荷等六國成立「南太平洋專員公署」(South Pacific Commission)。1950 年首次舉辦「南太平洋會議」(South Pacific Conference)，共有十八個地區代表參加，自 1967 年起定期舉行。1971 年改名「南太平洋論壇」(South Pacific Forum)；後來參加的島國也有來自北太平洋的，如關島 (Guam)，因此又更名「太平洋論壇」(Pacific Forum)，以斐濟為總部。1997 年「公署」五十週年紀念，在澳洲坎培拉開會，又更名為「太平洋共同體」(Pacific Community)，總部卻在法屬 New Caledonia。迄今 2004 年 5 月 10 日止，二十二個太平洋島國加上原來五個創會會員國（荷蘭已退出），共有二十七個會員國。目前「論壇」和「共同體」是太平洋最重要的兩個組織。可惜裡面有英、美、法等列強為會員，南太平洋島國雖多，仍有被大國操控的顧慮。

紐西蘭有識之士韋理（Jack Ridley，優秀學者、政治學家與專業工程師）自 1979 年開始提出「南太平洋聯盟」(South Pacific

Federation) 的概念。經過十年之久的考察、研究、討論與交換意見，最後在 1989 年以 《塔斯曼海的挑戰：邁向南盟》 (*The Tasman Challenge: Towards A South Pacific Federation*) 為名出書 (Wellington: Moana Press, 1989)，推銷他的 「南盟」 構想，欲使紐、澳成為「南盟」共主，以帶領赤道以南的太平洋島國組成聯盟，將來可望發展成類似「歐盟」(European Union) 的政治經濟共同體。

韋理的父親是澳洲人，兩個伯父都為澳洲參戰而死，但他本人卻生長在紐西蘭，以身為紐西蘭人而自豪。他提出「南盟」的目的在於： 1.提防紐西蘭被澳洲以經濟手段兼併； 2.確定紐西蘭的國家認同； 3.團結與維護南太平洋區域國家； 4.促成「南盟」按部就班地發展。他不希望「南盟」由政客倡導，因為他們有太多政治考量。如由塔斯曼海兩岸（即紐澳兩地）公民貢獻寶貴的意見，凝聚官民力量，從經濟開展，擁抱太平洋島國的資源，互通有無，應該大有可為。自 1971 年「南太論壇」成立，連同定期召開的 「南太平洋經濟會議」 (SPEC: South Pacific Economic Conference) 和紐澳與南太島國簽訂的 《南太經貿合作協定》 (*SPARTECA: South Pacific Regional Trade and Economic Cooperative Agreement*)，配合國際的軍事安全條約（如 *ANZUS*）、環境安全條約（如南太無核區）和海洋法 (Law of the Sea)，在安全穩定和法律保障之下，除發掘陸上資源外，還可開發二百海里經濟海域的資源。南盟諸國可享免稅互惠等優待，很快就能發展為一個「經濟共同體」。

　　經貿合作之外，南盟也應有一個穩定的「政治共同體」作為後盾。南太平洋雖有「公署」和「論壇」等組織，但不健全，不如當年「歐洲共同體」(EC: European Community) 那麼嚴密。因此，韋理設計出一個按人口比例而出席「南盟」的各國代表配額，茲臚列如下：

南太平洋聯盟各國代表分配名額

國　名(含州名)		1988 年人口 （人）	1986 年國民總值 GNP（億紐元）	代　　表(名)
澳大利亞	新南威爾斯	5,500,000	1,000	4
	維多利亞	4,200,000	750	4
	昆士蘭	2,600,000	450	3
	西　澳	1,500,000	250	3
	南　澳	1,400,000	250	3
	塔斯曼尼亞	500,000	80	3
	首都區	300,000	60	2
	北領地	170,000	40	2
紐西蘭	北　島	2,500,000	500	4
	南　島	850,000	120	3
新幾內亞	本　島	2,900,000	30	2
	新不列顛	200,000	1	1
	保根維爾	150,000	2	1

新愛爾蘭	100,000	2	1
斐　　濟	750,000	15	2
所羅門	300,000	2.5	2
薩摩亞	200,000	2	2
新卡里當尼亞	150,000	5	2
法屬玻里尼西亞	150,000	2	1
萬那度	100,000	1	1
東　　加	100,000	1	1
基里巴蒂	60,000	0.4	1
庫　　克	30,000	0.2	1

資料來源：Jack Ridley, *The Tasman Challenge*, Wellington: Moana Press,
　　　　1989, p. 106.

　　從上表所擬各國代表配額，很明顯是偏袒大國，光是澳洲的
六州二區代表總數就達 24 名。屬於麥克羅尼西亞種的新幾內亞從
前由澳洲託管，1975 年獨立後一向受澳洲援助，最初幾年占澳洲
外援金額一半以上，當然親澳。它的五票加上澳洲的二十四票合
共二十九票，已超過總數一半。紐西蘭的毛利人與島民合占人口
21%，與其他九個南盟會員國都屬玻里尼西亞種，全部加起來才
得二十票。紐西蘭要想做「共主」也不容易，除非它與澳洲步伐
一致，又能互相配合。前面第九章第一節談到紐澳關係，幸好既
有經濟互惠方面的 *NAFTA* 和 *CER*，也有國防合作方面的 *ANZUS*

和 CDR，目前關係良好，做「共主」似應沒有多大問題。將來一旦有利害衝突，只要來一個變相的經濟制裁（如英國加入歐市）或協防中斷（如美國片面毀約），那時候紐西蘭就得乖乖的就範並靠邊站了。因此，紐西蘭若真的要領袖群倫，倒不如另立山頭做個名副其實的霸主，連結南太平洋玻里尼西亞的小兄弟們組成一個「玻盟」（玻里尼西亞聯盟 "Polynesian Federation"），做其盟主，獨霸一方，更別具苗頭，又合乎紐西蘭的地位與利益，何樂而不為呢？

四、國族認同

任何人的國族認同 (national identity) 都有客觀和主觀兩方面。客觀的是你被形容是什麼？主觀的是你自以為是什麼？早期紐西蘭的移民主要是英裔，他們自稱英人，而把毛利人稱為紐西蘭人（New Zealander 或 Maorilander）。不但自以為是英人，還自認比英人更像英人 (more British than the British)。但在祖國的英人眼中，紐西蘭的英裔移民保持英國傳統較多，只比美國人和澳洲人更似英人 (more British than the Americans and the Australians) 而已。當第一次世界大戰威猛果敢的「紐澳軍魂」鑄成後，紐人被稱為「安薩克」(Anzac)；第二次世界大戰後紐人被暱稱為「畿維」(Kiwi)。可見自認為英人者已不被視為英人矣！但具有大英意識的當政者，仍在核發紐西蘭護照時登錄著「紐西蘭公民及英國子民」(New Zealand citizen and British subject) 字樣。這種國族認同也影響到第二次世界大戰以後的非英裔移民，他們來自歐洲

不同國家，所謂「入夷狄則夷狄之，入紐國則紐國之」，客觀上身不由己而為紐國公民，但主觀上卻自認為南歐人、北歐人、西歐人，或更細分為義大利人、希臘人、南斯拉夫人（南歐）；挪威人、丹麥人、瑞典人（北歐）；德意志人、法蘭西人、荷蘭人（西歐）。經過白紐同化之後，歐裔和英裔不再自稱英人，唯有和毛利人分享 「紐西蘭人」 這個稱號而為 「歐裔紐人」 (Pakeha New Zealander) 和「毛利紐人」(Maori New Zealander)。

　　1960 年代以後移入的太平洋島民和 1980 年代以後移入的亞洲人，他們入籍後雖被視為紐西蘭公民，但私底下卻不這樣無條件地認同。文化背景和種族血緣的差異，還是喜歡自稱為玻里尼西亞人或亞洲人。前者或更細分為薩摩亞人、東加人、庫克人、紐威人；後者又自稱為中、日、韓、印、緬、黎巴嫩人、阿庫汗人等。反正來自二百一十七個國家或地區，一時同化不了。幸好大家生活在一種法律制度和使用一種共同語言的環境底下，在經濟利益與社會福利方面，認錢不認人。因此，國家認同在無可選擇時，不管作為殖民地子民或自治領公民，也只好認命與認名。今日處於民主進步的年代，人民可以透過公投制憲選擇自己的國家體制時，「紐西蘭共和國」 (The Republic of New Zealand) 就是下一個目標。因為在大英國協五十四個成員中，有二十九個是共和國，十五個仍奉英正朔，以英王為國家元首（紐澳就是其中兩個）。我預期在公投時結果會跟澳洲 1999 年公投的結果不一樣。因為紐西蘭的公民成份與澳洲不同，2013 年人口調查結果中，毛利人占 14.9%，亞洲人 11.8%，島民 7.4%，中東、非洲加美洲

1.2%；再加上反英的愛爾蘭人，仇英的西歐人（如法裔），疏英的南歐人（曾被紐政府歧視，如大馬遜人），以及藐英（輕藐帝王思想）的東歐人（來自共產國家）等，公投共和必然過半。將來當上紐西蘭共和國國民之後，要組「南盟」或「玻盟」，那是做共主或霸主之分，好像「歐盟」的會員國一樣，不會影響到國家認同問題。這些分析要待將來的印證才會塵埃落定。反正，這就是未來的紐西蘭！

五、紐西蘭的未來

　　2016 年至今，紐西蘭歷經兩任總理，為比爾‧英格利希與傑辛達‧阿德恩。而傑辛達‧阿德恩更成為紐西蘭第三位女性總理，並在任內宣布懷孕生產的領導者。其任內所出生的「第一寶寶」也成為討論熱潮，但也被質疑是否適任總理之位。紐西蘭在新總理的帶領下，面對性別平權、氣候變遷、綠能發展不遺餘力。甚至在 2019 年的清真寺恐怖攻擊事件，國際間譁然一片的情況下，仍以愛與包容的態度面對危機，而非採取暴力鎮壓，獲得國內與國際之間的讚賞。紐西蘭在新總理的帶領下，正走向一個嶄新的未來，也讓國際看見這個南半球的世外桃源。

New Zealand

附　錄

大事年表

8,000 萬年前　紐西蘭島嶼黏附著「塔斯曼堤斯」陸塊漂向太平洋。

3,000 萬年前　紐西蘭島嶼下沉海底，幾至沒頂。

1,500 萬年前　因地殼運動，紐西蘭島嶼重露海面，造成奇特地形。

c.250–750　可能有人類造訪紐西蘭。

c.925–950　毛利人古丕帶領族人造訪紐西蘭，命名為「歐提羅噢」
　　　　　　(Aotearoa)，意即「長白雲之地」。

c.1300　大批毛利人分乘八艘獨木舟移居「歐提羅噢」。

1642 年　12 月 13 日，荷屬東印度公司派荷蘭航海家塔斯曼尋訪
　　　　　　南方新大陸，偶然發現「歐提羅噢」，並命名為「史惕
　　　　　　坦之地」；後被更名為「新的海島」(Nieuw Zeeland)。

1769 年　10 月 9 日，英國航海家庫克自大溪地西航，首次登陸
　　　　　　並命名「紐西蘭」，宣稱為英王 (King George III) 所有。

1770 年　4 月 1 日，庫克離開紐西蘭西航，尋找南方新大陸。

1773 年　10 月 21 日，庫克再訪紐西蘭。

1777 年　2 月 12 日，庫克三訪紐西蘭。

1791 年　捕鯨船「威廉與安恩號」首次停泊「無疑灣」，從此展
　　　　　　開捕鯨魚、捉海豹以及從事亞麻與木材的貿易。

1792 年　第一艘獵海豹船「不列顛號」停泊「薄暮灣」。

1806 年　首位白人婦女 (Charlotte Badger) 抵達紐西蘭。

1814 年　英國傳教士馬斯登首訪紐西蘭，屬於英國國教派聖公

會的英行教會開始在諸島灣傳教。

1815 年	第一個白種嬰兒 Thomas Holloway King 在紐西蘭誕生。
1818 年	毛利人自歐洲人手中獲得毛瑟槍，開始了毛利人族群十餘年的「毛瑟槍戰事」，此戰事造成約二萬人死亡。
1820 年	毛利酋長杭宜訪英，謁見英王喬治四世並獲贈毛瑟槍。
1823 年	衛理公會在紐西蘭成立。
	第一宗英國男子 (Philip Tapsell) 與毛利女子 (Maria Ringa) 在英倫教堂舉行結婚儀式。
1833 年	5 月 5 日，英國駐紐西蘭駐箚官畢士庇抵達諸島灣就職。
1834 年	3 月 20 日，北島二十五位酋長同意選用「紐西蘭統一部落聯盟」旗幟。
1835 年	10 月 28 日，北島三十四名「紐西蘭統一部落聯盟」酋長共同簽署《紐西蘭獨立宣言》。
1837 年	「紐西蘭協會」在英國倫敦成立。
	毛利文《新約聖經》出版，是紐西蘭第一本印刷書籍。
1838 年	法國龐巴利亞主教在賀港嘉成立羅馬天主教教會。
1839 年	英國海軍上校賀卜遜受命以紐西蘭作為澳洲新南威爾斯的隸屬地，並建立英式統治。
	「紐西蘭協會」改組為「紐西蘭公司」，派人赴紐購地。
	美國任命葛蘭頓為駐紐西蘭領事。
	法國天主教會在柯羅拉瑞卡 (後改名羅素 (Russell)) 建立總部。
1840 年	2 月 6 日，毛利酋長 43 人 (後追加簽名，迄 9 月 3 日共 512 人) 與英國代表賀卜遜共同簽署 《瓦湯頤條約》。從此紐西蘭正式成為英國殖民地；賀卜遜成為首

	任總督。當時毛利人口約十一萬，英人僅二千人。
1841 年	紐西蘭首府由羅素遷至奧克蘭 (Auckland)。
1843 年	費茲萊被任命為紐西蘭總督。
1844 年	韓海克三次砍斷英國國旗旗竿。
1845 年	毛利人反英抗暴的「北方戰爭」開始。
	葛芮取代費茲萊成為紐西蘭總督。
1846 年	「北方戰爭」結束。
	第一個《紐西蘭憲法法案》通過。
	第一艘蒸汽船抵紐。
1848 年	蘇格蘭移民在南島東部建立奧塔哥市。
1850 年	南島大平原坎特布里開始有大批移民定居。
1852 年	第二個《紐西蘭憲法法案》通過，產生「國民代表大會」與六個省份組成的代議政府。
1853 年	毛利人「國王運動」意識萌芽。
1854 年	第一次「國民代表大會」在奧克蘭開幕。
1855 年	總督白朗尼范紐就職。
	自貼郵票首度發售。
1856 年	紐西蘭成立責任政府，史威爾組閣並出任第一任總理。
	淘金熱開始蔓延。
1858 年	華努華努被選立為第一位毛利國王，取名為薄塔陶一世。
	是年人口 115,461，內含毛利人 56,049。
1860 年	北島「塔蘭納姬戰爭」啟釁。
	戴喜鰲世襲為毛利國王薄塔陶二世。
1861 年	葛芮再度擔任紐西蘭總督。
	李德在古里發現金礦，激起了奧塔哥的淘金熱潮。

紐西蘭銀行在奧克蘭開張營業。

是年人口：歐裔暴增至十萬人，毛利人僅有六萬人。

1862 年　　紐西蘭第一條由南島基督城至黎勒敦的電報線鋪設
　　　　　成功。

第一艘運金船由南島的登尼丁運往英國倫敦。

《原住民土地法案》通過。

1863 年　　北島「韋嘉渡戰爭」啟釁。

《紐西蘭定居法案》通過，沒收毛利叛軍的土地得以
合法化。

第一條蒸氣火車鐵軌啟用。

1864 年　　「韋嘉渡戰爭」結束，紐西蘭殖民地政府充公了韋嘉
渡、塔蘭納姬、豐盛灣以及霍克斯灣的土地。

馬寶璐和西地發現金礦。

1865 年　　紐西蘭殖民地政府將首都由北島北部的奧克蘭遷至北
島最南端的威靈頓，便於統治南北二大島。

「原住民土地法庭」成立。

奧克蘭市的街道首次亮起煤氣燈。

1866 年　　庫克海峽海底電纜鋪設完成。

1867 年　　毛利人在紐西蘭國會獲配四席。

泰晤士金礦區開始營運。

1868 年　　毛利領袖之一德古堤發動游擊戰，政府軍疲於奔命。

紐西蘭第一個牧羊場在柯瑞岱建立。

1869 年　　紐西蘭第一所大學——位於南島的奧塔哥大學——成立。

1870 年　　總理沃格爾的公共工程與移民政策開始推行。

《紐西蘭大學法》通過。

	紐西蘭第一次舉辦橄欖球比賽。
	奧克蘭與美國加州三藩市間的郵政服務開始。
1872 年	德古堤退隱王鄉，毛利武裝抗爭活動停止。
	北島奧克蘭、威靈頓與南部省分接通電報。
1873 年	紐西蘭船務公司成立。
1874 年	紐西蘭第一座蒸汽發動機在印發卡基爾安裝成功。
	是年人口 344,985，內含毛利人 47,331。
1875 年	詩人柏萊根創作《上帝保衛紐西蘭》。1977 年被用為國歌。
1876 年	取消省制並建立鄉、市地方政府。
	紐、澳電纜鋪設完成，通訊方便。
1877 年	《教育法》通過，建立小學教育全國系統。
	大法官布蘭達賈士德宣布《瓦湯頤條約》為無效。
1878 年	是年人口 458,007，內含毛利人 45,543。
1879 年	《三年制國會改選法案》通過。
	成年男子（二十一歲以上）投票權通過。
	財產稅開始實施。
1881 年	毛利領袖德域堤等人及信徒被捕。
	北島奧克蘭與南島基督城電話通訊開始。
	是年人口 534,030，內含毛利人 46,140。
1882 年	第一艘冷凍貨櫃船「但尼丁號」自察馬士港啟航前往英倫。
1883 年	毛利領袖德古堤被赦免，德域堤出獄。
	紐西蘭與英國之間開始蒸汽輪船直航服務。
1884 年	毛利王薄塔陶二世戴喜鰲訪英，被阻撓與英王會晤。

	紐西蘭欖球隊首次出國赴澳洲新南威爾斯參與比賽。
1886 年	塔拉維拉火山爆發，153 人喪生。
	塔蘭納姬發現石油。
	是年人口 620,451，內含毛利人 43,926。
1887 年	紐西蘭第一個國家公園唐嘉瑞洛成立。
	瑞夫頓是紐西蘭第一個有電力供應的小鎮。
1889 年	取消財產資格投票權，此後不論貧富皆有投票權。
	第一個紐西蘭自製火車頭在阿丁頓完成。
1890 年	第一個「一人一票」選舉法通過。
	八千會員參加海員工會罷工。
	發表工作環境的《史威亭委員會報告書》。
1891 年	白朗斯成為第一個自由黨政府總理。
	是年人口 668,652，內含毛利人 44,178。
1892 年	6 月，毛利人「團結運動」運作四年後獲得 20,924 人連署成立「毛利國會」。隨後建立「毛利眾議院」。
1893 年	通過《婦女投票權法案》，紐西蘭成為世界上第一個婦女投票權的地區，比英、美約早二十幾年。
	白朗斯逝世，薩當繼任總理。
	葉慈成為第一位女市長（安里宏家市）。
1894 年	《工業仲裁法》與《聘僱改革法》通過。
	馬胡達繼承戴喜鰲為毛利國王。
1896 年	「全國婦女議會」成立。
	是年人口 743,214，內含毛利人 42,114。
1897 年	紐西蘭派代表赴倫敦參加首次殖民地會議。
1898 年	通過《老人年金法》，紐西蘭成為世界上第一個推動以

男性老人為主的福利措施的地區。

第一批外國汽車進口紐西蘭。

1899 年　紐西蘭士兵前往南非為英國打仗　(清剿荷蘭裔農民游擊隊的「波耳戰爭」)。

1900 年　《毛利議會法案》通過。

《公共衛生法案》通過並於翌年成立「公共衛生部」。

拒絕加入「澳大拉西亞聯邦」。

1901 年　薩當總理以紐西蘭船旗　(英國國旗加四顆南十字星)作為紐西蘭國旗。

紐西蘭兼併庫克群島和紐威。

是年人口 815,862，內含毛利人 45,549。

1902 年　太平洋電纜連接紐、澳與斐濟，方便三地的電話服務。

1904 年　紐西蘭皮阿斯在本地駕機試航成功。

1906 年　總理薩當逝世，華爾德繼任。

是年人口 936,309，內含毛利人 50,310。

1907 年　紐西蘭從殖民地升格為自治領。

1908 年　紐西蘭科學家魯塞福 (Ernest Rutherford) 榮獲諾貝爾化學獎。

奧克蘭至威靈頓鐵路通車。

全紐總人口剛達一百萬人。

1909 年　強迫性兵役法實施。

紐西蘭發明「自動售郵票機」並進行量產。

1911 年　是年人口 1,058,313，內含毛利人 52,722。

1912 年　梅塞大選勝利並成為第一位改革黨總理。

德瑞達繼承馬胡達為毛利國王。

1913 年	奧克蘭與威靈頓碼頭工人罷工。
1914 年	第一次世界大戰開始,紐西蘭遠征軍前赴埃及支援。
1915 年	紐、澳、英、法參與加里波里戰役,傷亡慘重。
	改革黨和自由黨組成戰時內閣。
	英國宣布將購買紐西蘭戰時出口全部肉類。
1916 年	工黨成立。
	紐西蘭「徵兵令」開始實施。
	是年人口 1,149,225,內含毛利人 52,998。
1917 年	利伐浦勳爵就任紐西蘭成為自治領後第一位大總督。
1918 年	第一次世界大戰結束,紐軍共 124,211 人服役,死 16,700 人,傷 41,300 人。
	紐西蘭流行性感冒致 8,500 人死亡。
1919 年	《婦女參與國會權提案》通過,婦女可參與國會議員選舉。
	紐西蘭總理梅塞出席巴黎和會並在《凡爾賽條約》簽署。
	第一次空郵服務,由奧克蘭飛往達加維。
1920 年	紐澳聯軍日紀念(4 月 25 日)開始。
	紐西蘭成為「國際聯盟」會員國,並託管西薩摩亞。
	第一架飛機成功飛越庫克海峽。
1921 年	英國皇家海軍紐西蘭分部成立。
	是年人口 1,271,667,內含毛利人 56,988。
1923 年	紐西蘭政府宣布擁有位於南極洲的羅斯屬地。
1926 年	是年人口 1,408,140,內含毛利人 69,780。
1928 年	為節省能源,紐西蘭開始採用「夏令時間」(即夏季開始後時鐘撥早一小時)。

新成立的「聯合黨」贏得大選，由華爾德爵士出任總理。

飛行家史密夫第一次駕機橫渡塔斯曼海。

1929 年　　世界經濟大蕭條開始。

1930 年　　「失業局」成立以提供救濟援助。

1931 年　　改革黨和聯合黨合作贏得大選，由霍比斯擔任總理，組成聯合政府。

空郵郵票發行。

是年人口普查暫停。

1932 年　　工業仲裁暫停。

奧克蘭、但尼丁和基督城三地失業人士暴動。

老人年金與其他福利遞減，以舒困境。

1933 年　　柯羅克繼承德瑞達為毛利國王。

麥孔絲女士成為紐西蘭第一個女性國會議員。

紐西蘭自鑄輔幣發行。

1934 年　　紐西蘭「儲備信貸銀行」成立。

紐、澳兩地空郵服務啟業。

1935 年　　工黨第一次贏得大選，沙維區出任總理。

南北二島之間的航空服務開始。

1936 年　　「儲備信貸銀行」收歸國營。

改革黨與聯合黨合併更名為國家黨。

拿夫洛為紐西蘭贏得第一面奧運金牌。

珍芭鈿女士駕機由倫敦飛抵紐西蘭。

每週工時由四十四遞減至四十。

是年人口 1,573,812，內含毛利人 94,053。

1937 年　　「勞工聯盟」統籌貿易工會運動。

「紐西蘭皇家空軍」成立。

1938 年　《社會安全法案》通過，重新規劃各種年金福利以及
全國性的健康服務。

政府管制進口與貿易，迄 1984 年才解除。

1939 年　第二次世界大戰開始，紐西蘭「遠征軍」正式成立。

英國全數購買紐西蘭牧場產品。

1940 年　工黨總理沙維區逝世，傅利澤繼任。

徵兵令開始實施。

民調決定仍以「天佑吾王」為紐西蘭國歌。

1941 年　日軍南進太平洋。

公共醫藥福利措施開始。

1942 年　政府同意美軍協防紐西蘭。

1944 年　《澳紐協定》提供南太平洋合作基礎。

紐軍參與太平洋所羅門群島戰役。

1945 年　第二次世界大戰結束。

紐西蘭簽署《聯合國憲章》並成為聯合國的會員國。

《毛利社會經濟改進法案》通過。

是年人口 1,702,329，內含毛利人 115,647。

1946 年　「家庭補助金」定額為每週一英鎊。

大戰英雄費瑞卜將軍出任總督。

1947 年　實踐《西敏寺法規》，紐西蘭成為一個主權獨立的國
家，但仍為大英國協成員。

荷華蒂成為第一位女性內閣部長（衛生與兒童福利）。

1948 年　紐西蘭政府批准加入「關貿協定」(GATT)。

1949 年　全民公投同意強制軍事訓練。

	國家黨大選勝利，何蘭德出任總理。
1950 年	紐西蘭海軍與陸軍共同參與韓戰。
	相當於參議院的「立法議會」取消。從此兩院制變成一院制，國會內僅有眾議院。
1951 年	簽訂《紐澳美安全條約》，簡稱 *ANZUS*。
	「毛利婦女福利同盟」成立。
	是年人口 1,939,473，內含毛利人 134,097。
1952 年	紐西蘭運動員韋廉絲在芬蘭赫爾辛基奧運會跳遠破紀錄，勇奪女子金牌。
	羅瑞爵士就任紐西蘭總督。
	是年人口突破二百萬。
1953 年	英女王伊麗莎白二世首度訪問紐西蘭。
	紐人希來瑞偕尼泊爾人譚金成功攀登世界第一高峰聖母峰。
	寶文在九小時內剪羊毛四百五十六頭，打破世界紀錄。
	美國副總統尼克遜訪問紐西蘭。
1954 年	紐西蘭簽署《東南亞聯防條約》。
	紐西蘭獲選為聯合國安理會理事。
	班尼斯達以 3 分 59.4 秒打破世界一英里賽跑紀錄。
1956 年	紐西蘭派兵前往馬來亞協助剿共。
	是年人口 2,174,061，內含毛利人 162,258。
1957 年	工黨贏得大選，那樞出任總理。
	上訴法庭成立。
	紐西蘭「南極洲探險隊」在羅斯屬地建立「史葛特基地」。

乳產品輸英，給予十年免稅優惠。

柯卜涵勳爵就任總督。

1958 年　政府實施「隨賺隨繳」(Pay As You Earn) 徵稅制度。

第一個地熱發電站在偉拉凱啟用。

1959 年　紐西蘭與有關國家簽署《南極條約》，以利科學探險。

奧克蘭海港大橋通車。

毛利傑出人士班納德被委任駐馬來亞大使。

1960 年　奧克蘭正式開始電視廣播。

全國大選，國家黨獲勝，再度執政。

《公務員同等待遇法案》通過，從此男女同工同酬。

史耐爾與何爾拔分獲一英里和三英里羅馬奧運金牌。

何爾拔並在奧克蘭創下三英里賽跑世界紀錄： 13 分 11.4 秒。

1961 年　紐西蘭加入「世界貨幣基金會」(IMF)。

是年人口 2,414,985，內含毛利人 201,159。

1962 年　印尼反對星馬合併而採「對抗政策」期間，紐軍赴馬協防。

西薩摩亞獨立。

鮑理斯爵士被委任為紐西蘭第一任監察使。

「紐西蘭毛利議會」成立。

福古遜爵士就任總督。

塔蘭納姬天然氣井啟用。

史耐爾創下一英里（3 分 54.4 秒）和半英里（1 分 45.1 秒）世界紀錄。

1963 年　《猥褻刊物法案》通過，規定禁書標準。

英女王夫婦再度訪紐。

戴文波成為第一個游泳橫渡庫克海峽的歐洲人，費時
11 小時 13 分鐘。

1964 年　　史耐爾勇奪東京奧運雙金　（八百公尺與一千五百公
尺）。

奧克蘭市人口達五十萬。

1965 年　　紐、澳《自由貿易協議》開始談判。

庫克群島自治。

紐總理賀理育支持美國並派兵赴越南作戰。

1966 年　　愛達·依·蘭怡·卡胡繼承為首位毛利女王。

奧克蘭國際機場正式啟用。

紐西蘭勞工達一百萬。

紐西蘭國家圖書館落成。

是年人口 2,676,918，內含毛利人 249,237。

1967 年　　薄瑞特勳爵成為第一位在紐西蘭出生的總督。

公投結果贊成酒館延長至晚上十時關閉，酒測駕駛
實施。

十進制代替英式度量衡。

胡爾美奪世界電單車冠軍。

1969 年　　投票年齡降至二十歲。

國家黨連續四次贏得大選，賀理育出任總理。

1970 年　　美國副總統艾克鈕訪紐西蘭，遭遇反越戰示威群眾。

東加國王偕王后訪紐。

加拿大總理杜魯多訪紐。

1971 年　　紐產奶油、乳酪獲准繼續輸英。

是年人口 2,862,630，內含毛利人 289,887。

1972 年　　工黨勝選，由寇克出任總理。

畢倫岱爵士就任總督。

《同工同酬法案》通過。

1973 年　　英國加入「歐洲共同市場」，對紐澳出口打擊甚大。

紐西蘭加入「經濟合作與發展組織」。

紐海軍巡防艦出航抗議法國在太平洋進行核子爆炸試驗。

是年全國人口突破三百萬。

1974 年　　工黨總理寇克逝世，由羅陵接任。

大英國協運動會在南島基督城舉行。

1975 年　　國家黨勝選，牟爾敦出任總理。

毛利人土地大遊行。

《瓦湯頤條約法案》通過，政府成立「瓦湯頤裁判庭」以處理土地索償事宜。

華爾格在瑞典以 3 分 49.4 秒打破一英里競跑世界紀錄。

1976 年　　《婚姻財產法》通過。

歐洲進口紐西蘭奶油配額有效期延後至 1980 年。

改採國際通用的度量衡米突制。

「紐澳自由貿易協議」延長十年。

美國核子戰艦「吐魯斯敦號」訪紐西蘭引起反抗示威。

是年人口 3,129,384，內含毛利人 356,574。

1977 年　　英國女王伉儷值銀婚紀念第三度訪紐。

《上帝保衛紐西蘭》正式成為紐西蘭國歌。

賀理育爵士就任總督。

《經濟海域法案》通過,建立離岸二百海里經濟海域。

毛利人強霸稜堡角作長期示威以抗議政府敷衍土地
索償。

1978 年　　大選結果:國家黨連任繼續執政。

失業人數達二萬五千人。

1979 年　　紐航在南極伊雷畢士山墜毀,257 人罹難。

第二十五屆大英國協會議假紐京威靈頓舉辦。

美國核子潛艇「赫度號」訪紐,引起抗議。

1980 年　　驅逐蘇聯大使索芬斯基以抗議侵略阿富汗。

失業人數高達四萬人。

畢艾堤爵士就任總督。

1981 年　　紐西蘭政府採用「資訊公開」的政策,提高透明度。

羅伊在紐約馬拉松女子組掄元,並以 2 小時 25 分 28
秒打破世界紀錄。

是年人口 3,175,737,內含毛利人 385,224。

1982 年　　政府部門預算被刪減百分之三。

政府下令凍結工資、物價、租金,為期一年。

在英國對抗阿根廷的福克蘭島戰爭中,紐西蘭提供
援助。

紐西蘭划船隊在瑞士洛桑國際比賽勇奪金牌。

在澳洲黃金海岸名城布里斯班舉辦的大英國協運動會
中紐西蘭隊榮獲 5 金 8 銀 13 銅,成績斐然。

第一個毛利語言巢成立。

簽署紐澳《更緊密經濟關係協定》。

1983 年	英國王儲查理士偕王妃戴安娜及王孫威廉蒞紐訪問。
	美國核子動力戰艦「德薩斯號」訪紐，引起群眾示威抗議。
	鍾斯創立「紐西蘭黨」。
	《政府資訊公開法案》通過，取代舊的《政府資訊保密法案》。
1984 年	國家黨總理牟爾敦突然舉行「倉促大選」，結果輸給工黨，由工黨領袖朗怡組新政府。
	新財長道格拉斯大事修改經濟政策。
	毛利人在紐西蘭國慶日（2 月 6 日）舉辦土地索償大遊行。
	政府主動將紐幣貶值百分之二十。
	奧克蘭人口首度超過南島人口的總和。
1985 年	紐西蘭新反核政策實施，因美艦「布坎南號」不肯表明是否攜帶核武器而被禁止停泊紐西蘭任何港口。美方單方面中止《澳紐美安全條約》。
	綠色和平反核小船「彩虹戰士號」被法國特工炸沉。
	具毛利血統的作家胡安美以《刻骨銘心》（暫譯）一書榮獲英國文學「布克獎」。
	紐西蘭境內出現第一宗愛滋病。
	《瓦湯頤修訂法案》通過，土地索償可追溯至 1840 年。
	麥克萊取代牟爾敦成為國家黨領袖。
	紐西蘭聖公會主教利維時成為第一位毛利裔總督。
1986 年	英女王夫婿訪紐被擲雞蛋。
	薄爾格取代麥克萊成為國家黨領袖。

紐西蘭人哈克特在巴黎鐵塔表演「高空彈跳」，後引進紐西蘭。

在英國愛丁堡舉辦的大英國協運動會，紐西蘭運動員共獲三十八面獎牌。

商品服務消費稅 (GST) 開始實施，原價附加 10%。

天主教教宗保祿二世首次訪問紐西蘭。

是年人口 3,307,083，內含毛利人 405,309。

1987 年　　紐西蘭 KZ7 號獲「美洲杯」帆船賽亞軍。

股票狂跌四個月，最高跌幅 59%。

紐西蘭欖球隊打敗法國隊，第一次榮獲世界盃冠軍。

工黨再度贏得大選，朗怡連任總理。

《毛利語法案》通過，使毛利語成為官方語言。

反核立法通過。

首次「樂透」開獎。

1988 年　　失業人數上升至十萬人。

政府宣布稜堡角土地將歸還毛利人。

紐西蘭運動員在南韓漢城奧運取得 3 金 2 銀 8 銅的佳績。

1989 年　　安達敦創建「新工黨」。

朗怡辭職，帕爾瑪繼任總理，蔻麗可成為首位女性副總理。

《毛利漁權法案》通過。

消費稅由 10% 增至 12.5%。

政府稅收自 1973 年以來第一次出現盈餘。

1990 年　　紐西蘭慶祝建國一百五十週年。

「毛利部落國會」成立。

荻莎蒂女爵士成為紐西蘭第一位女性總督。

工黨帕爾瑪辭職，由莫瑞出任總理。

國家黨大選獲勝，由薄爾格總理組閣。

奧克蘭主辦第十四屆大英國協運動會。

1991 年　　「聯盟黨」正式成立。

《聘僱合同法案》通過。

物價指數出現二十五年以來最低的季增 (0.1%)。

財長宣布削減福利支出。

失業人數突破二十萬。

雪崩引致全紐最高庫克山 (3,764 公尺) 減低十公尺半。

紐西蘭派兵前往波斯灣參與攻打伊拉克。

是年人口 3,434,949，內含毛利人 434,847。

1992 年　　政府與毛利人達成「漁權協定」，並賠償紐幣一億七仟萬元。

紐西蘭再度擔任聯合國安理會理事。

紐西蘭運動員在美國洛杉磯奧運獲得十一面獎牌。

1993 年　　婦女投票權一百週年紀念。

「紐西蘭優先黨」成立。

國家黨大選以三席僅勝工黨，但在國會席位不過半。

人民公投同意將來全國大選採用「混合比例代表制」。

珍康萍以《鋼琴師和她的情人》在法國坎城榮獲最佳影片獎，安娜柏坤榮獲奧斯卡最佳女配角金像獎，是最年輕的獲獎者（領獎時十一歲，拍片時才八歲）。

卡華蒂女爵士成為紐西蘭第一位最高法院女法官。

畫家麥卡洪名畫以四十六萬紐元成交，破最高紀錄。

蔻麗可以二十六票對十九票取代莫瑞成為工黨新

領袖。

1994 年　紐兵 250 人赴波斯尼亞參加聯合國維持和平工作。

通過用十億紐元來解決毛利人土地索償問題。

紐西蘭第一間賭場在南島基督城開始營業。

柏力克與強斯敦合駕帆船以 74 日 22 小時環球一週，

贏得朱利華尼獎。

塔雷伊毛利人獲得價值一億七仟萬紐元的土地賠償。

新政黨「中心權力黨」、「未來紐西蘭黨」、「消費者與納

稅人協會」等相繼成立，以準備參加新制 MMP 大選。

1995 年　總理薄爾格訪美並與美總統克林頓會面。

紐帆船「黑魔術號」第一次贏得「美洲盃」冠軍。

「保守黨」、「基督遺教黨」、「基督民主黨」和「聯合

紐西蘭黨」宣告成立。

法國宣布核試，紐西蘭嚴重抗議，並派海軍研究船

Tui 號前往 Mararoa 支援和平船隊。

《大選法修正法案》通過，選票上選黨與選人二項並列。

大英國協首腦會議在奧克蘭舉辦。

南非總統曼德拉訪紐。

1996 年　第十三個國家公園「客湖蘭宜」在南島納爾遜西北落成。

體育博彩合法化。

第一次採用 MMP 制舉行全國大選，國家黨以相對多數

勝利，但因席位不過半，遂與紐西蘭優先黨組成聯合

政府。

西藏活佛達賴喇嘛訪紐。

是年人口 3,681,546，內含毛利人 523,371。

1997 年　南島的納伊塔胡族索賠成功，獲賠一億七仟萬紐元。

薄爾格總理被黨內同志逼退，席蒲妮出任國家黨黨魁，並成為紐西蘭第一任女總理。

1998 年　奧克蘭市發生長達一個月的大停電。

紐西蘭女子橄欖球隊「黑蕨」贏得「世界盃」冠軍。

紐元大貶，首次低於美金五角。

1999 年　艾麗絲女爵士成為第一位女性首席大法官。

紐西蘭維和部隊前赴東帝汶。

「亞太經合」(APEC) 領袖高峰會議在奧克蘭舉辦。

前任總理莫瑞被選為「世貿」(WTO) 總裁。

十一月大選結果：工黨蔻麗可擊敗席蒲妮成為紐西蘭第一位民選女總理。

工黨與「聯盟黨」和「綠黨」合組聯合政府。

2000 年　紐西蘭再度奪取「美洲盃」帆船賽冠軍。

麥迪岩 (Alan MacDiarmid) 博士榮獲諾貝爾化學獎。

2001 年　在紐西蘭出生的澳洲明星羅素克洛以電影《神鬼戰士》榮獲奧斯卡最佳男主角金像獎。

卡華蒂女爵士成為紐西蘭第二位女總督。

席蒲妮辭職，英格理成為國家黨領袖。

由紐西蘭人導演並在紐西蘭拍攝和製作的電影《魔戒三部曲》的首部《魔戒現身》上映。

是年人口 3,737,277，內含毛利人 526,281。

2002 年　蔻麗可帶領工黨再度擊敗國家黨，蟬聯總理。

《魔戒首部曲：魔戒現身》在英國電影學院獎中大獲
全勝，拿下最佳影片和最佳導演等五項大獎，同年獲
美國奧斯卡十三項提名，可惜僅獲四項技術獎項。

2003 年　《魔戒二部曲：雙城奇謀》，獲六項美國奧斯卡提名，
僅獲音效和視效兩個技術獎項。

2004 年　《魔戒三部曲：王者再臨》榮獲四項美國金球獎：最
佳影片、導演、原創歌曲、配樂。同年獲十一項奧斯
卡獎提名，全部獲獎，為電影史上提名全獎最高記錄。
十三歲紐西蘭女孩凱莎・卡素－休絲主演《鯨騎士》
一片被提名為奧斯卡最佳女主角，是電影史上最年輕
的女主角提名者（演戲時僅十一歲）。

2006 年　是年人口 4,027,947，內含毛利人 565,329。

2008 年　國家黨在國會大選中獲勝，取得 58 席，拿回執政權，
由基伊擔任總理。

2010 年　9 月 4 日，南島發生規模 7.1 的大地震。

2011 年　2 月 22 日，基督城發生規模 6.3 的大地震。
基伊順利贏得大選，連任總理。

2012 年　12 月 12 日，彼得・傑克遜執導的《哈比人：意外旅
程》上映。

2013 年　《臺紐經濟合作協定》簽訂。
是年人口 4,242,048，內含毛利人 598,602。
國會三讀通過同性婚姻合法化，是全球第十三個和大
洋洲第一個國家。
《哈比人：荒谷惡龍》上映。

2014 年　國家黨贏得國會大選，取得 60 席，繼續與聯合未來

黨、紐西蘭行動黨和毛利黨組建聯合政府。基伊第三
度成為總理。

《哈比人：五軍之戰》上映，是該系列最終篇。

2016 年　公投紐西蘭國旗。

11 月 14 日，南島發生規模 7.5 的大地震，造成 2 人死
亡，57 人受傷。

2017 年　科學家最新研究發現在紐西蘭海底有一個沉没的大
陸，名為「西蘭大陸」。其面積約為五百萬平方公里，
但有將近 94% 在海裡，如學界接受其定義，很有可能
成為第八大洲。

10 月 26 日，紐西蘭總理傑辛達・阿德恩 (Jacinda Kate
Laurell Ardern) 上任，是建國以來第三位女性總理。

2018 年　11 月 7 日，舉辦 2018 年臺紐經濟聯席會議，建立兩國
經濟交流並拓展商業貿易。

2019 年　3 月 15 日，基督城的清真寺發生槍擊事件，紐西蘭總
理將該事件認定為恐怖攻擊事件，此事造成 51 人死
亡，受到國際關注。

8 月 14 日，南島發現約 6,000 萬年前左右的巨型企鵝
化石，高達 160 公分，比現今最大的皇帝企鵝還要高。

歷任總督表

任期起迄

澳洲新南威爾斯屬地時期 Dependency

    副總督 Lieutenant-Governor

    賀卜遜 Captain William Hobson, RN   1840.1.30–1841.5.3

英國皇家殖民地時期 Crown colony

  Governor

    賀卜遜 Captain William Hobson, RN   1841.5.3–1842.9.10

    費茲萊 Captain Robert FitzRoy, RN   1843.12.26–1845.11.17

    葛　芮 Captain George Grey   1845.11.18–1847.12.31

    葛　芮 Governor-in-Chief Sir George 1848.1.1–1853.3.7
Grey, KCB

自治殖民地時期 Self-governing colony

  Governors of New Zealand

    葛　芮 Sir George Grey, KCB   1853.3.7–1853.12.31

    白朗尼 Colonel Thomas Gore Browne, CB 1855.9.6–1861.10.2

    葛　芮 Sir George Grey, KCB   1861.12.4–1868.2.5

    寶　文 Sir George Ferguson Bowen, 1868.2.5–1873.3.19
GCMG

費古森 Rt Hon Sir James Fergusson, BT　1873.6.14–1874.12.3

羅曼比 Marquess of Normanby, GCB, 1875.1.9–1879.2.21
GCMG, PC

羅賓遜 Sir Hercules George Robert 1879.4.17–1880.9.8
Robinson, GCMG

葛爾敦 Hon Sir Arthur Hamilton Gordon, 1880.11.29–1882.6.23
GCMG

賈沃斯 Lieutenant-General Sir William 1883.1.20–1889.3.22
Francis Drummond Jervois,
GCMG, CB

安士羅 Earl of Onslow, GCMG　　　　1889.5.2–1892.2.24

葛斯高 Earl of Glasgow, GCMG　　　　1892.6.7–1897.2.6

阮富利 Earl of Ranfurly, GCMG　　　　1897.8.10–1904.6.19

畢倫客 Lord Plunket, GCMG, KCVO　　1904.6.20–1910.6.7

自治領時期 Dominion

伊陵頓 Lord Islington, KCMG, DSO, PC　1910.6.22–1912.12.2

利伐浦 Earl of Liverpool, GCMG, MVO, 1912.12.19–1917.6.27
PC

Governors-General of New Zealand

利伐浦 Earl of Liverpool, GCB, GCMG, 1917.6.28–1920.7.7
GBE, MVO, PC

賈力高 Admiral of the Fleet Viscount 1920.9.27–1924.11.26
Jellicoe, GCB, OM, GCVO

費古遜 General Sir Charles Fergusson, 1924.12.13–1930.2.8
BT, GCMG, KCB, DSO, MVO

畢迪魯 Viscount Bledisloe, GCMG, KBE, 1930.3.19–1935.3.15
PC

高爾威 Viscount Galway, GCMG, DSO, 1935.4.12–1941.2.3
OBE, PC

尼華爾 Marshal of the Royal Air Force Sir 1941.2.22–1946.4.19
Cyril Louis Norton Newall, GCB,
OM, GCMG, CBE, AM

主權國家時期 Realm

費瑞卜 Lieutenant-General the Lord 1946.6.17–1952.8.15
Freyberg, VC, GCMG, KCB,
KBE, DSO

羅　瑞 Lieutenant-General the Lord 1952.12.2–1957.7.25
Norrie, GCMG, GCVO, CB, DSO,
MC

柯卜涵 Viscount Cobham, GCMG, TD 1957.9.5–1962.9.13

福古遜 Brigadier Sir Bernard Fergusson, 1962.11.9–1967.10.20
GCMG, GCVO, DSO, OBE

薄瑞特 Sir Arthur Porritt, BT, GCMG, 1967.12.1–1972.9.7
GCVO, CBE

畢崙岱 Sir (Edward) Denis Blundell, 1972.9.27–1977.10.5
GCMG, GCVO, KBE, QSO

賀理育 Rt Hon Sir Keith Jacka Holyoake, 1977.10.26–1980.10.27
KG, GCMG, CH, QSO

畢艾堤 Hon Sir David Stuart Beattie, 1980.11.6–1985.11.10
GCMG, GCVO, QSO, QC

利維時 Most Reverend Sir Alfred Reeves, 1985.11.20–1990.11.29
GCMG, GCVO, QSO

荻莎德 Deme Catherine Tizard, GCMG, 1990.12.13–1996.3.3
GCVO, DBE, QSO

柏宜士 Rt Hon Sir Michael Hardie Boys, 1996.3.21–2001.3.21
GNZM, GCMG, QSO

卡華蒂 Dame Silvia Cartwright, PCNZM, 2001.4.4–2006.8.4
DBE

薩蒂亞南德 Anand Satyanand, GNZM, 2006.8.23–2011.8.31
QSO, KStJ

馬特巴瑞 Sir Jerry Mateparae, PCNZM, 2011.8.31–2016.9.14
GNZM, QSO, KStJ

帕齊‧雷迪 Patsy Reddy, GNZM, QSO, 2016.9.28–
DStJ

資料來源：Office of the Governor-General

歷任總理表

殖民地總理 Premiers

	任期起迄
史威爾 Henry Sewell	1856.5.7–1856.5.20
霍　仕 William Fox	1856.5.20–1856.6.2
	1861.7.12–1862.8.6
	1869.6.28–1872.9.10
	1873.3.3–1873.4.8
史達福 Edward William Stafford	1856.6.2–1861.7.12
	1865.10.16–1869.6.28
	1872.9.10–1872.10.11
董麥特 Alfred Domett	1862.8.6–1863.10.30
韋德嘉 Frederick Whitaker, MLC	1863.10.30–1864.11.24
	1882.4.21–1883.9.25
瓦爾得 Frederick Aloysius Weld	1864.11.24–1865.10.16
韋達浩 George Marsden Waterhouse, MLC	1872.10.11–1873.3.3
沃格爾 Sir Julius Vogel, KCMG	1873.4.8–1875.7.6
	1876.2.15–1876.9.1

薄爾倫 Daniel Pollen, MLC　　　　　　　　1875.7.6–1876.2.15

　　　　　　　　　　　　　　　　　　　　1876.9.1–1876.9.13

艾京遜 Sir Harry Albert Atkinson, KCMG　1876.9.13–1877.10.13

　　　　　　　　　　　　　　　　　　　　(ministry reconstructed)

　　　　　　　　　　　　　　　　　　　　1883.9.25–1884.8.16

　　　　　　　　　　　　　　　　　　　　1884.8.28–1884.9.3

　　　　　　　　　　　　　　　　　　　　1887.10.8–1891.1.24

葛　　芮 Sir George Grey, KCB　　　　　　1877.10.13–1879.10.8

何　　爾 John Hall　　　　　　　　　　　　1879.10.8–1882.4.21

史託特 Sir Robert Stout, KCMG　　　　　　1884.8.16–1884.8.28

　　　　　　　　　　　　　　　　　　　　1884.9.3–1887.10.8

白朗斯 John Ballance　　　　　　　Liberal　1891.1.24–*d* 1893.4.27

薩　　當 Rt Hon Richard John Seddon

　　　　　　　　　　　　　　　　　Liberal　1893.5.1–*d* 1906.6.10

自治領總理 Prime ministers

何壯士 William Hall-Jones　　　　　Liberal　1906.6.21–1906.8.6

華爾德 Rt Hon Sir Joseph George Ward,

　　Bt, KCMG　　　　　　　　　　Liberal　1906.8.6–1912.3.28

　　　　　　　　　　　　　　　　United　1928.12.10–1930.5.28

麥更斯 Thomas MacKenzie　　　　　Liberal　1912.3.28–1912.7.10

梅　　塞 Rt Hon William Ferguson Massey

　　　　　　　　　　　　　　　　Reform　1912.6.10–1915.8.12

　　　　　　　　　　　　　　　National　1919.8.12–d 1925.5.10

彪　爾 Sir Francis Henry Dilon Bell,

GCMG, KC, MLC　　　　Reform　1925.5.14–1925.5.30

柯德士 Rt Hon Joseph Gordon Coates,

MC　　　　　　　　Reform　1925.5.30–1928.12.10

霍比斯 Rt Hon George William Forbes

United　1930.5.28–1931.9.22

(United & Reform) Coalition　1931.9.22–1935.12.6

沙維區 Rt Hon Michael Joseph Savage

Labour　1935.12.6–d 1940.3.27

傅利澤 Rt Hon Peter Fraser, CH　Labour　1940.4.1–1949.12.13

何蘭德 Rt Hon Sidney George Holland,

CH　　　　　　　National　1949.12.13–1957.9.20

賀理育 Rt Hon Sir Keith Jacka Holyoake,

GCMG, CH　　　　National　1957.9.20–1957.12.12

1960.12.12–1972.2.7

那　樞 Rt Hon Walter Nash, CH　Labour　1957.12.12–1960.12.12

馬紹爾 Rt Hon John Ross Marshall (later

Sir)　　　　　　　National　1972.2.7–1972.12.8

寇　克 Rt Hon Norman Eric Kirk　Labour　1972.12.8–d 1974.8.31

羅　陵 Rt Hon Wallace Edward Rowling

(later Sir)　　　　　Labour　1974.9.6–1975.12.12

牟爾敦 Rt Hon Sir Robert David Muldoon,

GCMG, CH　　　　National　1975.12.12–1984.7.26

朗　怡 Rt Hon David Russell Lange

　　　　　　　　　Labour　1984.7.26–1989.8.8

帕爾瑪 Rt Hon Geoffrey Winston Russell

　　Palmer (later Sir)　　Labour　1989.8.8–1990.9.4

莫　瑞 Rt Hon Michael Kenneth Moore

　　　　　　　　　Labour　1990.9.4–1990.11.2

薄爾格 Rt Hon James Brendan Bolger

　　　　　　　National　1990.11.2–1996.10.12

　　(National+NZ First) Coalition　1996.10.12–1997.12.8

席蒲妮 Rt Hon Jennifer Mary Shipley

　　　　　　　Coalition　1997.12.8–1999.12.10

蔻麗可 Rt Hon Helen Clark　　Labour　1999.12.10–2002.7.7

　　　　　　　　　2002.7.7–2008.11.19

基伊 Rt Hon John Key　　National　2008.11.19–2016.12.12

比爾‧英格利希 Sir Simon William Bill

　　English　　National　2016.12.12–2017.10.26

傑辛達‧阿德恩 Jacinda　Kate　Laurell

　　Ardern　　Labour　2017.12.26–

資料來源：Office of the Clerk of the House of Representatives

參考書目

中文部分

丁永康，〈紐西蘭與美國關係的裂痕與修復〉，《歐美月刊》，11 卷 10 期 (Oct. 1996)，總 126 期，頁 1–9。（臺北政大）

李壬癸，《臺灣南島民族的族群與遷徙》。臺北：常民文化，1997。

李龍華，〈紐西蘭原住民與瓦湯頤條約〉，《國立中正大學學報：人文分冊》，第 9 卷第 1 期 (Dec. 1998)，頁 145–182。

李龍華，〈紐西蘭原住民與非原住民之土地買賣轉讓問題 (1840–1975)〉，《淡江人文社會學刊》，第 7 期 (May 2001)，頁 23–61。

李龍華，《澳大利亞史：古大陸‧新國度》。臺北：三民，2003。

李龍華，〈紐西蘭原住民土地索償問題〉，《義守大學人文與社會學報》，第 3 期 (Dec. 2003)，頁 81–107。

杜正勝，〈此地是原鄉〉，《自由時報》（1997 年 6 月 16 日），臺北：自由時報社，頁 33。

季任鈞，《澳大利亞和新西蘭農業地理》。北京：商務，1995。

胡致華，《尋訪中土世界：紐西蘭電影之旅》。臺北：聯經，2002。

徐永強，《紐西蘭移民記》。奧克蘭：紐西蘭中華商業年鑑社，1995。

侯為之譯，《知性之旅 ： 澳洲》 (Insight Guides: Australia, London: APA, 1998)。臺北：協和國際，2001。

陳之邁，《澳紐之旅》。臺北：文化大學，1973；1990（三版）。

經濟部，《紐西蘭投資環境簡介》。臺北：行政院經濟部投資業務處，
　　2002。

楊瑪利 [等]，《小國大志氣》。臺北：天下，2003。

劉見祥，〈紐西蘭社會福利制度簡介〉，《勞工行政》，第 53 期 (Sept.
　　1992)，頁 34-38。臺北：勞工行政，1992 年 9 月 1 日。

歐陽子晴譯，《知性之旅：紐西蘭》 (Insight Guides: New Zealand,
　　London: APA, 1998)。臺北：協和國際，2001。

外文部分

Adams, P., *Fatal Necessity: British Intervention in New Zealand, 1830–
　　1840*. Auckland: University of Auckland, 1977.

Archie, Carol, *Maori Sovereignty: The Pakeha Perspective.* Auckland:
　　Hodder Moa Beckett, 1995.

Bassett, Judith and others (ed.), *The Story of New Zealand.* Auckland:
　　Reed Methuen, 1985.

Bay Books (ed.), *Concise Encyclopedia of Australia and New Zealand.*
　　Sydney: Bay Books, 1997.

Beal, Tim and Farib Sos., *Astronauts from Taiwan: Taiwanese
　　Immigration to Australia and New Zealand and the Search for a New
　　Life.* Wellington: Steele Roberts Ltd., 1999.

Bedford, Richard, *New Zealand: The Politicization of Immigration.*
　　Hamilton (NZ): University of Waikato, 2003. (http://www.
　　migrationinformation.org/Profiles/display.efm?)

Belich, James, *The New Zealand Wars.* Auckland: Penguin Books, 1986.

Belich, James, *Making Peoples: A History of the New Zealanders, From*

Polynesian Settlement to the End of the Nineteenth Century. Auckland: The Penguin Press, 1996.

Belich, James, *The New Zealand Wars and the Victorian Interpretation of Racial Conflict.* Auckland: Penguin Books, 1998.

Belich, James, *Paradise Reforged: A History of the New Zealanders from the 1880's to the year 2000.* Auckland: The Penguin Press, 2001.

Bennion, Tom, *The Maori Land Court and Land Boards, 1909–1952.* Wellington: Waitangi Tribunal, July 1997.

Boast, R. and others, *Maori Land Law.* Wellington: Butterworths, 1999.

Boston, Jonathan and others, *New Zealand Under MMP: A New Politice?* Auckland: Auckland University Press, 1996.

Brookes, R. H., *Administration in New Zealand's Multi-racial Society.* Wellington: NZ Institute of Public Administration, 1967.

Brooking, Tom, "Busting up of the great estate of all: Liberal Maori land policy, 1891–1911", *The New Zealand Journal History,* v. 26, no. 1 (April 1992), pp. 78–98.

Brown, Bruce (ed.), *New Zealand in World Affairs III (1972–1990).* Wellington: Victoria University Press, 1999.

Condliffe, J. B., *The Welfare State in New Zealand.* London: George Allen & Unwin Ltd., 1959.

Condliffe, J. B. and W. T. G. Airey, *A Short History of New Zealand.* Auckland: Whitcombe and Tombs Ltd., 1935; 1960 (rev. edn.).

Cox, N. S. B., *The Evolution of the New Zealand Monarchy.* (Microfiche) Ann Arbor: Bell and Howell Information and Learning, 2001.

Dieffenback, Ernest, *Travels in New Zealand.* London, n.p., 1843. 2 vols.

Durie, Mason, *The Politics of Maori Self-determination*. Auckland: Oxford University Press, 1998; 1999.

Europa, *The Europa Yearbook 2003*. London and New York: Europa Publications, 44th edition, 2003. 2 vols.

Gold, Hyam (ed.), *New Directions in New Zealand Foreign Policy*. Auckland: Benton Ross Publishers Ltd., 1985.

Graham, Douglas, *Trick or Treaty?* Wellington: Victoria University of Wellington, 1997.

Green, David G., *From Welfare State to Civil Society*. Wellington: NZ Bussiness Roundtable, 1996.

Grief, Stuart William, *The Overseas Chinese in New Zealand*. Singapore: Asia Pacific Press, 1974.

Ip, Manying, *Dragons on the Long White Cloud: The Making of Chinese New Zealanders*. North Shore City (NZ): Tandem Press, 1996.

Kasper, Wolf-gang, *Populate or Languish? Re-thinking New Zealand's Immigration Policy*. (http://www.nzbr.org.nz/documents/publications/new-publications/K-july-90.doc.htm) Canberra: Australian Defence Force Academy, 1990.

Kawharu, Ian Hugh, *Maori Land Tenure: Studies of a Changing Institution*. Oxford: Oxford University Press, 1977; 1981.

Kawharu, Ian Hugh, *Maori and Pakeha Perspectivers of the Treaty of Waitangi*. Auckland: Oxford University Press, 1989.

King, Michael, *New Zealand: Its Land And Its People*. Wellington: A. H. & A. W. Reed, 1979.

Lange, David, *Nuclear Free: The New Zealand Way*. Auckland: Penguin,

1990.

Marshall, P., *The Geography of New Zealand*. London: Whitcombe and Tombs Ltd., 1904 (?).

Mallon, Sean, *Pacific Arts in New Zealand*. (http://www.creativenz.govt. nz/resources/Pacific_arts.pdf) n.p., n.p., 2001.

McClure, Margaret, *A Civilised Community: A History of Social Security in New Zealand 1898–1998*. Auckland: Auckland University Press, 1998.

McClymont, W. G., *The Exploration of New Zealand*. London: Oxford University Press, 1959.

McIntyre, W. D. and W. J. Gardner (ed.), *Speeches and Documents on New Zealand History*. Wellington: Oxford University Press. 1979.

McKinnon, Malcolm (ed.), *New Zealand in World Affairs, Volume II (1957–1972)*. Wellington: NZ Institute of International Affairs, 1991.

McLauchlan, Gordon (ed.), *The Bateman New Zealand Encyclopedia*. Auckland: David Bateman, 1997.

Michaels, Patrick J., *Don't Boo-Hoo for Tuvalu*. (http://www.cato.org/ dailys/11-10-01.html) n.p., n.p., 2001.

Milne, R. S., *Political Parties in New Zealand*. Oxford: Clarendon Press, 1966.

Moon, Paul, *Maori Social and Economic History to the End of the Nineteenth Century*. Auckland: Huia Publishers, 1993.

Mulgan, Richard, *Politics in New Zealand*. Auckland: Auckland University Press, 1994.

NZOY, *New Zealand Official Yearbook 2002*. Auckland: David Bateman,

2002. 1 vol.

Office of Treaty Settlements, *Healing the Past, Building the Future: A Guide to Treaty of Waitangi Claims and Direct Negotiation with the Crown.* Wellington: OTS, Oct., 1999.

Office of Treaty Settlements, *Healing the Past, Building the Future: A Guide to Treaty of Waitangi Claims and Negotiation with the Crown.* Wellington: OTS, Dec., 2002.

Oliver, W. H., *The Story of New Zealand.* London: Faber and Faber, 1960.

Oliver, W. H., *Claims to the Waitangi Tribunal.* Wellington: Department of Justice, 1991.

Orange, Claudia, *The Treaty of Waitangi.* Wellington: Allen Union, 1987.

Pool, Ian, *The Maori Population of New Zealand 1769–1971.* Auckland: Auckland University Press, 1977.

Pool, Ian, *Te Iwi Maori: A New Zealand Population, Past, Present and Projected.* Auckland: Auckland University Press, 1991.

Porter, Michael E., *New Zealand Competitiveness: The Next Agenda.* Auckland: 3 August 2001. (http://www.isc.hbs.edu/caon/newzealand/presentation/2008-04-01/ckl.pdf).

Prichard, Muriel, *An Economic History of New Zealand to 1939.* Auckland: Collins, 1970.

Quentin-Baxter, Alison, *Recognising the Right of Indigenous People.* Wellington: Victioria University of Wellington, 1998.

Reed A. H., *The Story of New Zealand.* Wellington: A. H. & A. W. Reed, 1945; 1959 (9 ed.).

Reeves, William Pember, *The Long White Cloud (Ao Tea Roa).* London:

George Allen & Unwin Ltd., 1898; 1900; 1924 (3rd revised edn.).

Ridley, Jack, *The Tasman Challenge: Towards a South Pacific Federation.* Wellington: Moana Press, 1989.

Rice, Geoffrey W. (ed.), *The Oxford History of New Zealand.* Auckland: Oxford University Press, 1992.

Rienits Rex and Thea Rienits, *The Voyages of Captain Cook.* London: Paul Hamlyn, 1968.

Sharp, Andrew, *Justice and the Maori.* Auckland: Oxford University Press, 1997; 1998.

Sinclair, Keith, *Tasman Relations: New Zealand and Australia, 1788–1988.* Auckland: Auckland University Press, 1987.

Sinclair, Keith, *A History of New Zealand.* Auckland: Penguin Books (NZ), 1991.

Sinclair, Keith, *The Oxford Illustrated History of New Zealand.* Auckland: Oxford University Press, 1996.

Spoonley, P. (ed.), *New Zealand Society: A Sociological Introduction.* Palmerston North (NZ): Dunmore Press, 1990.

Suamalie, Losefa, *A Sinking Paradise Home.* (http://www.greenpeace.org. au) n.p., n.p., 2002.

Sutch, W. B., *Colony or Nation? Economic Crises in New Zealand from the 1860s to the 1960s.* Sydney: Sydney University Press, 1966.

Trainor, Luke (ed.), *Republicanism in New Zealand.* Palmerston North (NZ): Dunmore Press, 1996.

Vasil, Raj and Hong-key Yoon, *New Zealanders of Asian Origin.* Wellington: Victoria University of Wellington, 1996.

Walker, Ranginui, *Ka Whawhai Tonu Matou* (*Struggle without End*). Auckland: Penguin Book, 1990.

Ward, Alan, *An Unsettled History: Treaty Claims in New Zealand Today.* Wellington: Bridget Williams Books, 1999.

Whelan, Alan and Barrie Cook, *New Zealand Republic.* Wellington: Niu Pacific, 1997.

Williams, David, *The Native Land Court 1864−1909.* Wellington: Huia Publishers, 1999.

圖片出處

Alexander Turnbull Library, Wellington, NZ: 4 [#F−56038−1/2], 6 [#PUBL−0037−25], 10R [#PA1−0−423−11−6], 10L [#PUBL−0014−44], 12 [#F−58363−1/2], 13 [#F−27086−1/2], 15 [#F−17933−1/4], 19 [#F−56311−1/2], 26 [#C−9028−1/2], 27 [#F−41798−1/2], 32 [#F−58011−1/2], 35 [#G−21257−1/2, Malcolm Ross Collection] Associated Press/Photo: Nzh Pool: 37; Auckland Star: 36; Canterbury Museum: 18 [19xx.2.170]; From Waitangi Treaty Grounds brochure cover/published by Waitangi National Trust: 8; Hocken Pictorial Collections, University of Otago: 25; Hulton-Deutsch Collection/Corbis: 16, 38; Key-Light Image Library/Photo: Brian Enting: 30; New Zealand Herald: 14, 17, 20, 21, 24, 29, 33; Puke Ariki, New Plymouth, New Zealand: 11; Reuters: 31, 34; The Dominion Post: 23R, 23L, 28; www.elections.org.nz: 22

國別史叢書

南非史——彩虹之國

南非經歷了長久的帝國殖民與種族隔離後，終於在1990年代終結不平等制度，完成民主轉型。雖然南非一路走來如同好望角的舊稱「風暴角」般充滿狂風暴雨，但南非人期待雨後天晴的日子到來，用自由平等照耀出曼德拉、屠圖等人所祈願的「彩虹之國」。

秘魯史——太陽的子民

提起秘魯，便令人不得不想起神祕的古印加帝國。曾有人說，印加帝國是外星人的傑作，您相信嗎？本書將為您揭開印加帝國的奧祕，及秘魯從古至今豐富的文化內涵及歷史變遷。

國家圖書館出版品預行編目資料

紐西蘭史：白雲仙境‧世外桃源／李龍華著.－－三
版一刷.－－臺北市：三民，2019
　　面；　公分.－－（國別史叢書）

　　ISBN 978-957-14-6740-5 （平裝）
　　1.紐西蘭史

772.1　　　　　　　　　　　　　　108017572

國**別**史

紐西蘭史——白雲仙境‧世外桃源

作　　者	李龍華
發 行 人	劉振強
出 版 者	三民書局股份有限公司
地　　址	臺北市復興北路 386 號 (復北門市)
	臺北市重慶南路一段 61 號 (重南門市)
電　　話	(02)25006600
網　　址	三民網路書店 https://www.sanmin.com.tw
出版日期	初版一刷 2005 年 2 月
	增訂二版一刷 2015 年 2 月
	三版一刷 2019 年 11 月
書籍編號	S770020
I S B N	978-957-14-6740-5

三民書局